清代学术
与《史记》文学阐释研究

王晓玲 著

人民出版社

序　一

贾二强

晓玲君的学术背景为中国古代文学，博士论文即以《史记》为题，取得了优秀的成绩。她不满足于既往的成果，又跨专业申请进入中国史博士后流动站，希冀借鉴和运用史学尤其是文献学的基本方法，在这一领域获得更加深入的认识。由此机缘，遂成为我的合作同事。

《史记》堪称中国传统经典中的经典，具有多方面的价值，而不仅仅是一部史学巨著。鲁迅先生誉之为"史家之绝唱，无韵之离骚"，久已成为人们的共识。因而历代学人，不止史家奉为圭臬，词章家亦极其重视。《史记》的杰出文学价值在成书未久即得到其时学人的称颂，西汉刘向、扬雄高度概括了《史记》文辞的描写特色，"善序事理，辨而不华，质而不俚，其文直，其事核，不虚美，不隐恶"（《汉书·司马迁传》），从此成为不刊之论。历代诗文大家亦不乏推崇之辞，唐宋古文运动的开山宗师韩愈视《史记》为文章之典要："汉朝人莫不能为文，独司马相如、太史公、刘向、扬雄为之最。……今后进之为文，能深探而力取之，以古圣贤人为法者，虽未必皆；要若有司马相如、太史公、刘向、扬雄之徒出，必自于此，不自于循常之徒也。"（《昌黎先生集·答刘正夫书》）另一位古文大师柳宗元更谓："退之所敬者，司马迁、扬雄。"（《河东先生集·答韦珩示韩愈相推以文墨事书》），唐宋以降，《史记》作为经典文学作品的独立价值，得到了普遍的认同。

1

明代文学繁盛，明中期以后，在前后七子"文必秦汉"的文学复古主张影响之下，《史记》益为文士所重。自嘉靖始迄于明季，相继有杨慎李元阳辑题评、归有光评点、邓以讃辑评陈祖苞参补、孙鑛评、钟惺评、陈仁锡评、黄嘉惠辑评、钟人杰辑评、葛鼎金蟠辑评、邹德沛辑评、朱东观辑评、徐孚远陈子龙测议等《史记》诸本涌现，致力于《史记》文学意义的阐扬。尤其是万历时凌稚隆辑《史记评林》及朱墨本《史记纂》，流布甚广，同时书坊辑刻之《新刻李太史释注史记三注评林》《新锓朱状元芸窗汇辑百大家评注史记品粹》等亦应时而出。这批重在文辞评点的专书出现，不仅开一代研究之新风，更将《史记》的文学阐释导向了全面和深入。

清代朴学勃兴，考据家们对传世经典进行了全面整理、精细考释和重新诠解，《史记》作为乙部之首典自得到了极大关注，其研究逐渐隆盛。有清一代，先后有三百多人对《史记》进行了多方位的考察辨析，其成就无疑达到了历史的高峰。明清之际，金圣叹别具慧眼，将《史记》与《庄子》、《离骚》、《杜诗》、《水浒》和《西厢记》等视，一并列入"六才子书"，把《史记》作为文学名著的意涵推向了极致。受其影响，清人对于《史记》的文学阐释，亦取得了空前的成绩。

炎汉之世，经史离析；魏晋以降，文史分途；《隋志》而后，四部确立。伴随着学术的不断发达，学术门类日益具体而细微。学术分类的不断细化，自是学术文化演进和发展的大势所趋。当今学科的分类，对于各分支学科、专业领域及某些专题性研究的深入，具有重要的作用。但无庸讳言，这种繁细的分类，某种程度上也导致了研究视野的某些局限，缘此前些年曾引发史学界关于所谓"碎片化"与"宏大叙事"的讨论。而我以为，实则二者并无根本性的对立，应视研究对象，依据个人旨趣，只要恪守学术规范，秉持谨严态度，采用科学方法，致力于取得最好的研究成果，即属于有价值有意义的工作。

清人将传统主体学问明确区分为义理之学、考据之学和辞章之学，当今学者又将其对应于现代人文学科的哲学、史学和文学。就大体而言，文学阐释承袭前人的评点，自归于所谓辞章之学。然而，由于清人《史记》研究的多样性，仅囿于文学势难全面涵盖、深入探求并全面评价清儒在这方面的成就，因而这一课题理应置于一个更宽广的框架下予以审视。晓玲君于此有着清晰的认识和周全的思考，并以这一课题进行了有益的探索。她将有清一代的学术作为整体，以《史记》的文学阐释为主旨，提纲挈领，深入开掘其内涵，在研究方法上较好地兼顾了宏观把握与微观考察的结合，进而对于这一课题获得了超越以往的新的认识。

诚如文中所言："仅将辞章或某一学术流派作为清代《史记》的文学阐释代表，缺乏系统性的观照，显然不能充分地把握清代对《史记》文学、文化价值的认识。"义理之学（含经学）一如既往，仍是学术的主流，文中结合清代理学的历史演变，从其官方地位、科举、乾嘉汉学、汉宋之争等诸方面进行了细致的梳理，较充分地论证了其直接影响到《史记》文学阐释的发展，变化及节奏，二者确实存在着密不可分的关系。《史记》得到清代史家的空前重视，依晓玲君之见，其研究具有史学经典化学术语境的特点，而史学的经典化进而促成《史记》文学经典化的高潮。为了说明清代《史记》研究的史学语境观点，文中从清初遗民编纂《明史》、清廷撰修《四库全书》与历史考据学、晚清经世史学与西方史边疆志这一大的发展脉络，逐次厘清和还原清儒《史记》研究的史学语境，在此基础上撷取若干典型个案，深入阐述了《史记》研究的兴盛与史学及文学经典化、《史记》评论中史学意义的文学转换、《史记》评点中史学叙事的文学转向，并对清代文章学、小说评点学与《史记》文学阐释等命题，进行了系统的分析和归纳，在在持之有故，言之成理，很好地实现了既定的工作目标。

参加出站报告会的专家充分肯定了晓玲君的工作："《清代学术与〈史记〉文学阐释研究》选题新颖，具有明确的跨学科意识，以阐释学、经典化理论为基石，运用文化学、社会学、接受美学、心理学和文艺美学并结合文学史、学术史、思想史、文献学等相关学科的理论和跨学科方法对选题进行系统而又不乏深刻的研究。强调《史记》在清代是其文学经典化的高峰期，这不仅来源于《史记》本身艺术价值及其可阐释空间，还在于清代经学、史学作为意识形态、文化权力的变动为其提供的阐释空间，同时以复古崇雅、诗心尚情为旨归的价值取向与以古文为时文的期待视野成为其内在驱动力，而文章学、评点学则是使《史记》文学经典化得以达成的主要途径，其研究结论能够成立。课题研究具有重要的学术意义，有助于全面而又深刻地理解和把握清代《史记》的文学研究的思想渊源、特点与方法，也有利于辨证地分析和看待清代各个门类学术发展与其时代的相互关联及其所起的正反两方面的作用。研究报告问题意识明确，方法运用得当，文献基础扎实；结构合理，逻辑严密，文字表达流畅；有较为深厚的理论和方法论训练。"以上评价虽不乏鼓励之意，但我以为总体尚属准确精当，而并非虚美过誉。

晓玲君淳厚质朴，谦逊平和，笃志向学，孜孜不倦，眼界开阔，思维活跃，以往的学术训练打下了坚实的专业功底。其博士后研究属于在职，原单位尚有相当繁重的岗位任务，晓玲君合理安排，不辞辛劳，付出了双倍的努力，在站工作取得了突出成绩，受到有关方面的表彰。就我而言，晓玲君是一位很容易合作的同事，与她共事是一段十分愉快的经历。我相信，以晓玲君的专注执着、踏实勤奋，在学术上必会获得更大的成就。

2019 年仲夏

序　二

张新科

近代以来，中国学术逐渐建构起现代学术体系，成为中国现代化进程中的一个关键点。这种转化是在西学东渐和社会转型的语境中展开的，以"民主""科学"为旗帜，带有浓厚的启蒙实践意义。同时，这一转化不仅是对学术话语的解构与重构，也是对学人世界观、人生观、价值观的重构。尽管其间充满质疑、争鸣、接受、认同曲折复杂的认知过程，但其意义是非凡的。现代学科体系的建构与划分，研究分野、研究对象、研究目标的明晰，以及不断发展的学术理论和方法，极大地促进了现代学术的发展。这些都被现代自然科学和人文科学的繁荣所证实。在此过程中，传统的"经史子集"更为精密地被分解、对应为哲学、政治学、历史学、文献学、文学、经济学等学科，其优点是以新理论和新方法各科齐头并进，深入地对传统文化进行挖掘，造就了现代学术的繁荣。但从另一层面来看，这种转化是对传统文化的裂变与新变，在其积极意义的背后也隐含着与传统学术的疏离。

"五四"以来，传统文化与现代学术的关系问题、研究方法问题一直是学界十分关注的问题。尤其是新世纪以来，经过一百多年的学术实践，研究者在国际文化视野之下，对传统文化有了清晰而深刻的认识。虽然众说纷纭，但是有三个核心不可改易：一是传统文化是中国古人思维模式下对物质和意义的探究，有其独特的文化内涵和价值；二是以经学为核心，文史哲混而为一是传统学术最为重要的特点；三是今古文学、汉学宋学贯穿了整个古代文化。因而，单一的从现代哲学、史学、文学的概念去考察传统文化，的确有"破碎大道"之嫌。基于此，在现代学术体系下，对传统文化与学术的阐释视角、阐释方法、阐释理论、文化意义等诸多问题搅扰着每一位研究者，这大概也是相关学科史不断重写的重要原因。尤其是近年来，在中国学术较为充分的国际化之后，民族化和国际化的问题更引起诸多研究者的思考，"构建中国特色的学科体系、学术体系、话语体系，已成当务之急"（刘跃进《中国古典文学研究四十年》）。以古代文学为例，刘跃进先生在《文学研究中国化的历史选择》一文中论述道："社会与学术的转型世纪之交的中国文学研究，正在经历着新的变化：一方面，我们不满足于对浅层次艺术感的简单追求，更加注重厚实的历史真实；另一方面，也不满足于对某些现成理论的盲目套用，更加注重文献积累。追求历史的真实，追求文献的积累，其背后还有一个更深层次的原因是显而易见的，即我们不愿意再固守着舶来的'文学'观念，更不愿意用这种所谓纯而又纯的'文学'观念去过滤中国文学的发展实际。我们希望站在本民族的文学立场，从中国文学的实际出发，梳理其发展演进的线索。"黄霖先生关注于 20 世纪中国古代文学研究史，和前辈学者王运熙、顾易生先生一样，呼吁学界："把脚跟坚定地立足于中国的大地上，明确与坚守中国文论的民族文化立场和科学的价值观，以防被外来的低俗、浅薄、廉价甚至是腐蚀性的文化所淹没与消解，注意以中化西，洋为中用，在汇通古今、融合中西的道路上，创造出无愧于时代的具有中国特色的文论体系。"（黄霖、李桂奎《文献整理、史记撰述与体系建构三重奏——复旦大学著名教授黄霖先生中国文论史研究访谈录》）这些表述代表了学界对传统文化的重新思考与探索。不难看出，结合中国传统文化的特质，构建承继性和时代性的学术话语体系，是学人关注的关键问题，也是当代学人对学术发展方向的思索。

　　单从中国古代文学研究而言，回到中国古代文学传统的语境去考察文本的生成与内涵，去阐释文本的意义与价值，成为学界的共识。中国古代文学产生于特定政治文化语境，它和礼乐制度密不可分，可以说是官制、礼制的产物。因而，古代文学的内涵是繁复的，观念变化是纷繁的，这种文学观念是和经学、史学、文章学等传统学术观念混杂在一起的。因而，九十年代以还，文化研究、编年研究、地理研究、家族研究、文体研究、制度研究、传播研究，成为学人对西方文学观念突围的方向，具体表现为制度与文学、科举与文学、官职与文学、经学与文学、理学与文学、史学与文学、文书与文学、文体与文学、文章学与文学等选题。显然，这些变化是中国文学研究发展的必然结果，是学术研究的内部转向。这种去除遮蔽，回归中国传统文学的探索，就是要回归中国的语言形式、思维模式、学术语境与审美特征。

在此意义上，可以说，王晓玲的《清代学术与〈史记〉文学阐释研究》正是这一学术思潮和思想的实践。毋庸置疑，研究清代《史记》文学阐释，将之置入清代学术语境是正确的抉择，正如作者所说："学术生态是文学研究最亲近的血缘关系，学术生态不仅是文学研究最为重要的文化语境，而且是文学研究的学术背景和研究平台。它对文学研究的方向、深度、广度有着决定性的作用。"因而，将清代《史记》文学阐释置入经学、史学、文章学、评点学等中国传统学术语境中，以求得还原清代最真实的《史记》文学认知的目标，具有了可行性。同时，研究从清代学术思想、学术方法及其所形成的审美观念的视域，关注清代《史记》的文学阐释，对全面深刻地把握清代《史记》文学研究的思想渊源、特点与方法，对深入揭示和理解《史记》的文学特色和文化意蕴，都有着重要意义。同时，也有助于深化对清代学术的理解，有助于厘清中国文化的特质，有助于加强对中国文化国情的认知。

虽然如此，但要回归传统学术，从学术与文学的关系入手，考察其互文关系，这一选题的难度也是毋庸置疑的。从大的方面而言，共涉及三个方向：一是文献资料问题；二是《史记》研究的内部问题；三是清代学术的问题。先说资料问题。清代研究《史记》的学者多达数百人，所存著述浩如烟海。各家对《史记》的文学阐释不仅资料多而且散乱，除专门的《史记》论著外，还有许多论述散见于序跋、书信、笔记、文集以及文章学论著中，或散存于其它文献的间接对《史记》的评论中，往往呈现一鳞半爪或只言片字，而且大同小异，难以轻易找出规律性的东西，对于细微的差别必须进行精慎的判断。其次，《史记》研究的内部问题。《史记》以其信史实录、资鉴经世、艺术卓越，成为史学与文学不朽的经典，历代学人都重视《史记》，研究《史记》。《史记》的研究早在汉魏六朝时期就已经起步，到了唐代由于古文运动等原因确立了《史记》的文学地位，宋元时期《史记》文学地位进一步加强，明清学人在史学和文学研究方面都取得了丰硕的成果，尤其清代《史记》的文学性研究达到了前所未有的高度，成为《史记》文学经典化的高峰期。对于清人《史记》文学阐释的研究，每个问题不仅牵连研究史的问题，而且要考虑司马迁和《史记》文本问题，考虑清代学人的判断与知识之谱系问题，考虑这些诸多问题在当代知识体系中价值与意义问题。一个问题往往与许多问题纠结在一起，必须思路清晰、明辨相互之间的差别，找出其与文学、学术、文化之间的关系。第三，清代学术的问题。"清代学术"本身就是一个大概念，内容纷繁芜杂。最常规的如经学、史学、文章学等大类，每一类又问题诸多。再者，清代是传统文化清理总结的时期，学术研究的每一个问题不溯本求源往往难以把握。要探讨其对《史记》文学阐释的影响，非全面深入掌握而不能。

在对以上诸多问题的解决上，《清代学术与〈史记〉文学阐释研究》以清代学术与《史记》文学阐释的互文性为研究对象，考察清代经学、史学、文章学及小说评点的研究思路、方法对《史记》的叙事艺术、写人艺术、《史记》与小说比较阐释的影响，探寻它们之间的互文关系，重点放在了厘清清代学术史、学术思想史，以及所影响的审美观念和《史记》史学经典化的语境对《史记》文学阐释方法、成果的影响。这样，研究就将清代学者对《史记》的文学阐释置入清代政治语境、审美语境、学术语境中，考察《史记》文学研究兴盛的原因、研究思路、方法的变化与创新；具体而言，考察经学思想对《史记》文学阐释的影响；考察清代史学观念、方法与《史记》文学阐释的关系；考察文章学与《史记》文学阐释的关系；考察评点学与《史记》文学阐释的关系以及小说评点学与《史记》文学阐释的互文关系，这样就有效地解决了诸多难题。总体来看，论著别具特色，得出了一系列较为新颖的结论，主要有三个特点：

第一，学术思想上的特色。清代是古代《史记》文学经典化的高峰期，对之学界高度重视，但研究相对较为薄弱，主要集中于局部与个案研究。《清代学术与〈史记〉文学阐释研究》对清代《史记》的文学研究进行了整体性、系统性观照，将清代《史记》文学阐释置入《史记》经典化历程，置入学术语境中进行考察，展示了清代《史记》文学阐释的全貌，突出清代阐释的特点。这对深入把握《史记》文学特质，揭示清代文学、文化的风貌以及《史记》研究史都有重要意义。

第二，学术观点上的突破。论著认为：明清《史记》文学经典化的达成，不仅来自于《史记》本身的艺术价值和可阐释空间，还在于清代经学、史学作为意识形态、文化权力对《史记》文化地位的提升，其研究思路、方法引导了文学阐释，同时，清代复古崇雅、师心尚情为指归的价值取向，以古文为时文的期待视野成为《史记》文学的内驱力，文章学、评点学也就成为其经典化的重要阵地；清代小说的创作与评点一方面要冲破文化禁锢与"史余""史补"等史学话语的笼罩，一方面又要借助于《史记》的经史地位来提高其文化地位；金圣叹所提出"才子书"观念，建构文学判断体系，强化了《史记》的文学性；清代学者丰富了"实录"内涵，将《史记》生动传神、栩栩如生称为"实录"，完成了史学意义的文学转换。论著还承日本学者内藤湖南的认识，认为"义法"论是解读《史记》最有效的方法，使清人的《史记》研究达到了前所未有的成就，等等。这些观点，都有较大的创新意义。

第三，研究思路方法上的特点。在研究方法上，《清代学术与〈史记〉文学阐释研究》注重传统方法与西方阐释学、接受美学理论的结合，强化研究史、经典化的意识，注重学术思想、学术方法及其审美观念对文学阐释的影响。在研究思路上，采用以问题为体例，与时代、学术、人物相结合的论证方式，将历史描述与理论探讨相结合，展示了清代《史记》文学阐释的全貌，突出清代阐释的特点。注重学术与文学、学派与文学、文论与文学、文学与文学的关系，通过比较掌握历代前后的变化、时代或地域的联系，探索变化的原因、联系的影响，并注意结合阐释学理论、现代的研究成果作出简要的评判。

清代是《史记》研究史上一个重要的阶段，成果多，资料多，问题多，因而研究难度大。《清代学术与〈史记〉文学阐释研究》从独特的视角出发，探讨一些重要问题，取得了可喜的成绩，但尚有一些方面可以进一步完善和开掘。一是文献问题。清人《史记》文学阐释著述众多，论著对这些相关资料基本囊括在内，但对林云铭的《古文析义》、吴汝纶的《点勘史记读本》论述不多。这两部著述亦为清人《史记》文学阐释不可或缺之作。林云铭为清初古文家，《古文析义》的影响意义大于文本意义。《古文析义》初编、二编共收《史记》作品36篇，并加文学评点，推崇司马迁《史记》叙事写人的笔法。吴汝纶为桐城派晚期文学大师，其《点勘史记读本》130卷，对《史记》各篇圈点，主要是眉批和篇末总评，专论文章气脉，且汇释各家《史记》评语，颇有影响。因而，论清人《史记》文学阐释对这两部著作应该有较多的论述。二是个别章节论述有待进一步深入。如清代经学与《史记》文学阐释部分，问题论述和材料运用略显不足，例如李光地为清初著名理学大家，其著述《古文精藻》选录和评点《史记》作品5篇。虽然评点篇目不多，但也是研究理学家对《史记》文学性认识的重要资料，应予以足够的重视，等等。总之，瑕不掩瑜，这些不足的存在，会成为促进青年学者成长的动力。

王晓玲博士先从我研习古代文学，做有关《史记》阐释研究，后随贾二强教授从事博士后研究工作。《清代学术与〈史记〉文学阐释研究》就是在博士后出站报告基础上修订而成。书稿即将付梓，她请序于我，我欣然应允。

是为序。

2019 年秋于陕西师范大学

目　录

第一章 绪 论

20 世纪以降，发展、进步成为新时代的关键词，成为描述这个时代的核心词汇，与之伴随的是科技发展、时代进步等观念。发展的核心内涵，不仅是指事物的变化与进展，更指事物的由小到大、由简单到复杂、由低级到高级的趋势。这种含义，显然排除了传统的对于世界成住坏空的总体认知，而在进化论强大的语义场辐射下，形成单一性的方向，如韦勒克所说："发展还具有一些其他的意思，它不只是指变化，甚至不只是指有规律的和可以预言的变化。很明显，它似乎应该在生物学所阐发的意义上加以适用。"① 事实的确如此，20 世纪以来，科学技术的迅猛发展，为进化论搭建了丰富而有力的论证平台。进化的概念遂由其生物意义泛化为人文社会的公理，并渗入人类社会科学研究的每一个角落，成为人文社会科学最强大的逻辑，似与唯物主义辩证法一样，是解决任何问题的一把快刀。因而，一个多世纪以来，人文学科的研究一直无法冲出"进化"这一强大的思维惯性，尤其是学术史、研究史的研究与撰写，形成了以时间为序，前后承继、发展的直线性、单列式的范式。然而，世界是绚烂多样的，不能简单地概括，在是与否的背后是繁复、纠缠、强大、难以辨析的各种因素的组合。观察者历经千辛万苦，似乎找到了对事物规律的把握，

---

① 雷·韦勒克、沃伦：《文学理论》，刘象愚、邢培明等译，生活·读书·新知三联书店 1984 年版，第 294 页。

然而，溢出规律的特例却常常成为时代最强劲的脉搏。理论虽然是对一般的、普遍的规律的概括，但往往不能穷尽各种现象。换言之，理性所提供的知识的稳定性被打破，质疑在还原与知识考古中展开。这种对现代性的反思，使人们重新开始思考理性，思考重新建构哲学人文学科的基础，强调放弃思维惯性和思维定势，要对固有观念进行悬置，要进行现象还原。这就要求研究者应从与本质相关的知觉、想象等入手，回归事物本身，去把握真实的事物。

正因为这样，还原成为现代学术重要的研究思路。要获得真实的学术概念发展流变，必须要还原学术生态。对文学研究而言，文学史、文学研究史应该是对某个时期文学生存、样态、变化的呈现，是对研究方法、观念、流派以及流变的历史描述。这就意味着要获得客观的、符合历史事实的文学及文学研究的状况和流变，必须将研究置入历史文化语境、学术语境之中。民国学者吴芳吉对文学进化论评述道："然文学之推演，不如是也。文学固非进化，亦非退化，文学乃由古今相孳乳而成也。"(吴芳吉《三论吾人眼中之新旧文学观》)[①]事实确实如此，文学与文学研究并非能够用进化、退化来概括，时代与文学是无法隔离的母子。"文变染乎世情，兴废系乎时序"，文学一定是特定历史的文学，文学研究一定是某个特定学术语境中的文学研究。正因为如此，简单地以进步概括学术发展、流变显然是不科学的。

20 世纪是中国文化现代化进程中最为重要的一百年，学术体系与学术规范的重新确立，使传统文化的重新阐释成为必然。这种规范的建构是基于西方学术话语体系而形成的，打破了传统学术经、史、子、集的部类分类法，学科分类更加精细，研究对象比较确定，方法更为科学。但是，由于是不同的文化体系的转接与耦合，这样就使得传统与现代之间存在着

---

① 孙尚扬、郭兰芳：《国故新知论——学衡派文化论著辑要》，中国广播电视出版社 1995 年版，第 247 页。

如何对接的问题。现代学术观念能否真正客观地再现传统学术的研究样态，是一个仍然需要商榷的问题。传统文化的再阐释与研究都应该基于历史文化的客观性，基于当代的价值与意义体系，这就需要研究者能以烛照历史的眼光来观照研究对象，重构、再现带有民族地理气息的历史文化的真实。

第一节　清代学术与《史记》文学阐释问题的提出及其意义

一、清代学术与《史记》文学阐释问题的提出

从现代学术体系来看，对《史记》近一百多年的阐释与研究最为重要的特点是《史记》史学与文学研究的分途，尤其是《史记》文学意义的确立和文学性的研究深入，促进了《史记》研究的繁荣。虽然《史记》自诞生起就有了文学性的评论，但这些研究多是从文章学角度，作为史学研究的附庸而出现的认知。这种情况一直延续到20世纪初期，随着文学学术体系、学术规范的建立，《史记》的文学意义成为共识，学者们在此基础上开始了深入而广泛的研究。现代学术体系对《史记》研究的深化、细化是毋庸置疑的，但是要看到，由于恰逢中国的现代转型，各种学术研究与政治问题、社会运动相联系，学术被外部语境所困扰。作为文学学科的《史记》研究，也抛却了学术语境、学术问题，而置入带有浓烈进化观的政治社会问题的论证中，其研究结果的某些偏向就不难理解。与其他学术问题一样，对问题产生的文化语境、学术语境的把握，成为避免误读和减少误读的重要途径，也成为解决问题的关键环节和语用背景。

学术生态是文学研究最为亲近的血缘关系。它不仅是文学研究最为重要的文化语境，也是文学研究开展的学术背景和研究平台。学术生态对文

学研究的方向、深度、广度有着决定性的作用。正因为如此,清代《史记》文学阐释是清代学术平台上的舞者,要研究清代学者对《史记》文学特质的把握,就不能只是用现代学术概念简单地去对应,以今人思想改造古人,而是应当把清人对《史记》的认知拉入到清代的学术生态之中,考察其互文关系,把握清人的审美趋向,把握其对《史记》文学意义的阐释。这样就有助于达成从当代文学价值体系对传统认知的判定,以形成历史史实与当代中国文学理论的对话。

这一问题的实质也就是对清人《史记》文学接受层面的把握。接受理论作为阐释学在文学领域的发展①,从全新的角度调整了文学作品与读者的关系,将文学作品及其意义建立在文本主体与接受主体的互动过程中。这样也使得文学史的体系更加繁复,文学史不再是单一的创作史,而是一个多元结构。陈文忠在《20年文学接受史研究回顾与思考》中说:"完整的文学史体系,也应由创作史、作品史和接受史三部分构成。如果说创作史揭示艺术价值的生成,作品史研究艺术风格的变迁,那么接受史则展示艺术生命的历程。"②他认为:"所谓接受史实质是作家作品与历代接受者的多元审美对话史,是本文的召唤结构在期待视野不同的历代接受者审美经验中具体化的历史,也是古典作家的创作声誉史和经典作品的艺术生命史。它通常体现为不同时期的接受史包括普通读者、评论研究者以及作家艺术家,对作为接受对象的作家作品做出的理解、阐释及在创作中接受影响和借鉴等等。"③这些解释较为全面地概括了接受美学的内涵。接受史也就是接受主体对文本"理解、阐释及在创作中接受影响和借鉴",这也就

---

① 特雷·伊格尔顿:《二十世纪西方文学理论》,伍晓明译,北京大学出版社 2007 年版,第 65 页。"诠释学在德国的最新发展以接受美学(reception aesthetics)或接受理论(reception theory)知名。"

② 陈文忠:《文学美学与接受史研究》,安徽人民出版社 2007 年版,第 416—417 页。

③ 陈文忠:《文学美学与接受史研究》,安徽人民出版社 2007 年版,第 420 页。

是尧斯所说的"阐释学显示了三个方向：理解、阐释和应用"①的文学研究方向的具体化，其核心显然是"阐释"。不难看出，清代《史记》文学阐释是清人在《史记》文本期待视野的召唤下，接受者对文本在新的学术生态中的语义再探索，以及他们之间的互文关系。也就是说，清人的《史记》文学阐释是在清代文化和审美背景下，在经学、史学、文章学以及小说评点的学术语境中展开的。经学、史学的学术语境为《史记》文学阐释，为清人的《史记》文学认知，提供了理解的基础和阐释空间，文章学、小说评点为之提供了实践和运用的方向。从此意义上而言，只有将清人的《史记》文学阐释置于学术语境之中，才能恰当准确地描述、概括清人《史记》文学方向的探索和成果。

二、清代学术与《史记》文学阐释的研究意义

《史记》是中国古代史学与文学的丰碑。对《史记》特质的探索与研究从汉代就已开始，中经唐、宋、元、明历代的发展，到清代《史记》的研究达到又一个高峰。可以说，这两千年来《史记》阐释的过程也是其经典化的过程。在这一过程中，《史记》的史学意义和文学意义被一步一步地开掘出来，并逐步达成了共识，形成了相对完整的体系。史学方面，司马迁以严谨的治学态度，稽考先秦以来的众多典籍、金匮石室的文献档案，并通过实地田野考察，将上古黄帝以来三千年的历史著录于书帛，成为信史。这种宏大而高越的文化才识，在此之前不曾有，在此之后也没有过。司马迁以"不虚美，不隐恶"的实录精神，"略协古今之变"②，"稽其成败兴坏之理"，"通古今之变"③，以达到"志古之道，所以自镜也"④的历

---

① H.R.尧斯：《文学与阐释学》，周宪译，《文艺理论研究》1986 年第 5 期。
② 司马迁：《史记》，中华书局 1959 年版，第 3304 页。
③ 班固：《汉书》，中华书局 1962 年版，第 2735 页。
④ 司马迁：《史记》，中华书局 1959 年版，第 878 页。

史探索。在这一宏大的体系中，司马迁把政治、经济、军事、历史、社会伦理、学术观、法律、民族、天文等人类社会的方方面面都纳入记录体系，开拓了中国古代史学的研究范围，这不仅使《史记》成为中国第一部规模宏大、内容广博、贯通古今的百科全书性质的通史，也使《史记》成为中国史学的千古经典，对中国文化有着深远的影响。就文学方面而言，《史记》所开创的"纪传"体例，在以人物为中心的历史叙事中，人物形象鲜明，个性突出，情感丰富。叙事情节曲折生动，波澜起伏。细节真实传神，极具个性特色。司马迁在"发愤著书"的创作意识主导下，整部作品在强烈浓郁的抒情色彩里，饱含着他对历史表象后历史的动因以及人物命运的深层探索和思考。《史记》是中国史传文学的峰壁，千百年来对中国古代文学散文、小说甚至诗歌的创作有着广泛而深刻的影响，成为中国文学千古经典。

对《史记》文学特质的认知滥觞于汉代，历经各代学人的开掘，直至清代，对此问题的研究达到高峰。纵观这两千年对《史记》阐释的历史，清代无疑是最为重要的时期，先后有三百多名学者对《史记》进行了研究①，产生了一百六十多篇论文，几十部专著②，并对《史记》的史学意义、文学意义以及体例、版本等方面做出了突破与总结，从而达到了中国古代《史记》史学经典化和文学经典化的高峰。研究清代学术与《史记》文学阐释有着重要的学术和实际应用价值。

第一，清代学术是对中国古代学术成就的总结，清代《史记》的文学阐释是清代《史记》研究以及《史记》经典化历程中重要的组成部分。从清代学术发展、学术思想、学术方法及其所形成的审美观念的视域，关注清代《史记》的文学阐释，有助于全面而深刻地把握清代《史记》的文学研究的思想渊源、特点与方法。

---

① 张新科：《史记学概论》，商务印书馆 2003 年版，第 127 页。

② 张新科、俞樟华：《史记研究史及史记研究家》，华文出版社 2000 年版，第 168 页。

第二，《史记》是一个巨大的文化伴生矿，文化意义丰厚。文学性作为《史记》研究的一个重要方面，清人做出了不懈的努力。研究清代《史记》的文学阐释有助于深入地揭示和理解《史记》的文学特质、艺术特色和文化意蕴。

第三，文学是一个时代的脉搏，文学阐释能更为直接地反映出一个时代的风貌。研究清代学术和《史记》的文学阐释的关系，有助于从文学视域反映出清代特殊政治文化氛围下学术、文化发展的趋势。

第四，清代是距离当代最近的历史，是中国专制制度盛极而衰的时期，也是传统文化总结反思、东西方拉开差距的时代，而且这个时代还孕育着传统中国现代转型。因而，研究清代学术与《史记》的文学阐释有助于厘清中国文化的特质，深化对中国文化国情的认识，对我们今天的文学研究有着重要的借鉴意义。

第二节　清代《史记》文学阐释文献探讨与关键词的界定

一、清代《史记》文学阐释文献探讨

《史记》以其信史实录、资鉴经世、艺术卓越，融真、善、美为一体，成为史学与文学不朽的经典。历代学人都重视《史记》，研究《史记》，对《史记》的阐释成为研究者价值探讨、理想达成和自我确证的重要方式。在以经史为主导的文化传统中，《史记》的阅读、研究一直是历代学术中的重要问题。清代学人多闻阙疑，好学深思，清代《史记》的研究更为兴盛，在史学和文学研究方面都取得了丰硕的成果，尤其《史记》的文学性研究达到了前所未有的高度，成为《史记》文学经典化的高峰期。这些都成为清代文学史、文学研究史和《史记》研究史上重要的文学现象和学术问题。

对清代《史记》阐释的研究是在《史记》作为近几十年来学术热点的背景上展开的。20世纪80年代以来，当代《史记》研究进入迅猛发展时期。随着《史记》研究大型学术工程的开展与结题，产生了一批界碑式的《史记》学术成果，其中最为著名的有四项。一是陕西省司马迁研究会主编的大型丛书《司马迁与华夏文化丛书》（2000）。这套丛书共28本，包罗天、地、人、物系统知识，从广阔的领域内揭示出司马迁与中华文化的密切关系。目前工程还在进行中。二是张大可、安平秋、俞樟华主持的《史记研究集成》（2005）。《集成》共14卷，近500万字，集古今中外《史记》研究成果于一体，为史记学科的成立奠定了基础。三是赵生群主持的国家重大文化工程"二十四史"及《清史稿》修订工程之点校本《史记》修订本（2013）。本次修订，新增校勘3400多条，标点改动6000多条，改正了大量的讹误、颠倒及衍文，为《史记》研究奠定了文本基础。四是张新科主持的国家社会科学重大招标项目"中外《史记》文学研究资料整理与研究"（2013），大规模、深入地整理了两千多年来中外《史记》文学研究资料，建构了"史记学"的理论框架，对《史记》研究史（阐释史、审美效果史、经典影响史）进行了综合研究。这些大型研究工程为《史记》的深入研究，搭建了学术平台，孵化了大量的学术水平很高的研究成果，培育了大量《史记》研究者，为新时期《史记》研究水平的提高、研究空间的开拓起到了推进作用。这些研究促使了《史记》作为一门学科进一步的发展，其传播接受史、研究史成为学科发展的内在要求。

同时，20世纪80年代以来，阐释学和接受美学理论的传播和应用为新时期学术提供了新的增长点。接受美学通过对期待视野、视域融合等诸观念的阐释，认为文学史实质上为阅读者的接受史，接通了文学与现实、未来以及过去，也打通了文学与历史、美学、社会的关系。尤其是接受美学对文本价值开放性的肯定，极大地开拓了文学研究的空间。这些理论也为《史记》研究的深入提供了理论支撑。《史记》研究史、接受史成为当代《史记》研究的一个重要课题，受到学者们高度的重视。杨燕起、陈可青、赖长扬的《历代名家评〈史记〉》（2005）收录了汉代至 20 世纪末研究者对《史记》各方面的评论。张新科、俞樟华的《史记研究史及史记研究家》（《集成》之卷 13）勾勒了《史记》研究史，对各个时期的研究特点进行了总结。杨海峥的《〈史记〉学史》（2001）对汉代到唐代《史记》研究史分三段进行总结。陈莹的《唐前〈史记〉接受史论》（2009）、俞樟华的《唐宋〈史记〉接受史》（2004）对唐前、唐宋《史记》的传播史、影响史、阐释史和效果史做了考察。张新科论文《〈史记〉文学经典的建构过程及其意义》（2012）全面总结了历代《史记》经典化历程。这些成就都成为《史记》接受史、研究史的有力支撑。

20 世纪以来，随着研究生教育的发展，博士、硕士研究生成为学术研究的新生力量，他们的基础理论扎实，专业知识系统，博士硕士学位论文成为学术研究的重要阵地之一。《史记》文学研究也是如此。关于清代《史记》文学阐释研究简要概括如下：（1）博士论文主要涉及 6 篇。其中古代史方向 1 篇：董焱的《清代〈史记〉研究》①（2007）以史学研究为主题，对清代《史记》考证、评论和辞章进行了总结。古典文献学方向论文 4 篇：张自然的《宋明笔记中〈史记〉考评述论》②（2008）研究了宋明笔记中《史记》的考释、评论以及马班异同等问题；周录祥《凌稚隆〈史记评林〉研究》③（2008）以版本、校勘为研究对象；王齐的《〈史记〉在明代的传播与接受》④（2005）研究了明代《史记》的传播与接受的特点、方式以及秦汉派、唐宋派的文学接受与阐释；许元南的《论清代的〈史记〉研究》⑤（2002）考察了清人对《史记》编纂、考证、文学性的研究等方面，文章艺术美方

---

① 董焱：《清代〈史记〉研究》，北京师范大学，2007 年，博士论文。
② 张自然：《宋明笔记中〈史记〉考评述论》，河南大学，2008 年，博士论文。
③ 周录祥：《凌稚隆〈史记评林〉研究》，南京师范大学，2008 年，博士论文。
④ 王齐：《〈史记〉在明代的传播与接受》，北京师范大学，2005 年，博士论文。
⑤ 许元南：《论清代的〈史记〉研究》，北京大学，2002 年，博士论文。

面简要论述了清代对《史记》写人、叙事以及桐城派对其艺术美的评论。古代文学方向 1 篇：葛传彬的《明清〈史记〉文学批评述论——兼论古文、小说叙事原则的对立》①（2001）为明清《史记》文学研究专门之作，探讨了明清《史记》文学批评兴盛的原因，阐述了古文、小说视野下的《史记》文学特点，以及古文叙事与小说叙事关系展开论述，立论较为新颖。（2）硕士论文涉及 10 篇。大致可以分为三类：一是对明清《史记》研究专著的研究，如张富春《〈史记论文〉研究》②（2003）、周昉的《牛运震〈史记评注〉研究》③（2007）、张荃的《〈史记钞〉研究》④（2008）、景浩的《〈史记论文〉批评》⑤（2009）、张亚玲的《牛运震〈史记评注〉研究》⑥（2009）；另一类则为文派或学派与《史记》的关系研究，如冯丽君的《桐城四祖与〈史记〉》⑦（2004）、禹秀明的《桐城派古文理论与〈史记〉》⑧（2010）、宫震的《乾嘉学者对〈史记〉人物的评论研究》⑨（2013）；第三类则是从评点学角度展开研究，如贺诗菁的《〈史记〉评点研究——从〈史记评林〉到金圣叹〈史记〉评点》⑩（2012）、朱晶晶的《明清〈史记〉评点研究——以程馀庆〈史记集说〉为例》⑪（2014）。这些研究在学科和方向上涉及古代史、

---

① 葛传彬：《明清〈史记〉文学批评述论——兼论古文、小说叙事原则的对立》，复旦大学，2001 年，博士论文。

② 张富春：《〈史记论文〉研究》，河南大学，2003 年，硕士论文。

③ 周昉：《牛运震〈史记评注〉研究》，浙江师范大学，2007 年，硕士论文。

④ 张荃：《〈史记钞〉研究》，北京语言大学，2008 年，硕士论文。

⑤ 景浩：《〈史记论文〉批评》，陕西师范大学，2009 年，硕士论文。

⑥ 张亚玲：《牛运震〈史记评注〉研究》，陕西师范大学，2009 年，硕士论文。

⑦ 冯丽君：《桐城四祖与〈史记〉》，浙江师范大学，2004 年，硕士论文。

⑧ 禹秀明：《桐城派古文理论与〈史记〉》，西南大学，2010 年，硕士论文。

⑨ 宫震：《乾嘉学者对〈史记〉人物的评论研究》，西南大学，2013 年，硕士论文。

⑩ 贺诗菁：《〈史记〉评点研究——从〈史记评林〉到金圣叹〈史记〉评点》，复旦大学，2012 年，硕士论文。

⑪ 朱晶晶：《明清〈史记〉评点研究——以程馀庆〈史记集说〉为例》，浙江师范大学，2014 年，硕士论文。

古典文献学、古代文学等方面，在内容上，涉及清代《史记》研究的整体情况、清人对《史记》编纂的研究、清人对《史记》考证方面的研究和清人对《史记》文学性的研究等方面。具体而言，这些研究探索了清代《史记》重要研究者吴见思、牛运震、李晚芳等对《史记》的阐释，介绍了《史记论文》《史记评注》《读史管见》等专书的体例、评例、内容和他们对叙事艺术、写人艺术的认知；探讨了桐城派与《史记》关系的研究，其中涉及桐城派主要代表人物方苞、刘大櫆、姚鼐、曾国藩等人的古文理论，总结了《史记》与桐城派古文理论两者之间的关系；探析了古文、小说视野下的《史记》文学特点以及古文叙事与小说叙事。

总体来说，这些研究成果可以归纳为四个方面。第一，对清代《史记》研究的概况做了整体性的研究，建构了研究框架，概括了清代《史记》的研究特点。第二，对清人《史记》的研究成果进行了梳理和归纳，挖掘了其史学、文学、文化意义。第三，史论结合，考论结合，或以新方法进行研究，提供了方法论意义的借鉴。第四，对清代《史记》研究的资料做了较为全面的搜集，为以后的研究奠定了基础。

尽管众学人对清代《史记》文学阐释的情况进行了有益的研究，取得了一些成绩，但这一课题研究还存在着诸多需要完善的地方。具体而言，有以下三点：

第一，清代时期是《史记》文学研究的高潮期，也是《史记》文学经典化的高峰期，在《史记》研究史上至关重要。现有的成果无论研究的广度还是深度，要能匹配这一时期在《史记》研究史上的意义，需要更为全面、深入地进行考察。

第二，就清代《史记》文学阐释研究而言，仅将辞章或某一学术流派作为清代《史记》的文学阐释代表，缺乏系统性的观照，显然不能充分地把握清代学者对《史记》文学、文化价值的认识。

第三，文学是一个现代学术范畴，考察清代《史记》的文学阐释只有将之置入到清代的学术语境中，结合清代学术思想、学术方法及其所形成的审美观念以及不同类别的文学题材的比较中，才能较为准确地把握文学认知。

由此可以看出，对清代学术与《史记》文学阐释的研究是《史记》研究史、《史记》文学经典化历程中的重要课题，对《史记》文学、文化内涵的认知，对清代学术生态的深入理解，都有着重要意义。

二、清代《史记》文学阐释研究的关键词界定

研究清代学术与清代《史记》文学阐释的互文关系，首要问题是对"清代"这一名词时间分期的把握。一直以来，学界对清代的分期问题就有着很大的争议。对于这一问题，蒋寅《清代文学的特征、分期及历史地位——〈清代文学通论〉引言》一文中论述道：

> 难点在于清代 200 多年的历史上横跨着一个比附政治史上的"近代"概念而生的"近代文学"概念，其起讫是道光二十年（1840）至民国八年（1919），以鸦片战争为界，清代前、后期的文学被分属于古代和近代两大文学史时段。在尚未受"近代"概念范围的早期文学史著作，如谢无量《中国大文学史》中，还能简单地将清代文学分为清初遗臣文学、康熙文学、乾嘉文学、道咸以后之文学四期，后来的著作几乎都不能摆脱"近代"概念的影响。袁行霈主编《中国文学史》三期七段的划分，上古期（3 世纪以前）先秦、秦汉，中古（3 世纪到 16 世纪）魏晋至唐天宝末，唐至德至南宋末，元至明正德末，近古（16 世纪至 20 世纪初）明嘉靖至鸦片战争，鸦片战争至五四运动，清代文学实际上是被分为前后两个时期。①

---

① 蒋寅:《清代文学的特征、分期及历史地位——〈清代文学通论〉引言》,《烟台师范学院学报》（哲学社会科学版）2004 年第 4 期。

由于政治史分期的影响，清代文学被以道光二十年，即公元 1840 年为界限，割裂成清代文学和近代文学两大块。以政治史的分期作为文学史分期的依据自有其充足的道理，正如伊格尔顿所说"文学理论一直就与种种政治信仰和意识形态价值标准密不可分"，"纯文学理论只是一种学术神话"①。一个朝代的建立必然伴随一定的政治、经济、文化等各方面政策，必然确立了一定的政治信仰和意识形态价值，文学与这一价值有着最敏感最直接的关系。正因为如此，中国在文学研究的传统上已经习惯于以朝代为断限对文学的分析，它较为真实地反映了中国文学的阶段性特点，以及每一时期内的文学基本样态。在政治史上加入一个"近代"概念或许符合了政治历史理论，但无疑割裂了清代文学发展的整体脉络和完整性。为了突破因"近代"概念对清代学术、文学的影响，一些学者试图跨越这一割裂，如马积高的《清代学术思想的变迁与文学》一书，将清代作为一个整体，从 1644 年清王朝建立到 1911 年灭亡，按文学的总体倾向分为顺康雍、乾嘉、道光至光绪十五年、光绪十五年至清末四段。虽然这种划分尚未超出政治因由，但绝对是有意义的尝试。本书在对清代学术与《史记》的文学阐释关系研究上，也是把 1644 年清王朝建立到 1911 年覆灭这 268 年间清人对《史记》的文学阐释作为研究对象，试图把握清代学术与清代文学观念、文学价值坐标的影响与变化。

其次，需要明确的是，对于朝代替代之际的学者归属的问题。大的时间段比较容易划分，但具体到一些易代之际研究者的归属问题必须斟酌，如明末清初的王夫之、黄宗羲、顾炎武、钱谦益、吴伟业、吴嘉纪、钱澄之属前属后的问题，也牵连清末民初的陈作霖（1837—1920）崔适（1852—1924）、林纾（1852—1924）、陈衍（1856—1937）、梁启超（1873—1929）、李景星（1876—1934）、王国维（1877—1927）等大家是否归入研

---

① 伊格尔顿：《二十世纪西方文学理论》，伍晓明译，北京大学出版社 2007 年版，第 170—171 页。

究范围的问题。按照一般原则，历史人物的学术影响主要在哪个时期就应归于哪个朝代，如由明入清的一些思想家、文学家如王夫之、黄宗羲、顾炎武、钱谦益、吴伟业、吴嘉纪等人的思想、学术、文学主张对清代的影响是主要的，一般都称为清代学者。同样对清末民国初跨代的《史记》研究者也存在这样的问题，学界一般将他们采用近代的概念，如张新科、俞樟华的《史记研究史及史记研究家》中将陈作霖（1837—1920）崔适（1852—1924）、林纾（1852—1924）、陈衍（1856—1937）、梁启超（1873—1929）、李景星（1876—1934）、王国维（1877—1927）归入近现代《史记》研究家①，这种方法显然是比较合理的。梁启超是清末提倡西学、批判旧学的健将，是中国史学现代化开创式的人物。他对"中国之旧史"②的批判是对"新史学"的开辟，其意义是深刻的，代表着旧时代的结束，新时代的开始，将他向后归入清代显然是不合适的。王国维、林纾都是在"西学东渐"过程中，重视传统文化与西方"新学"的结合。陈作霖、崔适、李景星等是以传统治学方法为主，可以看作清代学术在民国的延续。这些学者的学术影响更在后者而不在清代，所以本书依然把清末民初的一些著名的《史记》研究家不纳入清代《史记》研究者的范围。

　　第三，对于"学术"这一概念的明确与界定。现代意义上，学术是指系统专门的学问，具有极强的学科化特点。中国古代学术一词的含义较为丰富，有治国之术、教化、学问、学识、主张、学说等含义。近代以来，梁启超、章太炎等所谈的学术含义已和现代意义基本相同，指系统而专门的学问。中国古代学术具有很强的时代特点，由于与当时的社会政治状况和学术发展脉络的相关，形成了相对稳定的学术主潮，如汉代经学、魏晋玄学、隋唐佛学、宋明理学、清代朴学。元代学者、诗人虞集从文学视角的判断"一代之兴，必有一代之绝艺足称于后世者"（孔齐《虞邵庵

---

　　①　张新科、俞樟华：《史记研究史及史记研究家》，华文出版社 2005 年版，第525 页。

　　②　梁启超：《梁启超史学论著四种》，岳麓书社 1985 年版，第 241 页。

论》)①，显然是有道理的。另外，清代学术的具体内涵和外延的确定是研究展开的前提和关键。本研究所谈的清代学术是指清代学术的主流，主要指以儒家理论为指导的理论体系，而庄学、佛学等研究不在涉及范围内。对于清代学术，清人形成了大致统一的认识。朴学大师戴震认为学问分为三类，云："古今学问之途，其大致有三：或事于理义，或事于制数，或事于文章。"又云："圣人之道在六经，汉儒得其制数，失其义理；宋儒得其义理，失其制数。"（戴震《与方希原书》)② 戴震将学术分为义理、制数和文章，这种观点得到了较为广泛的认同。桐城派则改为"义理、考据和辞章"，后曾国藩又加了"经济"一目，变为"义理、考据、辞章、经济"。根据清人的理解，清代学术主要包括了经学、史学、文章学。除此之外，还要关注的是评点学。评点学虽然只是作为学术研究的工具出现，但考虑到小说的当今文学的主体地位，也考虑到小说评点与《史记》研究的互文关系，本书将小说评点纳入研究范围，以便能客观地反映清代《史记》文学阐释的学术语境。因而，本书所谈的清代学术是指经学、史学、文章学和评点学各范畴。

第三节 清代学术与《史记》文学阐释的研究理路与内容

一、清代学术与《史记》文学阐释的研究理路

为了把握清代学术语境与《史记》文学阐释的互文关系，本书将清代《史记》文学阐释置入《史记》经典化历程中，置入经学、史学、文章学、

---

① 孔齐：《至正直记》卷三，粤雅堂丛书本、清咸丰伍崇曜校刊本。
② 戴震：《戴震文集》，中华书局 1980 年版，第 143—144 页。

评点学等中国传统学术语境中，从历时和共时两个方面进行考察。具体而言，历时上，将清代《史记》的文学研究置入两千多年的《史记》阐释史中，考察清代《史记》文学阐释的继承与创新，研究其在经典化中的位置、作用与贡献。共时上，将清代学者对《史记》的文学阐释置入清代政治文化语境中，考察《史记》文学研究兴盛的原因；考察经学思想对《史记》文学阐释的影响；考察清代史学观念、方法与《史记》文学阐释的关系；考察文章学与《史记》文学阐释的关系；考察评点学与《史记》文学阐释的关系以及小说评点学与《史记》文学阐释的互文关系。重点厘清清代学术史、学术思想史及其流变，以及所影响的审美观念和《史记》史学经典化的语境对《史记》文学阐释方法、成果的影响。

在具体的研究中，有四个关键环节值得重视。第一，资料问题。清代学者对《史记》文学方向阐释的资料除部分专著外，多散见于序跋、书信、笔记、文集以及文章学论著中。钩稽这些论述，并进行整理、分析、概括是研究展开的第一步。对于这些资料的搜集整理，应该严格依照资料整理要求，对资料长编进行科学的分类和辨析，尽可能全面地占有资料，尽可能做到全面而且有代表性。第二，对资料的比较分析。资料的比较分析是研究的关键环节，尤其要关注学术与文学、学派与文学、文论与文学、文学与文学的等方向比较分析。通过比较，掌握历代前后的变化、时代或地域的联系，探索变化的原因、联系的影响，并注意结合阐释学理论、现代研究成果做出简要的评判。挖掘各学术方向对阐释的影响，探索清代各家《史记》文学阐释的深层意义。第三，强化研究史、经典化的意识，把历史描述与理论探讨相结合，厘清清代学术思想、方法对《史记》文学阐释的影响，把握清代学者对《史记》文学性的揭示。第四，注重个别研究与综合研究相结合。将清代《史记》文学阐释置于清代大的文化语境和学术背景下，研究时点面结合，运用统计方法和理论逻辑分析方法，既对文学阐释进行多元性描述，又有针对性地对个案进行挖掘。

为了避免简单化、概念化的问题处理，重视方法和理论问题。研究以阐释学、经典化理论作为基石，运用文化学、社会学、接受美学、心理学和文艺美学等学科理论方法，以期达成四个方面的目标：

第一，以传统的考据法结合文化学、心理学、阐释学、接受美学理论，从清代学术的视域对《史记》文学阐释予以观照，力求还原最客观的清代《史记》文学认知，强化对《史记》的文学性理解，拓宽拓深清代研究的文化意义。

第二，强化问题意识，注重清代学术思想、学术方法、流变，以及所形成的审美观念对《史记》文学研究方法、成就的影响。采用以问题为体例，与时代、人物相结合的论述方式，努力做到宏观微观互印，历时共时相生。

第三，强化研究史意识，将清代对《史记》的文学阐释置入《史记》研究史、《史记》经典化的历程中，突出清代文学研究的特点及重要意义。

第四，把握清代学人《史记》文学阐释的特点，充分、客观地评价学者对《史记》叙事艺术、写人艺术、语言艺术、与小说关系的成就与突破。

二、清代学术与《史记》文学阐释的研究内容

清代是《史记》文学经典化的高峰期，这不仅来源于《史记》本身艺术价值及其可阐释空间，还在于清代经学、史学作为意识形态、文化权力的变动为其提供的阐释语境，同时以复古崇雅、师心尚情为指归的价值取向与以古文为时文的期待视野成为其内驱力，而文章学、评点学则成为清代《史记》文学经典化达成的重要方法。

全文共六章，第一章为绪论，第二章论述清代文化语境与《史记》研究的兴起，第三章到第六章分别论述清代经学、史学、文章学、小说评点学对清代《史记》文学阐释的影响与互文关系。

第一章主要阐述论题的缘起、研究意义、文献探讨、研究范围、研究

目标、研究思路、研究架构、方法与创新。

第二章论述清代文化、审美语境与《史记》文学研究的特点与成就。面对满清政权强力薙发易服与对"道统"的争夺，清初遗民学者进行了文化反思，将明代的灭亡归结于明季空疏的学风。从"汲古返经"出发，遗民学者号召重建笃实学风，重回经学传统。在"通经汲古""复古守正"的文化倡导以及对古代文化的总结清理中，形成了崇尚古雅、崇实黜虚、圆而神的审美趣味。这对清代《史记》的文学阐释的方法、深度、广度以及特点和成就都有着重要影响。清人对《史记》的文学阐释，重视整体宏观的把握，并从微观研究入手，精读、细读文本，精慎思考，反复推敲，辨析字法句法，分析章法结构，探讨写人叙事艺术，并以钩稽史公之微言大义。清代《史记》文学阐释取得了丰硕的成就，这是《史记》研究的内部自足，也与清代的文化与学术语境有着密切的联系。

第三章探讨清代经学历史对《史记》文学阐释的影响。清代经学的发展和变化必然与清代社会史、思想史相关。清代理学官方学术地位的确立既是学术内在发展的结果，也是大的政治形势的选择。理学学术主导地位的确立，为文章学的发展搭建了文化平台。理学的讲学著述、阐幽释微，以及宋学六经注我的特点，使经学家重视古文写作，虽然他们强调文章的根柢，但也意识到了文章技法在表现上的重要意义。理学和科举的对文辞的需求，促使形成了清代《史记》文学方向研究的高潮。清代《史记》文学研究的大书大都出于这一时期，是著述数量最多、成就最高的繁荣时期。乾嘉时期，受汉学影响，《史记》的史学研究更加兴盛，重在地理名物、典章制度、人物事实的考证，著述丰厚，史学成就远远高于文学性研究。此期的《史记》纯文学研究著作比较少，而且不像清初重于文章学层面的章法、词法、字法的文法研究，而是考证和文法探讨相结合，可以说，这一时期的《史记》文学阐释带有浓厚的乾嘉学术的痕迹。道咸以后，民族危机渐起，今文经学渐盛，《史记》文学研究的成就显然不及乾嘉时期，更不及清初研究者那么多，著述那么丰厚。但此期的研究，都形成了音韵、训诂、意义、论事、文章的研究模式，这也使《史记》文学方向的探析更为笃实。

第四章探讨清代《史记》研究中史学意义与文学阐释的互文关系。清代史学研究的兴盛成为《史记》研究的学术背景，促使形成了《史记》经典化的高潮，而《史记》史学研究对文学阐释有着重要的影响。《史记》是司马迁史笔与文心的完美结合，清人在研究中，一些史学概念，如"实录"、选材、"于序事中寓论断""义法论"等研究都达成了史学意义向文学意义的转换。清人丰富发展了"实录"的内涵，认为《史记》人物的传神写照，与司马迁对材料的选择和运用有关。认为司马迁能够选奇人，写奇事、奇遇，采摭轶事为人物注入灵魂与性格，并通过细节和心理描写使人物性格凸显，达到形神兼备。"于序事中寓论断"揭橥了《史记》布局安排的技巧和叙事艺术的高超，"义法论"是解读《史记》叙事文本背后作者寓意的重要方法。"于序事中寓论断"和"义法"论明显地具有史学和文学的双重意义，这对清代《史记》叙事艺术的发掘具有方法论的指导意义。

第五章研究清代文章学与《史记》文学阐释的关系。清人把文章学理论"发愤著书"说、"文气"说作为解读《史记》的重要依据，全面而深入地探索了《史记》的文学特质，并丰富发展了这些理论，进行了历史性总结。清代学者从《史记》章法结构的秩序、变化、联贯、统一四个方面进行了探讨。以文章学理论为引导，引入其他文学体裁的术语、方法，还原了《史记》的历史叙事空间，揭示了《史记》的叙事艺术，展现了《史记》的文学特质，深化了《史记》文学性的研究。

第六章论述清代小说评点与《史记》文学阐释的关系。清代学者从"泄愤"的思路出发，在艺术的内在动机上，找到小说与《史记》内在神韵上的共性与幽通。小说的创作与评点一方面要冲破文化禁锢与"史余""史补"等史学话语对小说评论的笼罩，另一方面又要借助于《史记》的经史地位来提高其文化地位。这种悖论使金圣叹不再简单地攀附《史记》等经史著作来提升小说的社会意义与文学意义，而是提出"才子书"的观念，从文学产生的历史必然来抗衡经史。通过对《史记》"以文运事"与《水浒》"因文生事"的比较，他准确地概括了史传文学与小说的差异，揭示了《史记》文学性的特点。因而金圣叹成为《史记》文学经典化过程中最有力的推手。此外，张竹坡、冯镇峦、孔广德、刘鹗等小说评点家对小说与《史记》的比较无疑都强化了《史记》的文学特性。

第二章　清代文化语境与《史记》文学研究

文学阐释总是在一定的文化语境之中，具有历史性、时代性的特点。清代文化语境是清代社会现实的产物。明清易祚，冲破了汉人"夷夏之防"的传统观念。面对历史剧变，面对天崩地裂之变局，面对满清政权强力薙发易服与对"道统"的争夺，清初遗民学者进行了文化反思，将明代的灭亡归结于明季空疏的学风。从"汲古返经"出发，清代学者号召重建笃实学风，重回经学传统。在"通经汲古""复古守正"的文化倡导以及对古代文化的总结清理中，清人形成了崇尚古雅、崇实黜虚、圆而神的审美趣味。这对清代《史记》的文学阐释的方法、深度、广度以及特点和成就有着重要影响。

第一节　满族专制下的清代学术与文化

一、薙发易服与满清"部族"政权的巩固

明崇祯十七年三月十九日（1644 年 4 月 25 日），李自成农民军攻陷北京，崇祯皇帝在景山自缢身亡，统治中国 276 年的明王朝覆灭。五月初三日，满清军队在多尔衮的带领下由朝阳门进驻北京。同年，多尔衮辅佐爱新觉罗·福临即皇帝位，"号曰大清，定鼎燕京，纪元顺治"。由此，中

国进入长达二百多年的满清统治。

满清以少数民族"部族"政权入主中原，要控驭比自己大百倍的领土，数千倍于自己的汉族人口，积极推行武力勘定、高压杀戮政策。定都北京后，满人放弃了"复君父仇""诛者惟闯贼"①的托辞，一改吊民罚罪的伪善，强力推行"薙法令"，严令"投诚官吏军民皆着剃发，衣冠悉遵本朝制度"，遭到汉族人民的强烈反对，畿辅地区的起义此起彼伏。鉴于满洲统治未稳，多尔衮不得不收回成命。他在顺治元年五月二十日谕旨中说："予前因归顺之民无所分别，故令其剃发以别顺逆。今闻甚拂民愿，反非予以文教定民心之本心矣。自兹以后，天下臣民照旧束发，悉从其便。"顺治二年五月十五日（1645年6月9日），清兵攻取南京后，再下"薙法令"，"剃发易服，不随本朝制度剃发易衣冠者杀无赦。""所过州县地方，有能削发投顺，开城纳款，即与爵禄，世守富贵。如有抗拒不遵，大兵一到，玉石俱焚，尽行屠戮。"②汉族文化中，将发饰、衣冠视为民族礼仪文化的承载，认为"身体发肤，受之父母，不敢毁伤，孝之始也"（《孝经·开宗明义章》）③，并且认为"礼之大莫要于冠服"。《春秋左传正义》云："有礼仪之大故称夏，有服章之美谓之华。"④衣冠发饰被认为是夷汉有别、华夏大防的体现，这种作为族群、身份外在的标志，不仅是归属感的问题，而且成为道德的底线。满清为了政权的长存，除武力经营外，在文化方面也极力颠覆，血腥地推行"薙法令"，以此对汉民族精神、民族感情和个体人格进行蹂躏与打击。"薙法令"受到江南民众的殊死反抗。"华人变为夷，苟活不如死"（归庄《断发二首》）⑤成为江南共同心声，在"留发不留头，留头不留发"的选择中，依然选定"留发"。扬州十日、嘉定三屠、江阴

---

① 赵尔巽：《清史稿·范文程传》，中华书局1977年版，第9352页。

② 《清世祖实录》卷十七，中华书局1985年版，第151页下。

③ 《十三经注疏》，阮元校刻，中华书局1980年版，第7页。

④ 孔颖达：《春秋左传正义》，北京大学出版社1999年版，第1587页。

⑤ 归庄：《归庄集》，上海古籍出版社1984年版，第44页。

之屠、昆山之屠、嘉兴之屠……满洲铁骑"争地以战，杀人盈野；争城以战，杀人盈城"（《孟子·离娄上》）①，这确如英国人吟唎的《太平天国革命亲历记》所言：

在清王朝的进展和维持时期，惨遭屠戮的牺牲者之多，是欧洲人从来所不能思议的；……这些被毁灭的生命是从亚历山大到成吉思汗以来所罕见的。满洲人的野蛮统治是史无前例的……都是人类历史上最大的污点。②

然而，满清军队的血腥暴力并未迅速一统，江南民众的抵抗汹涌澎湃，其酷烈史无前例。《明遗民录》附录《民史氏与诸同志书》中说："又思宋明以来，宗国沦亡，孑遗余民，寄其枕戈泣血之志，隐忍苟活，终身穷恶以死，殉为国殇者，以明为尤烈。"（孙静庵《民史氏与诸同志书》）③ 这较为真实准确地概括了明清之际民族之间的激烈冲突。

二、"渐就中国之制"与"道统"的争夺

满清政权一方面推行高压政策，"武功以戡定"④，并以铁血手段强行剃发易服，试图从形体入手消尽汉人的骨气和廉耻；另一方面，满清"渐就中国之制度"⑤对"已归者文德以怀柔"⑥，努力向汉文化靠拢，拉拢汉族士人和民众，以冀实现满洲统治的长治久安。

---

① 《十三经注疏》，阮元校刻，中华书局 1980 年版，第 58 页。

② 吟唎：《太平天国革命亲历记》上册，王维周译，上海古籍出版社 1985 年版，第 79—80 页。

③ 周骏富：《明遗民录》，明文书局，中华民国元年版，第 16 页。

④ 《清世祖实录》卷一，中华书局 1985 年版，第 33 页上。

⑤ 赵尔巽：《清史稿》，中华书局 1977 年版，第 9363 页。

⑥ 《清世祖实录》卷一，中华书局 1985 年版，第 33 页上。

初入关，多尔衮打着"底定国家，与民休息"，"期必灭贼，出民水火"①的旗号，为满清政权进入中原寻求理由。进驻北京后，接受范文程的建议为崇祯帝发丧。五月初四日，多尔衮谕令"流贼李自成原系故明百姓，纠集丑类逼陷京城，弑主暴尸"，"诚天人共愤，法不容诛者"，令官民"为崇祯帝服丧三日，以展舆情"。满清此举确实赢得了部分故明官绅的好感，《清实录》中所载"谕下，官民大悦，皆颂我朝仁义声施万代云"②等语，虽有夸张，但也反映了一定的真实情况，部分故明旧臣也放弃了南下的打算。

为了进一步获得汉族官绅的心理归属和支持，求得文化的话语权，满清政权开始祭祀孔子、祭祀黄帝。无疑这些措施是得力的，得到了汉族官绅士人的支持。实际上，早在入关前，皇太极遣大学士范文程祭孔子，祭文赞颂孔子："德配天地，道贯古今，删述六经，垂宪万世，昭宣文治，历代尊崇。"③刚一入关，就祭拜孔庙，"八月丁丑，遣官祭孔子。"④顺治二年（1645）六月，多尔衮亲自谒拜孔子庙，"册封孔子为'大成至圣文宣先师'"。封孔子六十五代孙允植为衍圣公。顺治八年四月，清廷遣官祭孔曰：

> 朕惟治统缘道统而益隆，作君与作师而并重。先师孔子无其位而有其德，开来继往，历代帝王未有不率由之而能治天下者也。⑤

满族以奉天承命自居，将道统视为治统兴隆之源，高度评价了孔子重要地位，认为历代帝王之治没有不呈道统而大治的。从此开始了满清政权一系列的祭孔活动。到康乾时期，清廷祭拜孔子就更为频繁，尤其乾隆朝多次进行祭孔大典。这里辑《清史稿·高宗本纪》所载有关乾隆皇帝祭孔条目

---

① 《清世祖实录》卷四，中华书局 1985 年版，第 54 页下。

② 《清世祖实录》卷五，中华书局 1985 年版，第 57 页下。

③ 《清太宗实录》卷三十，中华书局 1985 年版，第 387 页下。

④ 赵尔巽：《清史稿·太宗本纪》，中华书局 1977 年版，第 57 页。

⑤ 《山东通志》卷十一之四，钦定文渊阁四库全书本。

如下：

> 二月丁亥，释奠先师孔子。
>
> 六月癸卯朔，以平定准部告祭太庙，遣官告祭天、地、社、稷、先师孔子。
>
> 三月己巳朔，上至曲阜，谒先师孔子庙。
>
> 辛未，上至阙里释奠先师孔子。
>
> （二月）乙巳，上至曲阜谒先师孔子庙。丙午，上释奠先师孔子。丁未，上谒孔林。祭少昊陵、元圣周公庙。赐衍圣公孔昭焕族人银币有差。
>
> （三月）乙未，上至曲阜，谒孔子庙。
>
> 丙申，释奠先师孔子。
>
> （夏四月）丙辰，遣官告祭孔子阙里。
>
> （二月）丁未，命皇十五子嘉亲王祭先师孔子。

乾隆皇帝一生多次躬诣曲阜阙里，亲自参加祭孔大典，行三拜九叩之礼，其隆重程度超过历朝历代。也正是在这样的基础上，清人发挥传统的"君师"之说，康熙帝宣扬"作君以作师"，认为"道统与治统相维，作君与作师并重"（《圣庙落成遣皇子祭告文》）①，强调道统与治统是统一的，作君便是作师，为谋取文化话语权张目。显然，清廷一系列对道统争夺的措施是有成效，逐渐笼络住了汉族读书人的思想，社会渐趋稳定。

清廷"渐就中国之制"的另一措施就是黄帝祭祀。黄帝、炎帝是华夏的始祖，其意义不仅是"人文初祖"，也是治统的象征，是政权合法性的衡量，在深层意义上，祭祀炎黄实质也是民族与文化的认同。有清一代，从顺治到道光，帝王先后致祭黄帝33次，其中乾隆10次，康熙8次。从

---

① 孔毓圻：《幸鲁盛典》，四库全书本卷一。

顺治到光绪，清代皇帝先后致祭炎帝 36 次，其中乾隆最多，达 12 次。顺治八年（1651），顺治帝御祭文曰："自古帝王，受天明命，维道统而新治统。圣贤代起，先后一揆。功德载籍，炳若日星。"（曲英杰《祭祀典》）①康熙元年（1662），康熙帝"御制"祭文亦云："帝王继天立极，功德并隆，治统道统，昭垂奕世。"（曲英杰《祭祀典》）②康熙二十一年（1682 年），康熙帝"御制"祭文再次表明："自古帝王受天显命，继道统而新治统，圣贤代起，先后一揆，成功盛德，炳如日星。"（曲英杰《祭祀典》）③顺治皇帝与康熙皇帝在祭文中都大谈"道统"和"治统"的观念，以谋求政权合法性的理论依据，而且"维道统而新治统"显然是这些祭文的核心词。

满清通过繁复而隆重的大礼祭孔、祭祀黄帝，表示"渐就中国之制"，以民族怀柔政策来拉拢汉族知识分子，其对文化、政治话语权的争夺的用意昭然。如果说祭孔是满清对"道统"的争夺，那么祭祀黄帝就是对"治统"合法性的阐释。这些活动表示自己承继了道统、治统，拥有文化和政治话语权。满清以"累朝之统绪相承"的思路，以承中华民族道统者自居，来求得统治的合法地位。这一措施显然是奏效的，满清政权也逐渐获得了汉族知识分子、民众的承认。清廷也在自己既然是道统、治统的承继者，那么政治独裁、文化专制就天经地义的逻辑下，对汉族政治上压制排斥，精神文化上奴役。防猜与文网是满清政治、文化的主题。

三、防猜与文网

满清政权为了争夺道统，控制文化的话语权，实行民族分离、民族压迫政策。钱穆《国史大纲》云："清室对待汉人，无论其为怀柔或高压，

---

① 李学勤、张岂之：《炎黄汇典》第 3 册，吉林文史出版社 2002 年版，第 387 页。

② 李学勤、张岂之：《炎黄汇典》第 3 册，吉林文史出版社 2002 年版，第 387 页。

③ 李学勤、张岂之：《炎黄汇典》第 3 册，吉林文史出版社 2002 年版，第 390 页。

要之十分防猜。"① 这不仅体现在满汉民族关系上，还体现在政制设置上以及文化策略上。

清帝虽多次宣称"汉满官民，俱为一家"②，"不分满汉，一体眷遇"③，"满汉官民，皆朕臣子"④，但实际上严防满族汉化。皇太极要求满人不能"循汉人之俗，遂服汉人衣冠，尽忘本国言语"，⑤ 告诫诸王、贝勒必须"使后世子孙遵守，无变弃祖宗之制"⑥，这成为后代清帝的根本国策。清廷派八旗驻防各省、各重要城市，单独圈占土地不准与汉民杂处。顺治五年八月，又谕令"除八旗投充汉人不令迁移外，凡汉官及商民人等尽徙南城居住"。同时，分裂汉族、蒙古之间的联系，"理藩院无汉人，使汉、蒙不相接，以便其箝制统治之私。"⑦ 满清不仅实行满汉、汉蒙民族隔离，还实行满蒙官员和汉族官员身份等级差异。"命官则沿元代，满、汉分别，而实权多在满臣。且满洲、蒙古无微员，（从六品首领、佐二以下官，不以授满洲、蒙古。）宗室无外任。"⑧"而各省督、抚，亦以用满员为主，参用汉人特其不得已。"⑨ 这实质上就使国家权力牢牢掌控在满洲贵族的手里。而且君尊臣卑，尤其汉臣地位低下，见帝王须行三跪九叩首之礼，奏对没有不跪拜的，"明六曹答诏皆称'卿'，清则率斥为'尔'。"⑩

在文化策略上，满清以开科考试吸引汉族士人，但对满人则强调"清语骑射"，认为"满洲若废此业，即成汉人，此岂为国家计久远者哉？文

---

① 钱穆：《国史大纲》（修订本），商务印书馆 1994 年版，第 830 页。
② 《清世祖实录》卷十六，中华书局 1985 年版，第 140 页上。
③ 《清世祖实录》卷七二，中华书局 1985 年版，第 570 页上。
④ 《清世祖实录》卷四十，中华书局 1985 年版，第 320 页上。
⑤ 《清太宗实录》卷三四，中华书局 1985 年版，第 446 页上
⑥ 《清太宗实录》卷三四，中华书局 1985 年版，第 446 页下。
⑦ 钱穆：《国史大纲》（修订本），商务印书馆 1994 年版，第 843 页。
⑧ 钱穆：《国史大纲》（修订本），商务印书馆 1994 年版，第 833 页。
⑨ 钱穆：《国史大纲》（修订本），商务印书馆 1994 年版，第 838 页。
⑩ 钱穆：《国史大纲》（修订本），商务印书馆 1994 年版，第 833—834 页。

臣中愿朕习汉俗者颇多，汉俗有何难学？一入汉习，即大背祖父明训，朕誓不为此！"①乾隆帝于二十年五月十七日《上谕》云："嗣后八旗满洲，须以清语、骑射为务，如能学习精娴，朕自加录用，初不在其学文否也。"②并严令满人勿沾染汉习，他认为"满洲风俗素以尊君亲上、朴诚忠敬为根本，自骑射之外，一切玩物丧志之事，皆无所渐染。乃近来多效汉人习气，往往稍解章句，即妄为诗歌，动以浮夸相尚，遂至古风日远，语言诞漫，渐成恶习"③。他说："近日满洲熏染汉习，每思以文墨风长，并有与汉人较论同年行辈往来者，殊属恶习。"④满清政权强化满人的民族传统、强健满人的体魄，严禁满人接受汉族文化传统，以期实现对汉族的长久统治，其科举考试所谓的"嘉惠士林"，无非是为了"消弭反侧"（《考试类·圣祖优礼宏博举子》）⑤，隐含着极力弱化汉族的政治用心。

在思想上，满清政权入关后，依然将程朱理学作为国家意识形态，但同时将之随意割裂、肆意阉割，只取有利于维护满洲贵族统治的儒家纲常伦理和典章制度。中国现代政治学家萧公权说："清廷压制汉族之政策前后虽有缓急宽猛之不同，而究其根本目的，始终在于消除反抗，摧抑士气。彼深知徒事迫胁不足以收大效，乃兼用积极笼络与消极压制之二重手段。……而就政治思想史以论，则笼统手段之流毒，殆不亚于始皇愚民也"⑥。这就在制度层面形成了提防汉族、遏制汉族、弱化汉族的政策。

与此同时，顺治、康熙、雍正、乾隆四朝文网日密、满清出于对汉族的防猜、出于对文化的清洗、出于对汉人思想的箝制，大力推行文字狱。从顺治初年开始，到乾隆时期，"绵延了 100 多年，多达 80 多起，实际上

---

① 中国第一历史档案馆整理：《康熙起居注》，中华书局 1984 年版，第 1639 页。

② 《清高宗实录》卷四八九，中华书局 1986 年版，第 131 页下。

③ 《清高宗实录》卷四八五，中华书局 1986 年版，第 75 页下。

④ 《清高宗实录》卷四八九，中华书局 1986 年版，第 131 页下。

⑤ 徐珂：《清稗类钞》，中华书局 1984 年版，第 707 页。

⑥ 萧公权：《中国政治思想史》，辽宁教育出版社 1998 年版，第 603—604 页。

最厉害的是在乾隆年间，达74起之多。"① 孙奇逢、顾炎武、黄培、吕留良、屈大钧、戴名世、查嗣庭、全祖望等名家先后涉案。清代文字狱之酷烈，前所未有。清廷以"深文周纳""微言大义"进行文字解释，官吏为逢迎上意，刻意曲解、误读，过度阐释，然后想尽办法罗织罪名。每个案件处刑之重，规模之广，前所未有。凡涉案人员不是终身监禁，流放边荒，充为满人奴隶，就是杀头处绞，碎剐凌迟。即使人已经死亡，如吕留良被从坟墓里刨取棺木，拖出尸身，剉碎扬灰，而且祸及九族。所有近亲家属，不管知情不知情，识字不识字，一概得"从坐"，株连极广，只要相关就可能祸从天降。文人小心翼翼，如履薄冰，三缄其口即为腹非，张口就可能犯禁。以乾隆名臣梁诗正为例，梁诗正为东阁大学士兼吏部尚书，加太子太傅，他死后乾隆帝赐祭葬，入贤良祠，并派皇子祭奠，且赏银千两。梁氏虽宠信荣耀如此，但他"从不以字迹与人交往，即偶有无用稿纸，亦必焚毁"，"平日之小心防范，惟恐遗迹招尤，已非一日，而与人交接言谈，自必随时检点"，"是以举止语言，无不慎密，即有怨怀，断不敢遽为吐露。"② 由此即可窥见，文字狱对清代仕民的影响，梁诗正的行为、心态可视为最普遍的代表。

第二节　清代审美趣味与《史记》的文学阐释

一、审美趣味与文学阐释

学术研究有其共性，都是借助已有的理论、知识，对问题进行分析探讨，以期得到规律性的结论。这一过程必须建立在理性推衍和逻辑判断之

---

① 郭英德:《明清文学史讲演录》，广西师范大学出版社2005年版，第139页。

② 《清代文字狱档》，上海书店出版社1986年版，第104页。

上，但文学研究与其他学科的研究有着一定的差异。其他学科强调研究主体要以一种理性的态度来对研究对象进行观察、分析，发现其隐含的性质、意义，以达成对其学理意义的挖掘。文学阐释则要求研究者不仅要以理性的态度来面对所关注的文本与现象，而且更为重要的是，文学研究则始终强调研究主体的感情投入和参与，因为"艺术品也就是情感的形式或是能够将内在情感系统地呈现出来以供我们认识的形式"①。在对文学的情感与"供我们认识的形式"阐释中，主体是无法抛却自身情感的体验与审美判断。由此来看，研究者对文学现象阐释的情感投入和参与，始终是与主体的审美趣味紧密联系在一起的。

从文学角度而言，无论文学是来自生活的真实，还是作家个体天才的艺术创造；无论文学是生活的反映与背离，还是对权利话语的认同与消解，在文学的认识价值尺度上，文学最终的价值尺度是审美。也就是说，文学的价值尺度除外在的、实用的、功利的价值以外，审美是文学价值尺度的基点。对于文学阐释，文学研究就是研究者对文学文本进行美学、思想意义上的探索，而且"艺术批评就是批评家根据自己的审美趣味和价值标准，对各种艺术现象和艺术作品所做出的判断与评价"②。那么，文本的美学意蕴与主体的审美趣味在冲突或交融中，就达成了对文本的价值判断。因而，主体的审美趣味在一定程度上就成为文学研究理性意义的基础。这包括两个层面的影响：一方面包含着研究主体将主要精力投入到了哪些方面，关注了哪些具体文学现象，哪些文学文本；另一方面包含着研究主体以怎样一种态度对现象与文本意义进行发掘。由此来看，审美趣味与文学阐释有着紧密的联系，审美趣味决定着文学阐释现象与文本的选择，更决定着文学阐释的方向与深度。

审美趣味是主体审美的倾向与偏好，这些倾向与偏好饱含了主体的审

---

① 苏珊·朗格：《艺术问题》，滕守尧译，南京出版社 2006 年版，第 29 页。

② 朱立元：《美学》（修订本），高等教育出版社 2006 年版，第 379—380 页。

美感受、审美经验、审美理想，同时，审美趣味也体现了审美主体对审美对象的美感特性、美的规律把握。这里值得思考的是趣味与审美趣味的关系。趣味和审美趣味有着天然的联系，是审美趣味的基础。梁启超说："趣味是生活的原动力。"（梁启超《趣味教育与教育趣味》）① 他认为："一个人的麻木，那人便成了没趣的人；一民族的麻木，那民族便成了没趣的民族。"（梁启超《美术与生活》）② 他更将趣味与成就事业联系起来，说："凡欲我就一事业者，必须责任心与兴味心两者具备。"（梁启超《到京第一次欢迎会讲说辞》）③ 这里的"兴味"就是趣味的意思，梁启超认为趣味之于事业的关系，其实质上和审美趣味与文学品评的关系是一样的。对此，朱光潜也曾经说："文学作品在艺术价值上有高低的分别，鉴别出这高低而特有所好，特有所恶，这就是普通所谓趣味。辨别一种作品的趣味就是评判，玩索一种作品的趣味就是欣赏。"（朱光潜《文学的趣味》）④ 他认为："文艺标准是修养出来的纯正的趣味。"（朱光潜《谈趣味》）⑤ 这里的"纯正的趣味"显然是指审美趣味。

　　审美趣味作为主体的倾向与偏好，虽然仅为精神活动的体现，但是与外部环境如民族、社会、出身、身份有着密切地联系。"审美是人生的盛宴。趣味作为审美机制的天然发动机，它是主体内发的情感与客体外界环境交融的结果。"⑥ 不难看出，审美趣味是审美主体的外部环境与内在因素共同作用的结果。每一个个体总是处在一定的社会关系之中，总是存在于一定的时代之中，而且其民族性、出身的阶层性是与生俱来的。同一民族共同历史生活所形成的文化传统与积淀，使同一民族显现出共同的审美

① 　梁启超：《梁启超全集》，北京出版社 1999 年版，第 3963 页。

② 　梁启超：《梁启超全集》，北京出版社 1999 年版，第 4018 页。

③ 　梁启超：《梁启超全集》，北京出版社 1999 年版，第 2511 页。

④ 　朱光潜：《朱光潜全集》第四卷，安徽教育出版社 1988 年版，第 171 页。

⑤ 　朱光潜：《朱光潜全集》第三卷，安徽教育出版社 1987 年版，第 348 页。

⑥ 　吕立群：《审美趣味批评——审美愉悦走向崇高的中介》，《江南大学学报》2008年第 4 期。

趣味，因而，也凸显出风格迥异的民族特色。不仅如此，个体出身的阶层性往往会对主体的审美价值和审美趣味有着很大的影响，鲁迅先生曾说："饥区的灾民，大约总不去种兰花，像阔人的老太爷一样，贾府上的焦大，也不爱林妹妹的。"（鲁迅《"硬译"与"文学的阶级性"》）[①] 同时，时代的政治、经济、文化环境对审美趣味有着重要的影响，尤其是这一时代的社会风尚与审美理想制约着个体的审美趣味。此外，审美趣味与审美主体内在因素密切相关。审美主体由于文化修养、生活环境、生活经历、社会交往的不同，往往所形成不同的人生动机、趣味、理想、信念、世界观、人生观，因而形成的审美动机、审美趣味和审美理想必然有着一定的差异。

虽然审美趣味有个体差异，但在某一特定社会文化思潮中，特定阶层的审美趣味却有着共性。审美趣味是历时共时的产物，是历史与现实、个体与社会的统一。审美作为人类的生存实践，除了大的外部环境以及社会风尚的影响，每一代人的审美活动，都是建立在对以往或前代的审美思想的判断和批评的基础上，是将以往的审美作为当下新审美的前提、条件或者相关的背景。因而，审美趣味其实质是历史、现实和未来共同作用的结果。这使得审美主体的心理基础、心理态度、生存环境、审美理想在某个民族、某一时期、某一地域产生了共同性，形成了具有民族性、时代性、地域性的共同的审美趣味。正因为如此，中国古代文学发展史上的汉赋、唐诗、宋词、元曲、明清小说朝代特点，以及"江左宫商发越，贵于清绮；河朔辞义清刚，重乎气质"（魏徵《隋书·文学传序》）[②]的不同地域的文学风格、不同的文学思想流派和文学阐释，都和时代或地域的审美趣味有着密切的联系。正因为如此，社会文化语境对审美趣味有着深刻的影响。

清代的审美趣味是官方意识形态和民间审美趋向合力的结果。明清易

---

① 鲁迅：《鲁迅全集》第四卷，人民文学出版社 1981 年版，第 204 页。

② 魏徵：《隋书》，中华书局 1973 年版，第 1730 页。

祚，清廷以承继"道统"自认，雍正皇帝的《大义觉迷录》发挥孟子、韩愈、王通、郝经等人的正统观，以韩愈"孔子作《春秋》曰：'夷狄入中国，则中国之，中国入夷狄，则夷狄之'"的论述为基点，肯定"今日能用士，而能行中国之道，则中国之主也"（郝经《与宋国两淮制置史书》）①的观念，认为："中国之一统始于秦，塞外之一统始于元，而极盛于我朝，自古中外一家，幅员极广，未有如我朝者也。"②其后，乾隆帝继续发挥正统观，他说："至元世祖平宋，始有宋统当绝，我统当续之语，则统绪之正，元世祖已知之稔矣。"③乾隆帝以蒙元入主中国的历史，来证明满清代明取得正统的历史合法性。除过理论上的论证之外，满清政权要在实践层面证明自己"继道统而新治统"④（曲英杰《祭祀典》）的唯一途径就是"就中国之制"。具体地说，就是遵从中国传统文化。清人尊经尊圣，以理学为国家意识形态，开博学鸿词科、开《明史》馆、开《四库》馆成为这一宗旨的践行，官方意识倡导着文化的"尚古""雅驯"和"朴实"的审美趣味⑤。

　　清代审美趣味形成的另一个重要合力便是民间学术及其审美趣味的影

①　郝经：《郝文忠公陵川文集》，山西人民出版社 2006 年版，第 515 页。

②　《清世宗实录》卷八三，中华书局 1986 年版，第 99 页上。

③　《清高宗实录》卷一一四二，中华书局 1986 年版，第 308 页下—309 页上。

④　李学勤、张岂之：《炎黄汇典》第 3 册，吉林文史出版社 2002 年版，第 390 页。

⑤　可参见《清实录》世宗卷一二一，雍正十年七月壬子：谕礼部：制科以四书文取士，所以觇士子实学，且和其声以鸣国家之盛也。语云：言为心声。文章之道与政治通，所关巨矣。韩愈论文云：惟陈言之务去。柳宗元云：文者所以明道，不徒务采色、夸声音以为能也。况四书文号为经义，原以阐明圣贤之义蕴，而体裁格律先正具在，典型可稽。虽风尚日新，华实并茂，而理法辞气，指归则一。近科以来，文风亦觉丕变，但士子逞其才气辞华，不免有冗长浮靡之习。是以特颁谕旨，晓谕考官，所拔之文，务令雅正清真，理法兼备，虽尺幅不拘一律，而支蔓浮夸之言，所当屏去。秋闱期近，可行文传谕知之。"又，《清实录》高宗卷一一二四，乾隆四十六年二月上丙辰：无如近日士风专为弋取科名起见，剿窃浮词，不复研穷经史，为切实根柢之学，以致文体日就卑靡，虽屡经降旨训饬而积习难回，仍不免江河日下之势。惟在司文柄者随时甄别，力挽狂澜，以期文风渐归醇正。若多为选刻颁行，而习举业者仍束庋高阁，不能潜心研究，虽多亦奚以为。

响。明清之际的汉族知识分子面对亡国之痛，在对明亡的历史总结中，他们力矫明代空疏的学风，号召"通经汲古""汲古返经"（钱谦益《答山阴徐伯调书》）①。其实质是要正本清源，在复古中追寻雅正，体现着古雅、朴实的审美趣味。随着满清政权的逐渐稳定，开《明史》馆、开《四库》馆等对汉族读书人笼络政策的成功实施，汉族士人的反清意识逐渐淡化。黄宗羲、顾炎武、王夫之等遗民学者思想上也有了一定的变化。康熙朝以后，遗民们也陆陆续续、或明或暗地开始承认清廷的中国正统地位。黄宗羲"到康熙元年间著《明夷待访录》，便取消了对清人的责骂。康熙十年，开始用清朝年号，称清朝为'国朝'"②。遗民学者从对满清政权的激烈对抗到平和，学术上对"雅正"的召唤，形成了新的审美趋向。在钱谦益、黄宗羲、顾炎武、王夫之等学术、文学领袖的引领下，古雅、朴实成为清代普遍的一种审美趣味。官方与民间的审美趣味逐渐合流，影响到清代审美的方方面面，并成为清代审美趣味的主流。

与古雅美、朴实之美所伴随的是"圆而神"的审美趣味。它不仅是一种审美趣味、审美方法与审美理想的要求，也成为诗、文、词、曲、画、书法上的古雅美、朴实之美所伴随的内在神韵。"圆而神"讲求除却定法成例的束缚，不拘规矩，百般变化，而达到高明而至精微的审美意蕴。

清代文化语境所形成的古雅、崇实重质、圆而神的巨大审美场域中，《史记》无疑是众多典籍中最恰当的遴选对象。《史记》是中国上古的历史记忆，是一部"究天人之际，通古今之变，成一家之言"的伟大著作，是在中国史学史和中国文学史上的一座丰碑。《史记》所记载的是汉族辉煌的历史记忆，在清代异族入主中原的大背景下，对其研究有着民族心理深层的意义。这种选择自有其内在合理性，如葛兆光《中国思想史》中所言：

---

① 钱谦益：《牧斋有学集》，上海古籍出版社 1996 年版，第 1347 页。

② 胡克森：《论中国古代正统观的演变与中华民族融合之关系》，《史学理论研究》1999 年第 4 期。

　　在整个清帝国的知识、思想和信仰世界表面的同一与和谐状态中，恰恰一切都在分裂。最重要的是社会生活的分裂，这是由私人生活和公众生活的对立而引起的，在以程朱理学为主的普遍真理话语的笼罩之下，士人渐渐丧失了思想空间，丧失了空间则失去了立场，主流话语以"理"的名义侵入并控制了知识世界，使士人在所有公开和公众的场合，不能不自觉依照这种天经地义的原则说话，否则就有被指责为"离经叛道"的危险，除了不公开的私人生活之外。①

在满清专制的特殊社会语境中，汉族士人有意无意地将对满族政权的排斥寄寓在历史辉煌的记忆和知识之中，或为一种正常的心理消解，因而，历史记忆和知识成为私人生活宣泄思想感情的主要空间，成为对抗主流话语的寄托。这或许是清代《史记》研究兴盛的潜在原因之一。另外，从文学而言，《史记》历代以来都被奉为"古文"的最高成就，司马迁以神来之笔写人物，叙事迹，记典章，于客观的叙事之中，蕴藏着极大的感染力，读者无不"惊呼击节，不自知其所以然"（洪迈《容斋五笔》)②。其朴素简练、通俗流畅的语言风格，疏缓从容、庄谐有致，又富于变化。在复古高涨的清代，《史记》成为研究的对象，并达到研究的高潮就并不为怪。清代《史记》文学阐释就是以清代的古雅之美、朴实之美和圆而神的审美趣味为旨归，对《史记》的文学性从这三个方面进行具体的发挥与阐释。"艺术品对于每个特定的当下都是绝对的当下，而且与此同时它的言辞为所有的未来准备。"（加达默尔《哲学诠释学》)③就清代《史记》文学阐释而言，清代的审美趣味对其有着决定性的影响，它沾溉并决定了清代《史记》文学阐释的方向、广度和深度。

---

① 葛兆光：《中国思想史》第二卷，复旦大学出版社 2001 年版，第 380—381 页。
② 洪迈：《容斋随笔》，上海古籍出版社 1996 年版，第 865 页。
③ 章启群：《意义的本体论：哲学诠释学》，上海译文出版社 2002 年版，第 116 页。

二、清代古雅趣味与《史记》的文学阐释

意义是一个关系范畴，个体的有限性成为意义生成的关键。"如果人生无限、不生不灭，个体全能、无喜无悲，所有的生命或生活价值将完全改写，历史也就没有意义。"①正是生命与个体的有限，人在对既往的留恋与寻觅中包含着对未来的把握，因而，怀古的情感是根植于人性深处的重要的精神现象，它是人类生命意识的一种表现。以贵本原、重初始为核心的中国传统文化，有着浓烈的怀古情趣，这就形成了文化在"复古守正"中求创新求发展的特点。作为中国传统文化支柱的儒学思想本身，就是具有浓厚的复古特点的思想体系。孔子"祖述尧舜，宪章文武""信而好古"的思想有着深远的影响。无论是孟子的"法先王"还是汉儒、宋儒复三代之治，都是这一思想演化出来的复古论、循环论的历史发展观，而且这种历史观始终在传统文化中占主导地位。同样，这种思想衍射到文学创作与批评中，就形成了中国古代文学以复古为推进的发展特点。唐宋古文运动、明前后七子、唐宋派文学，都是以"复古"为旗帜变革当时文体文风、复兴孔孟儒学传统的文学与文化现象。

清代作为中国专制社会的最后一个朝代，它处在中国传统文化发展的高峰之后，各种探索研究已经达到了一定的高度，"复古守正"与对文化的总结清理成为其文化的重要特点，如梁启超言："'清代思潮'果何物耶？简单言之：则对于宋明理学一大反动，而以'复古'为其职志也。"②郭绍虞《中国文学批评史》对之做了更为具体的分析：

> 清代学术有一特殊的现象，即是没有它自己一代的特点，而能兼

① 陈少明：《从古雅到怀古一种价值哲学的分析》，《哲学研究》2010 年第 4 期。

② 梁启超：《清代学术概论》，上海古籍出版社 1998 年版，第 3 页。

有以前各代的特点。它没有汉人的经学而能有汉学之长，它也没有宋人的理学而能撷宋学之精。他如天算、地理、历史、金石、目录诸学都能在昔人成功的领域以内，自有它的成就。①

"能兼有以前各代的特点"正是清人为自己寻找的以复古为起点的文化生存之地，而且这种复古、嗜古成为当时各个阶层的风尚。据徐珂的《清稗类钞》载，清人嗜古，好各种古玩，古砚、古钱、古字画、古瓷器、古玉器、古碑石无所不收，这就形成了巨大的古玩市场。"牟利者，置窝棚于其地，掘而货之。"（《鉴赏类·徐星伯得唐时铜佛铜匕》）②古董、书画市场成熟，生意兴隆，"古董书画就地陈列，四方人士之精鉴赏者，至都，辄问津于厂焉"（《鉴赏类·鉴赏家必游琉璃厂》）③。另外，清人嗜好古书，尤重宋、元刻本，并出现了许多著名的藏书楼、藏书室，如常熟毛晋的汲古阁、常熟钱谦益的绛云楼、钱曾的述古堂、季振宜的静思堂和辛夷馆、汪士钟的艺芸书舍，以及黄丕烈的士礼居、百宋一廛、陶陶室等等。藏书家"凡宋雕元椠与旧家善本，若饥渴之于饮食，求之必获而后已"。据载钱谦益为购得明代王世贞以一座庄园代价换得的"宋版两汉书"，钱谦益以数年时间追踪查询，最终以一千二百金的高价觅得《两汉书》。清人上至学者、士绅嗜好古书，下至普通百姓，几乎都以藏书为癖好，好古、嗜古、复古成为一种社会风尚。

清人好古、嗜古固然有其深刻的政治、文化、哲学的原因，也与朝廷"雅正清真，理法兼备"④，"厘正诗体、崇尚雅醇"（乾隆《办理四库全书历次圣谕》）⑤的有意引导和规定相关。仅从美学而言，古与美是相伴而生

---

① 郭绍虞：《中国文学批评史》，上海古籍出版社1979年版，第6页。

② 徐珂：《清稗类钞》，中华书局1984年版，第4340页。

③ 徐珂：《清稗类钞》，中华书局1984年版，第4189—4190页。

④ 《清世宗实录》卷一二一，中华书局1986年版，第602页下。

⑤ 永瑢：《四库全书总目提要》卷首一，商务印书馆1931年版，第18页。

的，在怀古的幽思里必然包含着"古雅"的审美判断。王国维在《古雅之在美学上之位置》一文分析道：

> 若古雅之判断则不然，由时之不同，而人之判断之也各异。吾人所断为古雅者，实由吾人今日之位置断之。古代之遗物，无不雅于今世之制作，古代文学虽至拙劣，自吾人读之无不古雅者，若自古人之眼观之殆不然矣。故古雅之判断，后天的也，经验的也，故亦特别的也，偶然的也。此由古代表出第一形式之道，与近世大异，故吾人睹其遗迹，不觉有遗世之感随之，然在当日则不能，若优美及宏壮则固无此时间上之限制也。①

在以复古为基准的文化观念里，由于嗜古及怀古情思，"古代之遗物，无不雅于今世之制作，古代文学虽至拙劣，自吾人读之无不古雅者"。王国维之论将古雅、优美、宏壮并列为同一审美范畴之内，较为准确地概括了清代以古为雅的认识。郭绍虞《中国文学批评史》在论及桐城派的"雅洁"说时，曾说"惟雅故能通于古，惟洁故能通于今"②，可见，"古"与"雅"有着某种共通性。而且这里的"古"不仅有时代久远之意，还指诗文意蕴深厚、高妙不可言，是一种带有古拙、苍古、高古、亘古等古典意义的"雅而正"的审美趣味，强调体会古人意趣与创作的方法，以求得一种"古雅"之美。

清人认为，诗文的"古雅"之美不是简单的复古，而是要通古，具有高风远韵，表现为高妙、古朴而雅致。黄宗羲以其道德、文章、学识、气节成为清初极具影响的文化领袖人物，他认为诗要有"万古之性情"，其文曰：

---

① 王国维：《王国维文集》第3卷，中国文史出版社1997年版，第32页。
② 郭绍虞：《中国文学批评史》，上海古籍出版社1979年版，第627页。

诗以道性情，夫人而能言之。然自古以来，诗之美者多矣，而知性者何其少也。盖有一时之性情，有万古之性情。夫吴歈越唱，怨女逐臣，触景感物，言乎其所不得不言，此一时之性情也；孔子删之，以合乎兴、观、群、怨、思无邪之旨，此万古之性情也。吾人诵法孔子，苟其言诗，亦必当以孔子之性情为性情，如徒逐逐于怨女逐臣，逮其天机之自露，则一偏一曲，其为性情亦末矣。故言诗者，不可以不知性。（黄宗羲《马雪航诗序》）①

黄宗羲所说的"万古之性情"是指合乎孔子"兴观群怨""思无邪"之旨的古之性情，即诗文不是简单的复古，而在于"通古"，合于圣人之道，达到"兴观群怨"的社会功能，才能是"无邪"的雅正之诗文。不仅如此，清人认为复古就是为了"变"。吴乔《围炉诗话》云："诗道不出乎变复，变谓变古，复谓复古。变乃能复，复乃能变，非二道也。"②"复变"是为了"通古"而变，复古为变确立目标与依据，达到古雅的审美趣味。如刘熙载所言："诗不可有我而无古，更不可有古而无我，典雅、精神，兼之斯善。"（刘熙载《诗概》）③ 又，沈宗骞《芥舟学画编》云：

欲求雅者，先于平日平其争竞躁戾之气，息其机巧便利之风。揣摩古人之能恬淡冲和、潇洒流利者，实由摆脱一切纷更驰逐，希荣慕势，弃时世之共好，穷理趣之独腴，勿忘勿助，优柔渐渍，将不求存而自存，不求去而自去矣。（沈宗骞《避俗》）④

沈宗骞认为读书学古可以平息"争竞躁戾之气""其机巧便利之风"，能够

---

① 黄宗羲：《黄宗羲全集》第十册，浙江古籍出版社 1993 年版，第 91 页。
② 吴乔：《围炉诗话》卷一，清嘉庆十三年虞山张氏刻借月山房汇钞本。
③ 刘熙载：《艺概注稿》，袁津琥校注，中华书局 2009 年版，第 402 页。
④ 沈宗骞：《芥舟学画编》卷二，乾隆四十六年冰壶阁刻本，第 3 页。

达到"雅"。可见，清人对古雅的追求不是简单的复古，而是在"通古"的基础上，"要求贯古通今、宙合天地、周流六虚、熔铸时空；在作品艺术风貌方面，则要求审美意旨超远、高妙、古朴，具有高风远韵；在创作主体审美心理结构方面，则要求学识渊博、涵养厚重、品格高尚、境界高远"①。

司马迁以高越的人格建构、渊博的学识所著写的《史记》，究天人之际，贯古通今，熔铸时空，具有超远高妙、古朴雅正之气。李长之说："司马迁的散文，乃是纯正的散文，乃是唐宋以来所奉为模范的散文。——也就是古文家所推为正统的散文。"②在清代复古尚雅的社会风尚中，清人尤其喜爱《史记》，对《史记》的文学性认识与阐释都超越前代。

钱谦益作为文坛耆老，其"返经""尊祖"的论调导引了有清一代的学术与文学风气，他对《史记》的评价影响了清代《史记》的研究。钱谦益在《袁祈年字田祖说》中云：

> 三百篇，诗之祖也；屈子，继别之宗也；汉、魏、三唐以迄宋、元诸家，继祢之小宗也。六经，文之祖也；左氏、司马氏，继别之宗也；韩、柳、欧阳、苏氏以迄胜国诸家，继祢之小宗也。（钱谦益《袁祈年字田祖说》）③

根据宗法制，别子为祖，继别为宗，继祢者为小宗。"别宗"为宗法制中非嫡长子继承大宗之谓，钱氏认为当时文学之迷失，是由于对"祖"的迷失，诗文的古雅趣味必须孕育于尊经学古之中。他认为六经是文之祖，

---

① 李天道：《"古雅"说的美学解读》，《北京大学学报》（哲学社会科学版）2004年第1期。

② 李长之：《司马迁之人格与风格》，生活·读书·新知三联书店1984年版，第225页。

③ 钱谦益：《牧斋初学集》，上海古籍出版社1985年版，第826页。

"司马氏以命世之才，旷代之识，高视千载，创立《史记》"（钱谦益《汲古阁毛氏新刻十七史序》）①是继六经而成为古文典范，唐宋诸大家韩、柳、欧阳、苏则为"继弥之小宗也"。他的论说影响了清人对《史记》文学地位的认识，如刘大櫆《论文偶记》云：

> 文贵大：道理博大，气脉洪大，丘壑远大；丘壑中，必峰峦高大，波澜阔大，乃可谓之远大。古文之大者莫如史迁。震川论《史记》，谓为"大手笔"，……②

徐孚远《史记测议·序》云：

> 然其为文纡回宏衍，纵意所如，浩乎不见其涯涘，岂非天才峻拔，非后人之所庶几者哉！③

张之洞认为《史记》：

> 语其高，则证经义（多古典、古言、古字），通史法（诸史义例，皆本马、班）；语其卑，则古来词章，无论骈、散，凡雅词丽藻，大半皆出其中，文章之美，无待于言。（张之洞《輶轩语·语学第二》）④

又如吴德旋的《初月楼古文绪论》云：

> 《史记》如海，无所不包，亦无所不有；古文大家，未有不得力

---

① 钱谦益：《牧斋有学集》，上海古籍出版社 1996 年版，第 680 页。
② 刘大櫆：《论文偶记》，人民文学出版社 1998 年版，第 7 页。
③ 杨燕起：《历代名家评〈史记〉》，北京师范大学出版社 1986 年版，第 25 页。
④ 张之洞：《张文襄公全集》，河北人民出版社 1998 年版，第 9784—9785 页。

于此书者，正须极意探讨。韩文拟之，如江河耳。①

正是在对《史记》文学地位的深入认识之中，清人形成了以《史记》为坐标的文学价值的判断。这里以清人对戴名世文章的批评为例可窥得一斑。戴名世古文成就很高，后人多有褒扬，邓实《戴褐夫集跋》云："先生为文得司马子长之神，归熙甫后一人。"② 戴均衡则评价说：

> 余读先生之文，见其境象如太空之浮云，变化无迹，又如飞仙御风，莫窥行止。私尝拟之古人，以为庄周之文，李白之诗，庶几相似。而其气之逸，韵之远，则直入司马子长之室而得其神。云鹗尤氏尝谓子长文章之逸气，欧阳永叔后惟先生得之，非虚语也。（戴均衡《戴均衡编潜虚先生文集目录序》）③

王哲《重订南山集序》又云："惟戴田有先生所作古文，直追龙门，而气魄雄厚，有过之无不及也。"④ 从这些摘引可以管窥到，清人以《史记》为坐标的文学批评的态势，也可看出清人对《史记》地位的尊崇。清人以《史记》为坐标来评判诗文的例子俯拾即是，甚至画论、书论都撇不开与《史记》的关系，如王士禛在《香祖笔记》卷六云："余尝观荆浩论山水，而悟诗家三昧，曰远人无目，远水无波，远山无皴。又王楙《野客丛书》，太史公如郭忠恕画，天外数峰，略有笔墨，意在笔墨之外也。"⑤ 显然是将《史记》也作为艺术鉴赏的尺度。

概而言之，清代在"复古守正"及对文化的总结清理中所形成的"古雅"

---

① 吴德旋：《初月楼古文绪论》，范先渊校点，人民文学出版社 1959 年版，第 24 页。

② 戴名世：《戴名世集》，秀野轩 1914 年重刻本。

③ 戴名世：《戴名世集》，王树民编校，中华书局 1986 年版，第 459 页。

④ 戴名世：《戴名世集》，王树民编校，中华书局 1986 年版，第 461 页。

⑤ 王士禛：《香祖笔记》，湛之点校，上海古籍出版社 1982 年版，第 109 页。

的审美趣味，使清人重视《史记》，加强了对《史记》的文本研究。清代学者认为，司马迁"识力笔力，卓绝千古"①，为一代文宗，他们对《史记》的文学地位做出非常高的评价，形成了以《史记》为坐标的文学批评与阐释。正因为如此，清人在《史记》与小说的关系、人物刻画、叙事艺术、文学语言艺术等方面都取得了突破性的成就。

三、清代崇实重质的审美趣味与《史记》的文学阐释

清代学术导源于对明季空疏学风的反思，如梁启超所言，清人"厌倦主观的冥想而倾向于客观的考察"②。这种对社会、事物的"客观"考察，使清人在对待事物上，崇实重质，进而上升为一种道德规范及审美趣味。

清人崇实重质的审美趣味与清廷的倡导以及学术发展的内在理路相关。从官方来看，如《四库全书总目》所言："圣天子稽古右文，敦崇实学，昭昭乎有明验矣。"（《钦定西清古鉴四十卷》）③清帝多次下诏敦崇实学，对士子及学术有着深刻的影响。另外，顾炎武、黄宗羲、王夫之等学术领袖，开有清一代之学术风气，尤其是顾、黄二人，反对清谈，提倡实学，强调学术要通经致用。顾炎武以"有益于天下，有益于将来"为号召，主张"修己治人之实学"，反对"明心见性之空言"（《卷七·夫子言性与天道》）④。他创立了清代朴学的研究方法与范式——"读九经自考文始，考文自知音始"。这一主张成为吴派、皖派以及扬州学派具有方法论意义的原则，影响深远。黄宗羲则认为，学问之道在于"淳之为道德，流

---

① 杨燕起：《历代名家评〈史记〉》，北京师范大学出版社1986年版，第26页。

② 梁启超：《中国近三百年学术史》，上海三联书店2005年版，第1页。

③ 永瑢：《四库全书总目提要》卷一一五，商务印书馆1931年版，第52页。

④ 顾炎武：《日知录集释》，黄汝成集释，栾保群等校点，上海古籍出版社2006年版，第402页。

之为文章，溥之为事业"①。他反对"场屋之论"，认为士子要有"扶危定倾之心，吾身一日可以未死，吾力一丝有所未尽，不容但已。古今成败利钝有尽，而此不容已者，长留于天地之间。愚公移山，精卫填海，常人藐为说铃，圣贤指为血路也。"倡导学术要"通经致用"，提倡"绝学"（黄宗羲《兵部左侍郎苍水张公墓志铭》)②，他认为"绝学者，如历算、乐律、测望、占候、火器、水利之类是也"，并且朝廷要重视这些实用之学，"郡县上之于朝，政府考其果有发明，使之待诏。否则罢归。"（黄宗羲《明夷待访录》)③ 顾、黄为明清之际的旗帜，无论其思想还是学术方法上，都是开风气之先的泰斗式人物，他们的思想足以推动一时之风尚。他们对清人崇实重质的审美趣味的形成有着重要意义。

顾、黄之后，尚有方以智等人的推波助澜，到乾嘉时期，"经世致用""崇尚实用"的清代朴学成为学术界的一种主流理念。朴学家们致力于经史研究，"持论必执其中，实事必求其是"（阮元《十驾斋养新录序》)④，讲求实事求是、无征不信，同时，小学、音韵学、金石学、校勘学、目录学、版本学、方志学、天文学、算学、舆地学等学科都由于作为方法需求而发展起来。更重要者，实事求是、无征不信的原则，从学术方法和学术道德发展成为一种以朴实为美的审美趣味。

乾嘉学派浩浩荡荡，成为清代学术的主流。其中以苏州吴县惠栋为代表的吴派、以徽州休宁戴震为代表的徽（皖）派、以扬州阮元、王念孙、王引之为代表的扬州学派，代表了乾嘉学派的主干与发展阶段。虽然有吴、徽、扬之分，但各派却有着共同的理念和承继发展。惠栋发展了顾炎武的"读九经自考文始，考文自知音始"认识，他认为："五经出于屋壁，多古字古言，非经师不能辨。经之义存乎训，识字审音，及知其义。"（惠

---

① 黄宗羲:《黄宗羲全集》第十册，浙江古籍出版社1993年版，第399页。
② 黄宗羲:《黄宗羲全集》第十册，浙江古籍出版社1993年版，第280页。
③ 黄宗羲:《黄宗羲全集》第一册，浙江古籍出版社1993年版，第19页。
④ 钱大昕:《十驾斋养新录》，上海书店出版社1983年版，第7页。

栋《九经古义述首》)① 惠栋将顾炎武的理论更加具体化，把文字、音韵、训诂作为通经的手段与方法，以避免以胸臆解经，这成为清代朴学家共同的认识。吴派学者在惠氏的旗帜下，尊信汉儒家法、师法，钩稽、阐发汉儒学说，对厘清误读、杂解古训和昌明古文经学起到重要作用。戴震作为皖派的代表人物，在乾嘉学派中是最为重要的人物之一，他重校勘，重文字，重天文历算、名物制度，更重经典义理。戴震的方法依然是从音韵到训诂入手，陈奂《说文解字注跋》说："昔东原师之言：仆之学不外以字考经，以经考字。余之注《说文解字》也，盖窃取此二语而已。"② 但是戴震不仅只守于文字，认为"经之至者道也，所以明道者其词也，所以成词者未有能外小学文字者也。由文字以通乎语言，由语言以通乎古圣贤之心志，譬之适堂坛之必循其阶，而不可以躐等"(戴震《古经解钩沉序》)③，而且强调"义理者，文章考核之源也。"(段玉裁《戴东原集·序》)④ 他说："凡学始乎离词，中乎辨言，终乎闻道。"(戴震《沈学子文集序》)⑤ 戴震的学术思想校正了吴派泥古、嗜汉的弊端，强调校勘古籍、考释文字、研究名物制度、天文历算的目的都在于闻道。戴震的思想在学术界有着巨大影响，清人汪中评之曰："国朝古学之兴，顾炎武开其端，《河》《洛》矫诬，至胡渭而绌。中、西推步，至梅文鼎而精。力攻古文者，阎若璩也。专治汉《易》者，惠栋也。凡此皆千余年不传之绝学，及戴震出而集其大成。"⑥ 扬州学派阮元、王念孙、王引之等人多承继其学，并能发扬光大。吴、皖、扬三个学派共同构成了清代朴学大潮，张舜徽评之曰："余尝考清代学术，以为吴学最专，徽学最精，扬州之学最通。无吴、皖之专精，则清

---

① 惠栋：《九经古义》，潮阳县署录版，第 1 页。

② 段玉裁：《说文解字注》，清嘉庆二十年经韵楼刻本。

③ 戴震：《戴震文集》，赵玉新点校，中华书局 1980 年版，第 146 页。

④ 戴震：《戴东原集》(万有文库本)，商务印书馆 1929 年版，第 1 页。

⑤ 戴震：《戴震文集》，赵玉新点校，中华书局 1980 年版，第 165 页。

⑥ 赵尔巽：《清史稿·汪中传》，中华书局 1977 年版，第 13214 页。

学不能盛；无扬州之通学，则清学不能大。"（张舜徽《清代扬州学记序》）①
总体来看，清代朴学家不空谈义理，将经义的求解建立在文字训诂、名物
制度上，虽然许多学者在途中迷失，为考据而考据，但他们推崇实学，实
事求是，矫虚济实成为一代学术风气。这种笃实之风蔓延至史学、天文、
历算，以及晚清对西学的重视，将经世致用的清代学风推到高潮。皮锡瑞
《经学历史》云："承晚明经学极衰之后，推崇实学，以矫空疏，宜乎汉学
重兴，唐、宋莫逮。"②皮锡瑞从中国学术史的角度对清代朴学所推崇的实
学给予充分肯定。

　　梁启超《清代学术概论》对清代朴学的"正统派之学风"总结了十点，
具体如下：

　　一、凡立一义，必凭证据；无证据而以臆度者，在所必摈。

　　二、选择证据，以古为尚。以汉唐证据难宋明，不以宋明证据难
汉唐；据汉魏可以难唐，据汉可以难魏晋，据先秦西汉可以难东汉。
以经证经，可以难一切传记。

　　三、孤证不为定说。其无反证者姑存之，得有续证则渐信之，遇
有力之反证则弃之。

　　四、隐匿证据或曲解证据，皆认为不德。

　　五、最喜罗列事项之同类者，为比较的研究，而求得其公则。

　　六、凡采用旧说，必明引之，剿说认为大不德。

　　七、所见不合，则相辩诘，虽弟子驳难本师，亦所不避，受之者
从不以忤。

　　八、辩诘以本问题为范围，词旨务笃实温厚。虽不肯枉自己意
见，同时仍尊重别人意见。有盛气凌轹，或支离牵涉，或影射讥笑

① 张舜徽：《清代扬州学记》，上海人民出版社 1962 年版，第 1 页。
② 皮锡瑞：《经学历史》，周予同注释，中华书局 1959 年版，第 295 页。

者，认为不德。

　　九、喜专治一业，为"窄而深"的研究。

　　十、文体贵朴实简絜，最忌"言有枝叶"。①

梁启超所总结的清人朴学十点，一方面从方法论上归纳了清代治学实事求是、无征不信、重视考证的特点；另一方面，反映着清人崇实重质的审美趣味，朴学家崇实黜虚，以科学的方法与思路进行研究，并将之上升到道德的高度，认为隐匿证据、曲解证据、剿说旧说，以及"有盛气凌轹，或支离牵涉，或影射讥笑者"都为"不德"，讲求知识与人格的风范。不仅如此，清人在这种严密、繁琐的考证中抛却了厌烦，在知识的探寻中感受到未有的愉悦，甚至成为一种审美享受。王鸣盛云：

　　　　暗砌蛩吟，晓窗鸡唱，细书（饮）格，夹注跳行，每当目轮火爆，肩山石压，犹且吮残墨而凝神，搦秃豪而忘倦。时复默坐而玩之，缓步而绎之，仰眠床上而寻其曲折，忽然有得，跃起书之，鸟入云，鱼纵渊，不足喻其疾也。顾视案上有藜羹一盂，粝饭一盂，于是乎引饭进羹，登春台，飨太牢，不足喻其适也。（王鸣盛《十七史商榷序》）②

王氏所言代表了清人学术研究共同的心态。学者们睥睨汉唐，迈越千古，对古代经典进行创造性的诠释，虽"目轮火爆，肩山石压"，但每有得，却有"鸟入云，鱼纵渊""登春台，飨太牢"不及之乐。在实实在在的学问中找到了精神的皈依，而且这种崇实黜虚的审美趣味，又极具普遍性。袁枚《考据之学莫盛于宋以后，而近今为尤。余厌之，戏仿太白〈嘲鲁儒〉一首》一诗中说："东逢一儒谈考据，西逢一儒谈考据。不图此学始东京，

---

　　①　梁启超：《清代学术概论》，上海古籍出版社1998年版，第47页。

　　②　王鸣盛：《十七史商榷》，黄曙辉点校，上海书店出版社2005年版，第2页。

一丘之貉于今聚。"①虽然诗歌的主题是反映诗人对考据学的不满，但也从反面反映了清代朴学大盛的局面，反映了清人崇实黜虚的审美趣味的普遍性。

清人崇实黜虚的审美趣味影响到了清代学术的方方面面，文学创作、文学批评无不沾溉其中。就清代《史记》研究而言，清人以笃实的学风对《史记》进行了多方面的研究。考证方面，他们考证了司马迁生平、《史记》书名与断限、考订《史记》文字文本、考订地名人名及年月和名物制度、考证版本异同与三家注正谬，并对史实进行了考证和补充。极具代表性的著述有钱大昕的《廿二史考异》、王鸣盛的《十七史商榷》、赵翼的《廿二史札记》、王元启的《史记三书正讹》、杭世骏的《诸史然疑》、洪亮吉的《四史发伏》、洪颐煊的《诸史考异》、邵泰衢的《史记疑问》、李贻德的《十七史考异》、王念孙的《读书杂志》、梁玉绳的《史记志疑》、王筠的《史记校》、张文虎的《史记札记》、崔适的《史记探源》、崔述的《考信录》、钱坫的《史记补注》、汪越的《读史记十表》、潘永季的《读史记札记》、孙星衍的《史记天官书考证》等。这些著述除史学、文献学意义外，为清代《史记》文学阐释奠定了文本意义，为《史记》的全面理解、文学认知奠定了基础。

清人崇实黜虚的审美趣味对于《史记》文学阐释的影响是深刻的。由于尊崇朴实之学，清代学者在《史记》阐释中反对无根游谈，反对强立文法，反对脱离文本的微言大义的探求。王鸣盛《十七史商榷》说：

> 大抵史家所记典制有得有失，读史者不必横生意见，驰骋议论，以明法戒也，但当考其典制之实，俾数千百年建置沿革，了如指掌，而或宜法，或宜戒，待人之自择焉可矣。其事迹则有美有恶，读史者亦不必强立文法，擅加与夺，以为褒贬也，但当考其事

---

① 袁枚：《袁枚全集》，王英志点校，江苏古籍出版社1993年版，第733页。

迹之实，俾年经事纬，部居州次，纪载之异同，见闻之离合，一一条析无疑，而若者可褒，若者可贬，听诸天下之公论焉可矣。书生胸臆每患迁遇，即使考之已详，而议论褒贬犹恐未当，况其考之未确者哉。盖学问之道，求于虚不如求于实，议论褒贬皆虚文耳，作史者之所记录，读史者之所考核，总期于能得其实焉而已矣，外此又何多求邪？①

王鸣盛所论虽然是其朴学思想的概述，但他"学问之道，求于虚不如求于实，议论褒贬，皆虚文耳"的见解也是清代文学批评特色的概括。清代《史记》文学批评注重紧扣文本，进一步在明代以归有光为代表的对《史记》字法、句法、章法以及写人艺术、叙事艺术评点的基础上，对《史记》阐释与评论更加细化、更加深入，结论也更加公允中肯。诸多研究者的著述和论文都为笃实之作，如吴见思的《史记论文》、李晚芳的《读史管见》、刘大櫆的《论文偶记》、牛运震的《史记评注》、章学诚的《文史通义》、刘熙载的《艺概》、曾国藩的《求阙斋读书录》、姚苎田的《史记菁华录》等。此外，还形成了两部著名的"集说"，如王拯的《归方评点史记合笔》、程馀庆《历代名家评注史记集说》，前者将归有光与方苞对《史记》的评点集于一体，便于学人对照，后者集徐与乔、方苞、吴见思、牛运震等人之说，作者云："广集诸本，去其浮阔，存其切当，首音注，次训诂，次讲义，考误次之，论事又次之，而以论文终焉。汇为一书，名曰《集说》。"（程馀庆《历代名家评注史记集说序》）②

另外，清代《史记》文学阐释注重比较，深化了"班马异同"的传统话题，而且清人更重于对《史记》的整体认知与细部体悟，钱谦益在《再答苍略书》云：

---

① 王鸣盛：《十七史商榷》，黄曙辉点校，上海书店出版社 2005 年版，第 1 页。

② 程馀庆：《历代名家评注史记集说》，上海交通图书馆 1918 年版，第 1 页。

六经降而为二史，班、马其史中之经乎？宋人班、马异同之书，寻撦字句，此儿童学究之见耳。读班、马之书，辨论其同异，当知其大段落、大关键，来龙何处，结局何处，手中有手，眼中有眼，一字一句，龙脉历然。又当知太史公所以上下五千年纵横独绝者在何处？班孟坚所以整齐《史记》之文而瞠乎其后不可几及者又在何处？（钱谦益《再答苍略书》）①

这实质上是要求研究者不仅只限于考据、文学而在于对文化意义的进一步把握，其中突出了《史记》文学特性认知。其后杨于果的《史记笺论》、杨琪光的《史汉求是》、周中孚《补班马异同》以及顾炎武、全祖望、牛运震、蒋中和、徐乾学、沈德潜、邱逢年、浦起龙、王鸣盛、赵翼、章学诚等学者都以史汉比较的方法总结历代"班马异同"认识的缺失，给予了更为客观的评价。

总结以上，清人崇实重质的审美趣味，是清代文化语境使然，也是对先秦以来以孔子为代表的先秦儒家"经世致用"思想的发挥与实践。孔子认为君子应当"多识于草木鸟兽之名"，他的仁学思想是建立在群体意义上的对个体的关注，要求个体的思想要重实用、实践，以善为美，以真为美。这种"善"与"真"是个体融入群体的基础，表现为一种"合目的""合规律"的美的状态②，表现为道德伦理、品格心灵之美。对于清代《史记》文学阐释而言，清代崇实黜虚的审美趣味，使清人对《史记》的文学阐释在方法上更为科学。他们以文本解读为基础，综合历代对《史记》的认识，重视逻辑推演，引证材料繁富、精审，抛却了主观臆断和无根游谈。将考据、义理、文学结合起来认识《史记》的文学文化价值。清人的《史记》

---

① 钱谦益：《牧斋有学集》，上海古籍出版社 1996 年版，第 1310 页。

② 李泽厚：《中国美学史》，安徽文艺出版社 1999 年版，第 10 页。李泽厚认为："美的本质与人的本质不可分割，美是通过人类社会实践而达到的真与善，合规律性与合目的性的统一，是作为人类实践历史成果的自由的形式。"

文学阐释虽然在形式上不拘一格，但注重学术的内在逻辑与理路，具有很高的学术性，迎来了古代《史记》研究的高潮。

四、清代"圆而神"的审美趣味与《史记》的文学阐释

清廷的高压专制政策，驱使诸多学人回归于学术研究。清代的游幕风气，为学人提供了生活和学术的空间。也是在这种背景下，清代学者以博学广知、精益求精的精神，致力于中国传统文化的清理总结。在此过程中，清人不仅形成了尚古、崇实重质的审美趣味，而且表现出对"圆而神"的美学追求。

"圆而神"最早见于《周易·系辞上》："蓍之德圆而神，卦之德方以知，六爻之义易以贡。"韩康伯释云："圆者，运而不穷。"孔颖达《正义》云："圆者，运而不穷者，谓团圆之物运转而无穷已，犹阪上走丸也。蓍亦运动不已，故称圆也。"（《周易正义》）[1] 蓍草乃古人卜筮之物，因代表着事物未发生时的各种可能性，故说"蓍之变通则无穷，神之象也"（《周易正义》）[2]。圆即周流、圆彻、完整，"圆以象天"[3]，代表着天、宇宙，是先于宇宙而存在的"道"的镜像；神即《孟子》所说的"大而化之之谓圣，圣而不可知之之谓神"，它不可把握，不可知。这实质是古人观宇宙日月之变化，发现其中生生不息的变易之理，包含着古人探研幽冥之赜的愿望，形成了循环往复的圆的宇宙观、生命观。后又将之和数理、"太极"等结合，变为很有操作性的对未来探知的系统，如唐崔觐曰："蓍之数，七七四十九，象阳圆。其为用也，变通不定，因之以知来物。"又曰："卦之数，八八六十四，象阴方。其为用也，爻位有分，因之以藏往知事。"[4]

---

① 《十三经注疏》，阮元校刻，中华书局1980年版，第81页。

② 《十三经注疏》，阮元校刻，中华书局1980年版，第81页。

③ 王聘珍：《大戴礼记解诂》，王文锦点校，中华书局1983年版，第61页。

④ 李道平：《周易集解纂疏》，潘雨廷点校，中华书局1994年版，第596页。

这里"圆而神"显然还是一个重要的哲学概念。

圆成为一个美学范畴、文论范畴最早可以上溯到南北朝时期。刘勰的《文心雕龙》正式将"圆"作为一个美学、文学概念，引入到文学创作论、本体论、批评论当中，使之成为一个极具理论性的概念。刘勰从"原道""征圣""宗经"出发，认为文章当以"明道"，作家只有深入广泛观察宇宙万物，才能产生激情。他总结道："诗人比兴，触物圆览。"(《文心雕龙·比兴》)① 刘勰认为，作家要"沿根讨叶，思转自圆"(《体性》)，"义明而词净，事圆而音泽"(《杂文》)，"义贵圆通，辞忌枝碎"(《论说》)，"必使理圆事密"(《丽辞》)，而且还要"美材既研，故能首尾圆合，条贯统序"(《熔裁》)，声律上要"凡切韵之动，势若转圆"。对于文学批评，批评者要"操千曲而后晓声，观千剑而后识器，故圆照之象，务先博观"(《知音》)。刘勰无论是谈作家的修养、体性，还是创作中立意、选材、语言、声韵，以及文学批评都以"圆"作为一个基础概念，进行深入的理论分析。这里"圆"就进一步有了因圆通、圆熟、圆融、完美、周流、灵动而达成一种自然天成、出神入化的艺术境界。

刘勰以后有更多的文人、学者以"圆"作为美学、文学批评的一个基本范畴，尤其宋元以降，"圆"更多地被用来评论诗文。如苏东坡化谢朓"好诗圆美流转如弹丸"之语对诗歌圆转流畅特点的概括，又有诗云："新诗如弹丸，脱手不暂停。"(《答王巩》)"中有清圆句，铜丸飞柘弹。"(《送欧阳弼》)又如李涂的《文章精义》亦以"圆""方"论文，他说："文有圆有方。韩文多圆，柳文多方。"② 这里的"圆"完全成为圆通、圆融的出神入化艺术表征。

到清代，圆而入神更成为文人雅士共同的艺术追求和审美趣味。清人把书法、绘画、诗文上的圆通、圆熟、圆融，以及在此基础上所形成的灵

---

① 范文澜：《文心雕龙注》，人民文学出版社1958年版，第603页。

② 李涂：《文章精义》，人民文学出版社1960年版，第71页。

动、虚实相融、往复变化而无人工之迹的出神入化，作为一种艺术的审美趣味和理想。黄钺《二十四画品》中有"圆浑"品，文曰：

> 盘以喻地，笠以写天。万象远视，遇方成圆。画亦造化，理无二焉。圆斯气裕，浑则神全。和光熙融，物华娟妍。欲造苍润，斯途其先。①

"圆浑"是一种因仰观宇宙万物，俯察人生百变后，能够"遇方成圆"，达到"气裕""神全"的圆满浑化的"圆而神"的境界。

清人论书法也多以"圆"论。"圆"似为当时较为主流的审美趣味，洪亮吉《北江诗话》云：

> 今楷书之匀圆丰满者，谓之"馆阁体"，类皆千手雷同。乾隆中叶后，四库馆开，而其风益盛。（洪亮吉《北江诗话》卷四）②

又如，朱履贞《书学捷要》云：

> 书法劲易而圆难。夫圆者，势之圆，非磨棱倒角之谓，乃八面拱心，即九宫法也。然书贵挺劲，不劲则不成书，藏劲于圆，斯乃得之。③

笪重光《书筏》亦云：

> 古今书家同一圆秀，然惟中锋劲而直、齐而润，然后圆，圆斯

---

① 黄钺：《二十四画品》，清光绪十年刻翠琅玕馆丛书本。

② 洪亮吉：《洪亮吉集》，中华书局 2001 年版，第 2283 页。

③ 朱履贞：《书学捷要》卷下，知不足斋丛书清乾隆鲍廷博校刊本。

秀矣。①

清人认为书法、诗文之道都当以"圆"为美，张英《聪训斋语》云：

> 万事做到极精妙处，无有不圆者。至人之德，古今之至文、法
> 帖，以至一艺一术，以极圆而后登峰造极。②

张氏"古今之至文、法帖，以至一艺一术，以极圆而后登峰造极"之论，即是说古今经典文章、典范碑帖，以及各种艺术门类，都是在圆熟灵动的基础上达到出神入化的境界的，这准确地概括了清人对艺术"圆而神"的追求。对于诗文方面，清人这方面的论述更多。《苕溪渔隐丛话》引《王直方诗话》：

> 谢朓尝语沈约曰："好诗圆美流如弹丸。"故东坡《答王巩》云："新
> 诗如弹丸。"又《送欧阳季弼》云："中有清圆句，铜丸飞柘弹。"盖
> 诗贵于圆熟也。③

赵翼《瓯北诗话》云：

> 自中唐以后，律诗盛行，竞讲声病，故多音节和谐，风调圆美。
> 杜牧之恐流于弱，特创豪宕波峭一派，以力矫其弊。山谷因之，亦务
> 为峭拔，不肯随俗为波靡，此其一生命意所在也。究而论之，诗果意
> 思沉着，气力健举，则虽和谐圆美，何尝不沛然有余？若徒以生僻争

---

① 笪重光：《书筏》，清光绪间吴江沈氏世楷堂补刊本，第 2 页。
② 张英：《聪训斋语》，商务印书馆 1939 年版，第 8 页。
③ 胡仔：《苕溪渔隐丛话》，廖德明校点，人民文学出版社 1962 年版，第 259 页。

奇，究非大方家耳。(赵翼《黄山谷诗·三》) ①

何绍基《与汪菊士论诗》云：

> 落笔要面面圆字字圆。所谓圆者，非专讲格调也，一在理，一在气。理何以圆？文以载道，或大悖于理，或微碍于理，便于理不圆。……气何以圆？用笔如铸，元精耿耿贯当中，直起直落可也，旁起旁落可也，千回万折可也，一戛即止亦可也，气贯其中则圆。(何绍基《与汪菊士论诗》) ②

曾国藩对此论述更为全面，他在对曾纪泽的书信中云：

> 无论古今何等文人，其下笔造句，总以珠圆玉润四字为主。无论古今何等书家，其落笔结体，亦以珠圆玉润四字为主。

又云：

> 世人论文家之语圆而藻丽者，莫如徐(陵)庚(信)，而不知江(淹)、鲍(照)则更圆，进之沈(约)任(昉)则亦圆，进之潘(岳)陆(机)则亦圆。又进而溯之东汉之班(固)张(衡)崔(骃)蔡(邕)则亦圆，又进而溯之西汉之贾(谊)晁(错)匡(衡)刘(向)则亦圆。至于马迁、相如、子云三人，可谓力趋险奥，不求圆适矣；而细读之，亦未始不圆。至于昌黎，其志意直欲陵驾于长、卿、云三人，戛戛独造，力避圆熟矣，而久读之，实无一字不圆，无一句不圆。(曾

---

① 赵翼：《瓯北诗话》，霍松林、胡主佑校点，人民文学出版社1963年版，第169页。

② 何绍基：《东洲草堂文钞》卷五，续修四库全书本，第22页。

国藩《谕纪泽》) ①

曾国藩作为清代后期成就最为突出的古文家，他通过对历代以来大家文学的总结，认为古今古文大家即使有意"戞戞独造，力避圆熟"，但反复推究其文也"无一字不圆，无一句不圆"。他认为司马迁虽"力趋险奥，不求圆适"，但细读其文，"亦未始不圆"。

清人"圆而神"的审美趣味对清代《史记》的文学阐释有着很深的影响。这表现为清人对《史记》"圆而神"特点的概括。章学诚《文史通义·书教》明确地概括了《史记》的特点，他认为"马则近于圆而神，班则近于方以智也"，并对此展开了具体分析，云：

> 盖迁书体圆用神，多得《尚书》之遗；班氏体方用智，多得官礼之意也。

又说：

> 迁书纪、表、书、传，本左氏而略示区分，不甚拘拘于题目也。《伯夷列传》乃七十篇之序例，非专为伯夷传也。《屈贾列传》所以恶绛、灌之谗，其叙屈之文，非为屈氏表忠，乃吊贾之赋也。《仓公》录其医案，《货殖》兼书物产，《龟策》但言卜筮，亦有因事命篇之意，初不沾沾为一人具始末也。《张耳陈馀》因此可以见彼耳。《孟子荀卿》总括游士著书耳。名姓标题，往往不拘义例，仅取名篇，譬如《关雎》《鹿鸣》，所指乃在嘉宾淑女，而或且讥其位置不伦（如孟子与三邹子），或又摘其重复失检（如子贡已在《弟子传》，又见于《货殖》），不知古人著书之旨，而转以后世拘守之成法，反訾古人之变通，亦知

---

① 曾国藩：《曾国藩全集》家书一，岳麓书社 1985 年版，第 540 页。

迁书体圆而用神，犹有《尚书》之遗者乎！①

虽然，章学诚"马则近于圆而神"之论主要指《史记》继《尚书》《左传》，但不守定法，作为通史的开启之功，能够熔铸六经、综括千古的史学意义。这种"圆而神"的概括不应仅是对《史记》史法、史意的概括，自然可以引申到《史记》的写人叙事、章法结构、史公笔法等方面。"圆而神"也概括了《史记》不拘规矩，明于融通，字圆、句圆、章法圆、事圆、理圆、气圆，达到百般变化，高明精微，神龙见首不见尾的艺术境界。这正如《四库全书总目》史部别史类《通志》提要所言："通史之例肇于司马迁。……其例综括千古，归一家言；非学问足以该通，文章足以镕铸，则难以成书。"（《通志提要》）②

正是在"圆而神"的审美趣味和理想下，清人一方面从整体上认识了《史记》迷离变幻而又处处映合，虚实相融、往复变化而无人工之迹的高超艺术手法，如汤谐的《史记半解》、吴见思的《史记论文》、李晚芳的《读史管见》、牛运震的《史记评注》对此都有评述。如在《史记半解·杂述》中，汤谐说：

> 《史记》之文，一篇自有一法，或一篇兼具数法。烟云缭绕处，几于勺水不漏，而寄托遥深，迷离变幻，使人莫可端倪。一片惨澹经营之意匠皆藏于浑浑沦沦、浩浩落落之中，所以为微密之至，而其貌反似阔疏也。③

又如冯班《钝吟杂录》云：

---

① 章学诚：《文史通义校注》，叶瑛校注，中华书局1985年版，第50页。

② 永瑢：《四库全书总目提要》卷五十，商务印书馆1931年版，第25—26页。

③ 汤谐：《史记半解》，康熙慎余堂刻本。

　　《史记》叙事，如水之傅器，方圆深浅，皆自然相应。宋人论文有照映波澜起伏等语，若着一字于胸中，便看不得《史记》。（冯班《日记》）①

汤谐所谓"意匠皆藏于浑浑沦沦、浩浩落落之中"，"迷离变幻，使人莫可端倪"，显然是对"圆而神"的具体阐释。冯班则用"方圆深浅""自然相应"说明了《史记》叙事上的圆润完美。吴见思《史记论文》对《史记》"圆而神"的审美特点，多有揭示，现摘录几条，云：

　　《史记》一书，惟《封禅》为大。盖纪传世家以一人为经，间入诸事为纬，犹可下手。此如封禅柴望郊畤山川日月太一陈宝诸祠，间以符瑞神仙制度服色宫室土木，又插征伐兵荒诸事，上而舜禹商周，下而秦汉，千百年一齐坌入，纷如乱丝，偏能条理组织，蹙锦提花，紫凤天吴，灿然成彩，而绝无针痕梭影，岂非千古大文。

　　序事虽多，若挨年按月，逐段铺排，便是编年通鉴，成何文章，史公则段段关锁，处处映合，回环唱叹，极有文情。

　　予言文章诗画，总属一理，必于一笔之中，各具四面，一句之内，必分数层。所谓横看成岭，侧看成峰也。若止得正面一层，则画如死灰，诗如嚼蜡，一过而已，岂堪再三。如《封禅书》，初看叙事平直，再看则各有关合，细心读之，则一句一字之中，嬉笑怒骂，无所不有，正如大云一雨，大根小茎，各得其滋润，究竟我见有尽，意义无穷。吾愿善读书者，必细心读之，再三读之，莫轻易放过，幸甚幸甚。②（第三册《封禅书》）

────────

　　① 冯班：《钝吟杂录》卷六，何焯评，清嘉庆张海鹏辑刊本，第87页。
　　② 吴见思：《史记论文》第三册，吴兴祚参订，中华书局1936年排印本，第69页 b 面。

这三段是吴见思对《封禅书》的评析。第一段说，《史记》叙事虽"千百年一齐坌入，纷如乱丝"，但"绝无针痕梭影"。第二段则重于文法，强调《史记》文章关锁回还。第三段则申说《史记》横看成岭、侧看成峰的特点。这些是对《史记》整体特点的认识，极具代表性，无不是对《史记》"圆而神"的审美特点的概括。

另一方面，清人在明代《史记》评点的基础上，深化了对《史记》文学性的认识。从文法而言上，清代学者更深入地研究了字圆、句圆、章法圆的特点，如吴见思的《史记论文》、牛运震的《史记评注》、李晚芳的《读史管见》等都以直观式、感悟式的评点方法对《史记》字法、句法、章法进行点评，强化了《史记》文章范本的意义。在此基础上，清人更深入地挖掘了《史记》的"圆""神"文学特性，这表现在对《史记》的叙事方法、写人艺术、语言艺术等较为全面深入的阐释。这些方面本书将在后边的章节中具体展开论述，兹不再赘述。

第三节　清代《史记》文学阐释的形式与特点

一、清代《史记》文学阐释的形式

清代是《史记》研究的鼎盛期，清人对《史记》的重视和喜爱超过了以往任何一个朝代。据张新科、俞樟华《史记研究史和史记研究家》和杨燕起、俞樟华《史记研究资料索引和论文、专著提要》中的整理和统计，凡清代读书人几乎没有不涉及《史记》的研究。研究者或训诂笺释、校勘辨伪，或探本溯源、匡谬正疵，或厘定体例、考索典章制度，或品评人物、探究作者褒贬，或研究叙事，探讨艺术手法。他们无论探讨诗文还是书法、绘画批评，无论是巨尺大幅还是短章小制，无不以《史记》为圭臬。其数量之多、著述之丰，用汗牛充栋来形容丝毫不显夸张。就清代《史记》

文学阐释的形式而言，形式多、种类多、类属复杂，为反映文学阐述的整体情形，这里只从大体情况归纳为以下几个方面。①

其一，专著、辑选辑评类。清代学者对《史记》研究性的论著中，许多著作文学性的阐释倾向比较明显，如吴见思的《史记论文》、李晚芳的《读史管见》、汤谐的《史记半解》、牛运震的《史记评注》、王又朴的《史记七篇读法》、郭嵩焘《史记札记》等都各具特点。吴见思终其一生写成《史记论文》，全书共一百三十卷。他注重《史记》写人叙事艺术的开掘，从文法中意图发掘司马迁的文心、微旨。吴氏曾盛赞金圣叹小说评点的方法，并将这些方法运用在《史记》的评点中。李晚芳《读史管见》或品评思想，或品评太史公笔法，对《史记》艺术手法的揭橥有重要贡献。汤谐以四十年的苦心经营终成《史记半解》一书，注重司马迁微旨和《史记》技法的探讨。牛运震的《史记评注》十二卷，对《史记》逐篇进行评点，注重《史记》的文笔、气势方面的探索，细微精审，史意阐发，新见迭出。王又朴的《史记七篇读法》是清代《史记》读法唯一的一部专著。主要对《项羽本纪》《外戚世家》《萧相国世家》《曹相国世家》《淮阴侯列传》《魏其武安侯列传》《李将军列传》等七篇名作，分析章法结构、写人叙事技法，进行逐句逐段的分析，并在所附的原文上圈点，便于对照阅读。丘逢年著有《史记阐要》，他除就《史记》史学评述外，也重视《史记》文法的探讨。郭嵩焘《史记札记》为其出使英国时所作，以"法"求"义"，考评结合，代表了清代晚期《史记》研究的新水平。

清人以《史记》为文宗，同时受科举时文与文章学研究的需求，出现了许多有分量的《史记》辑选辑评本，这些选本重视文法与作者意旨、情感的研究，突出了文学性。比较具有代表性的著作有：姚苎田选评的《史记菁华录》、邵晋涵的《史记辑评》、程余庆的《历代名家评注史记集说》、王拯《归方评点史记合笔》。姚苎田的《史记菁华录》是其中最具代表性

---

① 以下所列篇目非为穷尽各类著述，只为展示清人《史记》文学阐述的态势。

的辑评本，在清代流传较广。他掇《史记》精华51篇，并进行删节，使主线更清晰、情节更集中、人物性格更突出，而且还保持了《史记》的原貌。姚苎田对选文进行了逐字逐句逐段的评点，篇末总评注重对立意、结构的总结，并时谈篇目意境及其影响。邵晋涵《史记辑评》重在揭示《史记》文势笔法和史公深意。王拯的《归方评点史记合笔》将归有光和方苞的《史记》评论合为一体，并加入考据，并对叙事章法、文章风格进行了评论。其他综合性选本多都选取《史记》精华篇目，进行评点，如吴楚材、吴调侯选编的《古文观止》、徐乾学编纂《古文渊鉴》、杨绳武编选的《文章鼻祖》、蔡世远编著的《古文雅正》、黎庶昌所编《续古文辞类纂》、林云铭的《古文析义》等。吴楚材、吴调侯选编的《古文观止》重视文章的章法结构；徐乾学的《古文渊鉴》侧重于班马比较，突出了《史记》文法特点。杨绳武《文章鼻祖》和蔡世远的《古文雅正》都对司马迁的文章推崇备至。林云铭的《古文析义》选录《五帝本纪赞》《项羽本纪赞》《秦楚之际月表序》《萧相国世家赞》等，以及《酷吏传序》《游侠传序》和《报任少卿书》十五片段进行评点，并对史公笔法进行分析。黎庶昌所编《续古文辞类纂》一改姚鼐《古文辞类纂》不录史传的原则，录入了《史记》篇目，即见其对《史记》文学性的认识。这些辑选辑评本对《史记》的流转、文学性的强化都起了推动作用。

其二，章节类。这里是将一部文集内，专门对《史记》进行总体评述，或某个方面，或某个篇目进行论述的几卷或几篇文章的归为一类。这是清代《史记》评论比较多的一类。蒋中和的《半农斋集》中《马班异同议》一文认为马班不能只论异同，不论是非。张履祥的《杨园先生全集》中有《读史记》一卷，朱鹤龄的《愚庵小集》中有《读周本纪》《读货殖传》等文，都是旨在揭示《史记》各篇的精义微旨。方苞是清代《史记》研究最重要人物之一，有《评点史记》四卷，《史记评语》一卷，其文集中还有读《史记》评论文章二十二篇。他以义法说论文，对清代《史记》研究影响很大。袁文典有《读史记》一文（今存《袁陶村文集》）认为，《史记》寄寓着司马迁的感情，为发愤之作。方楘如的《集虚斋学古文》中有《伯夷列传解》《孟子荀卿传解》。何焯的《义门读书记》中有《读史记》二卷，注重《史记》文章的旨意和文法分析。姚鼐的《惜抱轩全集》中与《史记》相关论议的有几篇，如《伍子胥论》《李斯论》等，另有《书货殖传后》一文较为著名。恽敬的《大云山房文稿》中有《读货殖列传》《读管蔡世家》《孟子荀卿列传书后》《读鲁仲连邹阳传》《读张耳陈余列传》及《西楚都彭城论》等文，重视《史记》书法。吴德旋《初月楼集》中有《读伯夷传》《读鲁仲连邹阳传》等文，而其影响比较大的则是《初月楼古文绪论》中对《史记》风格的概括。丁晏的《四史余论》中有《史记余论》，除史学研究外，重视文法，对司马迁之文笔进行赏析。俞樾除《湖楼笔谈》中有对《史记》考评外，《宾萌集》中有《越勾践论》《屈原论》《秦始皇帝论》《项羽论》《范增论》等二十余篇。

其三，小说评点、小说序跋类。清代《史记》文学阐释的一个重要特点是小说与《史记》的比较。金圣叹以《离骚》《庄子》《史记》《杜诗》《水浒》《西厢》合称"六才子书"。在《贯华堂第五才子书水浒传》的评点中，他在序、读法中和文中的总批、眉批、夹批中多与《史记》的写人叙事手法比较，"因文生事""以文运事"成为笃论。毛宗岗仿效金圣叹评点《三国志演义》，常与《史记》作比较，点明其写人叙事方面的异同。点出《史记》对《三国》故事情节、写人和叙事方面的影响。清代另一个评点大师张竹坡把《金瓶梅》看作是一部《史记》。张竹坡通过《杂录》《第一奇书金瓶梅趣谈》《第一奇书非淫书论》《竹坡闲话》《金瓶梅寓意说》《批评第一奇书金瓶梅读法》等总批与回评、夹批中始终把《金瓶梅》与《史记》的比较贯穿其中。此外，如王士禛、冯镇峦、但明伦、何守奇对《聊斋志异》的评点（今辑入《聊斋志异会校会注集评本》），也有与《史记》比较的特点。在丁锡根所辑录的《中国历代小说序跋集》中，稍稍留意就会发现，清代的小说序跋介绍、评价小说时常常会牵连到《史记》，并与之简单比较，如蔡培《聊斋志异序》、蒲立德《书〈聊斋志异〉朱刻卷后》、戚蓼生的《石头记序》等。

其四，杂类。包括文集序跋、文人书信、笔记以及文集内探讨有关诗歌、散文、书法、绘画技法时与《史记》相关的论述，还包括文章学著作中的一些论述。这类是清代对《史记》论述最多、最繁杂的一类，但是其中的一些论述却非常重要。文集、笔记类，如钱谦益的《初学集》《有学集》中《汲古阁毛氏新刻十七史序》对司马迁的评价，《再答苍略书》中对《史记》读法的引导等，都有重要的学术意义。顾炎武《日知录》中对《史记》"寓论断于叙事"特点的揭示，以及许多精妙评论，对清代《史记》研究有重要影响。冯班《钝吟杂录》中对《史记》的叙事评价很具代表性。刘大櫆《论文偶记》对《史记》文法、艺术风格、特点的概括，章学诚《文史通义》对《史记》特点的总结及高度评价，曾国藩《求阙斋读书录》中对《史记》字句、用意、文章之法深入精到的评论，都为精妙之论，颇具代表性。有些论述虽然短小，却极为精要，如李渔《闲情偶寄》的评论："古来文字之正变为奇，奇翻为正者，不知凡几，吾不具论，止以多寡增益之数论之。《左传》《国语》，纪事之书也，每一事不过数行，每一语不过数字，初时未病其少；迨班固之作《汉书》，司马迁之为《史记》，亦纪事之书也，遂益数行为数十百行，数字为数十百字，岂有病其过多，而废《史记》《汉书》于不读者乎？"[①] 这些都是清代对《史记》评价最重要的代表。

这类之中数量最多的当属文话、诗话、序文、书信中的举例，这里从四个方面进行介绍。首先，文话类以《史记》为例的较多，如魏际瑞《伯子论文》云："所谓'颊上三毫，眉间一点'是也。今必合众美以誉人，而独至者反为浮美所掩。人精神聚于一端，乃能独至。吾之精神亦必聚于此人之一端，乃能写其独至。太史公善识此意，故文极古今之妙。"[②] 李绂《穆堂别稿》中《秋山论文》也有对《史记》的论述，如："《史记》巨鹿

---

① 李渔：《闲情偶寄》，江巨荣、卢寿荣校注，上海古籍出版社2000年版，第66页。

② 魏际瑞：《伯子论文》，世楷堂藏板。

之战叙事已毕，忽添出诸侯从壁上观一段，此补叙而兼借叙也"，"而又有夹叙夹议者，如《史记》伯夷、屈原等传是也。大约叙事之文，《左》《国》为之祖，《庄》《列》分其流，子长会其宗，退之大其传，至荆公而尽其变。"（李绂《秋山论文四十则》）① 其次，诗话中以《史记》为例的，如傅山《霜红龛全集》中《杜遇余论》曰："风云雷电，林薄晦冥，惊骇胸臆。莲苏问：'文章家有此气象否？'余曰：'《史记》中寻之，时有之也。至于杜工部七言五言古中，正自多尔。'"②《哭文章》中评论《史记》说："《平准》《货殖》传，举笔即萦回，不韩亦不柳，连抔而安排。"③金圣叹《杜诗解》中有："看他不着笔墨处，便将太史公一篇《封禅书》无数妙句妙字，一一渲染尽情，更无毫发遗憾。"④ 复次，序文书信类更是多以《史记》为例，如吴伟业《北词广正谱序》的论述："士之困穷不得志、无以奋发于事业功名者，往往遁于山巅水湄，亦恒借他人之酒杯，浇自己之块垒。其驰骋千古，才情跌宕，几不减屈子离忧、子长感愤，真可与汉文、唐诗、宋词连镳并辔。"（吴伟业《北词广正谱序》）⑤ 周亮工《尺牍新钞》所载徐世溥的《与钱牧斋先生书》："太史公于《五帝本纪》，首言'好学深思，心知其意'，又曰'择其尤雅驯者'，此十四字，龙门心法也。今人雅不能驯，驯即不雅，好学而能深思者鲜矣，况能心知其意乎！"（周亮工《尺牍新钞·与钱牧斋先生书》）⑥ 另外，不仅《文则》等文章学著作常以《史记》为例证，书画理论中也时有之，如王概《芥子园画传》："司马子长援据《尚书》《左传》《国策》诸书，古色灿然，而成《史记》，此文章家之设色也。犀首张仪，变乱黑白，支词博辨，口横海市，舌卷蜃楼，务为铺张，此言语家之

---

① 李绂：《穆堂别稿》卷四十四，清道光十一年奉国堂刻本，第8页。

② 傅山：《霜红龛文》，劳柏林点校，岳麓书社1986年版，第250—251页。

③ 傅山：《霜红龛文》，劳柏林点校，岳麓书社1986年版，第250—251页。

④ 金圣叹：《杜诗解》，上海古籍出版社1984年版，第105页。

⑤ 吴伟业：《吴梅村全集》，李学颖集评标校，上海古籍出版社1990年版，第1214页。

⑥ 周亮工：《周亮工全集》，朱天曙编校整理，凤凰出版社2008年版，第190页。

设色也。夫设色而至于文章至于言语，不惟有形，抑且有声矣。"（王概《设色》）①

从以上可以看出，清代对《史记》文学阐释的方式丰富，除专著、专章论述外，还有相当多的、虽然琐屑但有影响的评论，存在于文集、笔记中，或各种序跋里，或诗话、文话、画传中。

二、清代《史记》文学阐释的特点

清人对《史记》的重视和喜爱超过了以往任何一个朝代，他们在"通经汲古""复古守正"的文化旗帜下，将《史记》置于史宗、文宗的地位，或训诂笺释、探本辨伪、厘定体例，或探迹幽赜、品评人物、耽迷文法，甚至书法、绘画等艺术也莫不以之为圭臬。

就清代《史记》文学阐释而言，清人做出了广泛而深入的研究，许多结论笃实而新颖，发前人之未发。这些论述或存于《史记》研究专著、辑选辑评本中，对《史记》的文学性进行集中研究；或存于文集序跋、文人书信、笔记以及各种诗话、文话、书话、画传中，对《史记》某个方面、某个篇目展开论述；或存于小说评点、小说序跋、读法中，将小说与《史记》予以比较。虽然清人《史记》文学阐释的形式灵活，类属复杂，但整体上体现出了对《史记》文学性认识深入、重理论、重方法、重比较的研究特点，深刻地反映出清人在《史记》文学阐释的理论、方法、深度与广度上都取得了前所未有的成就。

（一）清代对《史记》文学性、文学意义认识的深入性

清代对《史记》文学性的认识较之历代更为深刻、公允。在《史记》文学阐释中，清人强调了《史记》"文"的特点，深入挖掘了文学特质，

_____

① 　王概：《芥子园画传初集》卷一，上海共和书局 1914 年石印本，第 4 页 b 面。

对其文学地位给予了前所未有的高度评价。这些认识笃实而新颖，成为清代《史记》文学阐释的重要特点之一，将古代《史记》文学研究推向了高峰。

《史记》的文学性是逐渐被认识的。汉魏以降，在《史记》的评述中虽有涉及其文学性，但终归是属于史学范畴的。绵延唐宋两朝的古文运动促使了《史记》文学研究的深入和拓展，尤其宋代对《史记》的文学性有了一定的认识，如苏洵、马存、苏辙、洪迈等人对《史记》写人、叙事以及作家修养的认识，代表了《史记》研究的新方向和新成就，《史记》史学研究与文学研究出现逐渐分流的态势。明代是《史记》文学研究的深入期。明人文学复古的学术思潮和《史记》、小说的比较为《史记》文学性的探讨提供了文化语境。杨慎、唐顺之、茅坤、王慎中、归有光、钟惺等文学大家都对《史记》进行了深入的研究，对《史记》文学性的认识更为深入、具体。明人认为"太史公书极有法度，草草读不知也。"①"法度"成为明代《史记》文学研究的核心词，对《史记》叙事、人物刻画、文章风格、语言以及与小说的关系都做了探讨。但清人对明代以"法度"来概括《史记》的文学特质表示不满，认为归、唐只是"得力于《史记》者，特其皮毛"②。

基于此，清代学者对《史记》的文学性研究倾注了更多的心力，强调对《史记》的研读，认为《史记》是读书人不可不读之书，姚苧田云：

> 《史记》一书学者断不可不读，而亦至不易读者也。盖其文洸洋玮丽，无奇不备，汇先秦以上百家六艺之菁英，罗汉兴以来创制显庸之大略，莫不选言就班，青黄篹组。如游禁籞，如历钧天，如梦前生，如泛重溟。③

① 归有光：《归震川评点本史记》，光绪二年正月武昌张氏校刊，第 4 页 b 面。
② 章学诚：《文史通义校注》，叶瑛校注，中华书局 1985 年版，第 287 页。
③ 姚苧田：《史记菁华录》，中华书局 2010 年版，第 174 页。

《史记》"洸洋玮丽""无奇不备""汇百家六艺菁英"的特点使清人将之视为不可不读之书、不易读之书，如绵延清代二百多年的桐城派中人无不重视《史记》的研读，对《史记》的文学特性做了深入分析。清人认为，除儒家经典之外《史记》是当之无愧的古文正宗，后世文章都是承《左传》《史记》这条脉络而来，唐宋八大家如韩愈、柳宗元、欧阳修、苏东坡都是学习《左》《史》而成为"小宗"。徐邻唐《壮悔堂文集序》又云：

> 盖古文如《汉》，如《庄》《列》，如《管》《韩》，如《左》《国》《公》《穀》，如《石鼓文》《穆天子传》，法莫具于马迁。前此之文，马迁不遗；后此之文，不能遗马迁。（徐邻唐《壮悔堂文集序》）①

徐氏比钱谦益的论述更为具体，其"前此之文，马迁不遗；后此之文，不能遗马迁"之论显然将《史记》视为文宗，认为《史记》具备了全部的文法。晚清著名学者吴德旋在《初月楼古文绪论》亦云："《史记》如海，无所不包，亦无所不有；古文大家，未有不得力于此书者；正须极意探讨。韩文拟之，如江河耳。"② 这些论述概括了清人对《史记》文学性的认识，表现出《史记》在清人心目中受尊崇的文学地位。正因为如此，清代产生了大批有关《史记》文学性的专著，如吴见思的《史记论文》、李晚芳的《读史管见》、牛运震的《史记评注》、邵晋涵的《史记辑评》、姚苎田的《史记菁华录》、王又朴的《史记七篇读法》等论著，以及大的文史论家其作品中对之无不涉及，如刘大櫆的《论文偶记》、章学诚的《文史通义》、刘熙载的《艺概》、曾国藩的《求阙斋读书录》等都极具代表性，此外，还有前两部著名的集评本，如王拯的《归方评点史记合笔》、程馀庆《历代名家评注史记集说》都重视《史记》文学性的评论。

---

① 徐邻唐：《壮悔堂文集》卷首，清抄本。
② 吴德旋：《初月楼古文绪论》，范先渊校点，人民文学出版社 1959 年版，第 24 页。

更为重要的是，清人对《史记》的文学性有了更深刻而具体的表述。如吴伟业《北词广正谱序》云："士之困穷不得志、无以奋发于事业功名者，往往遁于山巅水湄，亦恒借他人之酒杯，浇自己之块垒。其驰骋千古，才情跌宕，几不减屈子离忧、子长感愤，真可与汉文、唐诗、宋词连镳并骖。"① 这实质也就是金圣叹对《史记》"以文运事"的概括，他认为："马迁之书，是马迁之文也。马迁书中所叙之事，则马迁之文之料也。"（金圣叹《贯华堂第五才子书水浒传》）② 揭示出《史记》创作性特点。对之姚苎田论述更为清晰，他说："不知文者，常谓无奇功伟烈，便不足垂之青简，照耀千秋。岂知文章予夺，都不关实事。"③ 并明确地提出："《史记》之文，文也，不必以其事也。"④ 这说明清人对《史记》文学性的认识发前人之未发，达到了前所未有的高度。另外，清人对《史记》文学性的认知还体现在《史记》与小说的比较上。金圣叹、张竹坡、冯镇峦、孔广德、刘鹗等小说评点家以《史记》为坐标的小说艺术价值判断，在小说评点中，间接、细致地分析了《史记》写人、叙事、语言、风格等方面的特点，从另一个层面强化了《史记》的文学性。

概言之，清人对《史记》文学性、文学意义把握的深入性成为清代《史记》文学阐释的重要特点。

（二）清代《史记》文学阐释的理论性

文学理论是对文学规律的把握，文学实践是文学理论丰富和发展的前提和基础，尤其优秀的文学作品的创作和阅读实践对文学理论内涵的拓展和丰富有着重要的意义。同时，文学理论对作者的创作动机、文本的隐藏

---

① 吴伟业：《吴梅村全集》，李学颖集评标校，上海古籍出版社1990年版，第1214页。

② 金圣叹：《金圣叹全集》，江苏古籍出版社1985年版，第440页。

③ 姚苎田：《史记菁华录》，中华书局2010年版，第81页。

④ 姚苎田：《史记菁华录》，中华书局2010年版，第76页。

意义、文本艺术技巧的挖掘有着指导性作用。清代学者对《史记》的文学性探讨注重理论性的把握，把"发愤著书"说、"文气"说、"义法"说作为解读《史记》的理论，全面而深入地探索了《史记》的文学特质，并丰富发展这些理论，进行了历史性总结。这成为清代《史记》文学阐释的重要特点之一。

司马迁认为古今名著"大抵贤圣发愤"之作，又云："所以隐忍苟活，函粪土之中而不辞者，恨私心有所不尽，鄙没世而文采不表于后也。"① 将隐忍舒愤与著述连接起来，"发愤著书"说成为中国古代文学理论中最为重要的命题之一，对中国古代文学的创作有着深远的影响，钱钟书《管锥编》说："古代许多诗文，莫不滥觞于马迁'《诗》三百篇，大抵发愤所作'一语。"②

明清易祚，满族的专制统治成为清代"发愤著书"理论的大背景。为了消尽汉人的骨气和廉耻，满清以铁血手段武功戡定，并强行剃发易服。同时，满清政权为了争夺道统，控制文化的话语权，实行民族分离、民族压迫政策，造成了汉族及汉族知识分子的被排斥、被压抑的地位。出于对汉族的防猜、对文化的清洗、对汉人思想的箝制，绵延顺治、康熙、雍正、乾隆四朝一百多年的文字狱，造成了仕林萎靡，民众精神不振。整个清代科场失意、仕途蹭蹬成为极普遍的现象。清代特定的政治、社会环境为发愤著书理论提供社会生活基础。"坌愤激讦，而后至文生焉"（黄宗羲《谢皋羽年谱游录注序》）③，也成为清人最深刻的文学认识，也成为清代《史记》文学阐释的起点。

顾炎武、王夫之、陈子龙、归庄、曾国藩、沈德潜、陈廷焯等学者对"发愤著书"理论进行了更为具体、深刻的发掘。归庄"小不幸"、"大不幸"与诗之工与不工关系的探讨；曾国藩"瓮牖穷老而不得一篇之工亦

---

① 班固：《汉书》，中华书局 1962 年版，第 2733 页。

② 钱钟书：《管锥编》，中华书局 1979 年版，第 936—937 页。

③ 黄宗羲：《黄宗羲全集》（南雷诗文集上），浙江古籍出版社 1993 年版，第 32 页。

常有之","盛世之诗不敌衰季，卿相不敌穷巷之士，是二者殆皆未为笃论已"（曾国藩《云桨山人诗序代季师作》）[1] 之论，是对"发愤著书"理论的片面极端的修正；沈德潜、陈廷焯则客观理性地对发愤著书理论从创作层面的归纳。这些探讨厘清了"发愤著书"说的内涵和外延，使之更加完整、系统，认为"发愤著书"只是创作主体创作的内在驱力，它不等同于作品，具体到写作上还要靠创作主体的艺术修养和艺术技巧，要借助于艺术手法，并较为广泛深入地运用到《史记》小说的评述中。

清人认为司马迁将个体的情感与体悟融入到《史记》撰述之中，袁文典《读史记》云："余读《太史公自序》而知《史记》一书，实发愤之所为作。"而且这种坌愤之情使读《史记》者没有"不为之拍案叫绝废书而三叹也哉！"[2] 也正是以此为起点，清代学者对于《史记》文本的解读，多以"发愤著书"理论为引导，对司马迁寓抒情于叙事的特点、《史记》在构思上的精妙、《史记》的文学手法，《史记》文本的深层意义等方面进行阐释。黄淳耀《史记论略·淮阴侯列传》云：

> 大抵太史公于英雄贫困失路无门之日，皆极力摹写，发其孤愤，如苏秦、张仪皆见笑于其妻，陈涉见笑于耕者，陈平见笑于其嫂，黥布见笑于时人，此类甚多。至漂母饭信而不望报，是以信为沟壑也，其意盖深痛不忍读矣。（黄淳耀《史记论略》）[3]

显然，从"发愤著书"出发对《史记》的解读所得出的认识和结论是客观的、符合司马迁创作的原意的，这对《史记》文化意义和文学意义的挖掘有着重要意义。

"文气"说是具有中国传统思维模式和审美标准的文论范畴，成为中

---

① 曾国藩：《曾国藩全集》，岳麓书社 1985 年版，第 227 页。

② 袁文典：《袁陶村文集》，清光绪年间刻本，第 19 页 a 面。

③ 黄淳耀：《陶庵集》卷七，知服斋丛书，清光绪十八年顺德龙氏刻本，第 33 页。

国古代艺术创作、鉴赏、主体人格建构的重要艺术理论。经过历代的发展，清代的"文气"说既具备比较完整的体系，也具有一定的理论高度，同时也有着具体的可操作性。

　　清人崇尚文气十足的诗文，通过对历代创作实践与文学理论的总结，尤其是桐城诸子对《史记》的文本阐释有着密切的联系。方苞强调"理明""辞畅"，认为辞畅实为内在精神所外化之气。刘大櫆《论文偶记》"文之最精处""文之稍粗处"①和姚鼐"文之精""文之粗"②的理论，将历代所探讨的抽象的创作主体的"养气"具体为主体精神之气、文化之气、社会之气，即文之"神"；作家精神气质与情感在文章中通过字句、音律表现出来为"气"。这就将文气论具体化到文章的节奏与音律和文法之中，使抽象的"文气"体现在字法、句法、章法结构上。而这些认识正是他们经过对《史记》的探究而得出的，方苞说："古文气体，所贵清澄无滓。澄清之极，自然而发为光精，则《左传》《史记》之瑰丽浓郁是也。"（方苞《古文约选序例》）③刘大櫆《论文偶记》亦云："文贵大：道理博大，气脉洪大，丘壑远大；丘壑中，必峰峦高大，波澜阔大，乃可谓之远大。古文之大者莫如史迁。震川论《史记》，谓为大手笔。"④方、刘都认为《史记》的澄清、瑰丽、浓郁与远大是司马迁善养气所至。因而，清代古文大家都以《史记》为圭臬，探索文气规律。如曾国藩，他认为："十三经外所最宜熟读者莫如《史记》《汉书》《庄子》韩文四种。余生平好此四书，嗜之成癖，恨未能一一诂释笺疏，穷力讨治。"（曾国藩《谕纪泽》）⑤他的日记常有对《史记》探索的感悟，如"夜温古文《史记》数首。因忆余论作书之法，有'欲落不落，欲行不行'二语。古文吞吐断续之际，亦有欲落不

---

① 刘大櫆：《论文偶记》，人民文学出版社 1998 年版，第 6 页。

② 姚鼐、王先谦：《正续古文辞类纂》，浙江古籍出版社 1998 年版，第 10 页。

③ 方苞：《方苞集》，刘季高校点，上海古籍出版社 1983 年版，第 614 页。

④ 刘大櫆：《论文偶记》，人民文学出版社 1998 年版，第 7 页。

⑤ 曾国藩：《曾国藩全集》，岳麓书社 1985 年版，第 430 页。

落，欲行不行之妙，乃为蕴藉。"① 曾国藩认为：

> 自汉以来，为文者，莫善于司马迁。迁之文，其积句也皆奇，
> 而义必相辅，气不孤伸，彼有偶焉者存焉。（曾国藩《送周荇农南
> 归序》）②

曾国藩以文气对司马迁之文的解读，指出《史记》"积句也皆奇，而义必相辅，气不孤伸，彼有偶焉者存焉"的特点，来寻求古文"行气之短长，自然之节奏"（曾国藩《复许振祎》)③。显然，"文气"说对揭示《史记》的精神韵律、文学气象提供了理论工具，同时，也使文气理论得到了丰富和发展。

"义法"说是清人《史记》阐释的重要理论发明。"义法"之说是方苞以《史记》为范本对史学、文学理论的认知，它使清代对《史记》的研究达到了前所未有的高峰，也成为桐城古文理论的大纲。桐城派前后相继于整个清代，涉及作家一千多名，著述几千种，足见"义法"说在清代《史记》阐释和文学实践中的重大影响。④

由以上可以看出，"发愤著书"说、"文气"说、"义法"论为清代《史记》文学阐释提供了理论依据，对《史记》的文化意义、创作动机、文学特点、艺术技巧的探索都有着重要意义。同时也是在对《史记》的阐释中，这些理论得到了深化和发展。

（三）清代《史记》文学阐释的时代性

"文变染采世情，兴废系乎时序"⑤，学术亦然。清代《史记》文学阐

---

① 曾国藩：《曾国藩全集》，岳麓书社 1985 年版，第 1024 页。
② 曾国藩：《曾国藩全集》，岳麓书社 1985 年版，第 162 页。
③ 曾国藩：《曾国藩全集》，岳麓书社 1985 年版，第 1971 页。
④ 具体可参见第四章第四节之论述。
⑤ 范文澜：《文心雕龙注》，人民文学出版社 1958 年版，第 675 页。

释的时代特点突出，重文本细读精读、重辨析、重感悟是其重要特点之一。清人用传统的评点模式，对《史记》细读、精读文本，辨析文法章法，探幽入微，勾玄提要，重视文本的阅读与感悟。这与清人崇尚朴实之美，嗜古、怀古的审美思潮有关，也和清代的评点学和文章学的发展有关。

宋明以来，复古思潮的文化语境和文人对科举八股制义的需求，促进了评点学和文章学的发展。明代把对诗文的评点方法运用到日见兴隆的小说之中，形成了小说评点的兴盛，也转化为《史记》研究的重要方式，出现了许多《史记》评点的著作，如杨慎的《史记题评》、唐顺之的《荆川先生精选批点史记》、茅坤的《史记钞》、归有光的《归震川评点史记》，以及凌稚隆的对历代大家对《史记》的大型集评《史记评林》。这些评点不再集中于对《史记》史学方面的考评，而是重于对《史记》文章学、文学方向的研读。确如高津孝所言，明人"所看重《史记》的，并非汇集既定事实的史书的意义，而是极力发现和阐释其作为文章范本、作为文学的意义"（高津孝《明代评点考》）①。尤其到了清代，清人出于对明季空疏学风的反思，学术上"厌倦主观的冥想而倾向于客观的考察"②，朴学实事求是、无征不信的原则几成为众学人共同的信条。再者，"八股取士"促进了读书人对文法的探求，有识之士倡导以古文救时文之弊，一代文坛泰斗方苞说："以求《左》《史》《公》《穀》《语》《策》之义法，则触类而通，用为制举之文，敷陈论、策，绰有余裕矣。"（方苞《古文约选序例》）③另外，"文气"说、"义法"说等文学理论都是建立在对文本的细读、精读之上，没有反复的推敲、精慎的思考根本无法把握文之精粗、显义表义之法。基于以上原因，清人《史记》文章学、文学方向的阐释，从微观研究入手重视整体把握，以传统夹批、眉批、总批的评点为模式，较之明代更为详尽、精深，形成了清代《史记》阐释的重要特点——重文本细读精读、

① 章培恒：《中国文学评点研究论集》，上海古籍出版社 2002 年版，第 92 页。

② 梁启超：《中国近三百年学术史》，上海三联书店 2005 年版，第 1 页。

③ 方苞：《方苞集》，刘季高校点，上海古籍出版社 1983 年版，第 613 页。

重辨析、重感悟。

清代许多学者对《史记》都用力至深，如王又朴所言："累年反覆寻味，益得其要领，盖至今乃始确然，而有以深悉其意故也。"（王又朴《项羽本纪读法题词》）①正是这样"累年反覆寻味"，对《史记》的文本进行细读，许多专书都包含研究者很大的精力，如吴见思的《史记论文》，几乎用其一生付出，乃成一百三十卷大书；汤谐的《史记半解》付四十年心血而成；牛运震苦心多年，数易其稿，方成《史记评注》十二卷；李晚芳《读史管见》成书时间不少于四年；郭嵩焘出使英国依然手不释卷，才成《史记札记》。这些著作对《史记》的字法、句法、章法、结构、写人、叙事无不重视，成为清代文本细读典范。不仅如此，清代出现了一大批有分量的《史记》辑选、集评本，前者如姚苎田选评的《史记菁华录》、邵晋涵的《史记辑评》等；后者如程馀庆的《历代名家评注史记集说》、王拯的《归方评点史记合笔》。姚苎田的《史记菁华录》是其中最具代表性的辑评本，在清代流传较广。他掇《史记》精华51篇，并进行删节，使主线更清晰、情节更集中、人物性格更突出，而且还保持了《史记》的原貌。他对选文进行了逐字逐句逐段的评点、篇末总评注重对立意、结构的总结，并时谈篇目意境及其影响。程馀庆的《历代名家评注史记集说》是清代具有代表性的集评本，程氏不袭一家之说，集一百六七十位历代名家对于《史记》的注释、评语于一体，其中包括清代方苞、吴见思、汪越、牛运震等评注者的研究成果。另外，值得一提的是方苞的弟子王又朴的《史记七篇读法》是清代《史记》读法唯一的一部专著。王又朴认为《项羽本纪》《外戚世家》等七篇文字是最能代表司马迁水平的文字，他仿照金圣叹的小说读法的形式详批了七个篇目，并强调"一气读"能够"悉其本末意义，脉络通贯"，"分段细读""能得其顺逆、反正、隐显、断续、开合、呼应诸法。"②

---

① 王又朴：《史记七篇读法》，康熙十九年诗礼堂刻本。

② 王又朴：《史记七篇读法》，康熙十九年诗礼堂刻本。

概言之，清人无论是《史记》研究的专书，还是辑选本、集评本以及读法都建立在精慎的《史记》文本细读之上，"抽挹菁华，批导窾隙"，关注字法、句法、章法、结构、写人、叙事，是为了"使其天工人巧，刻削呈露，俾士之欲漱芳润而倾沥液者，澜翻胸次，而龙门之精神眉宇，亦且郁勃翔舞于尺寸之际"（姚苧田《题辞》）[1]。因而，重视文本阅读与感悟，精读、细读文本，以钩稽史公微言大义，也就成为清代《史记》文学阐释的又一特点。

（四）清代《史记》与小说的比较

明清以降，中国古典小说的创作达到了高峰。这一时期的小说评点不仅担负着对小说文法、内容、情感的认识，还承担着对小说内在本质、艺术价值的判断，为小说争得文学领域的一席之地。对于史籍与小说的关系，小说评点家一直处于一种悖论之中，"史统散而小说兴"之说显然已把小说当作一种新兴文体对待，却又同时称小说"羽翼信史"，甘附骥尾，为小说谋得正统。正是在这样的思路下，清人展开了小说与《史记》比较，一方面要借助于通过和拥有经史地位的《史记》的比较来抬高小说的地位；另一方面则想通过已有的《史记》文学性方向的认知打破史学话语对小说评论的笼罩。从《史记》文学研究来看，此种比较则又强化了《史记》的文学特质，这也成为清代《史记》文学阐释的另一重要特点。

清代小说评点家金圣叹、张竹坡、冯镇峦、潘德舆、但明伦、何守奇、脂砚斋、孔广德、戚蓼生以及李渔、朱绡、刘鹗等学者在小说的评点中或多或少的把《史记》与所批评的文本比较贯穿其中。这些比较主要集中在《史记》与小说的文学性的比较、创作动机的比较，以及写人叙事等艺术技巧的比较上。

---

[1]　姚苧田：《史记菁华录》，中华书局 2010 年版，第 1 页。

清人通过小说与《史记》的比较，在文学性上找到了共同点，认为它们具有同一性。清代评点大家金圣叹将《史记》与《庄子》《离骚》《杜诗》《西厢记》《水浒传》并称为"六才子书"，这六本书分属子部、史部、集部，包含散文、骚赋、律诗、词曲、小说等体裁，他以"才"为分类的标准，明显地是建立在对这些不同种类作品文学性的把握上的。这种认识在西方学科体系尚未传入前，显然是超前的。清代另外一位著名评点家张竹坡，在《杂录》《第一奇书金瓶梅趣谈》《第一奇书非淫书论》《竹坡闲话》《金瓶梅寓意说》《批评第一奇书金瓶梅读法》等文章以及具体的评点中，始终把《金瓶梅》与《史记》的比较贯穿其中。他认为《金瓶梅》就是一部《史记》，云："会做文字的人读《金瓶》，纯是读《史记》。"①"凡人谓《金瓶》是淫书者，想必伊止知看其淫处也。若我看此书，纯是一部史公文字。"② 从这些论述可以看出，清人已将《史记》从经史中划出，跨越了《史记》的史学文本意义，既强化了小说的文学地位，同时也强化了《史记》的文学特性，深化了清人对《史记》文学地位的理解和艺术特点的认知。

司马迁的"发愤著书"说在明代由李贽引入到小说的评点之中，到清代成为小说创作内驱力探索的最为重要的理论，贯穿了清代文学创作与批评的始终。金圣叹认为《水浒传》是施耐庵"不知其胸中有何等冤苦而为如此设言"③，而改称"怨毒著书"。张竹坡认为《金瓶梅》的作者与司马迁的经历与情感有相似性，他在《金瓶梅》第十七回中说："《金瓶梅》到底有一种愤懑的气象，然则《金瓶梅》断断是龙门再世。"（七六）将《史记》"发愤著书"的创作动机转化为《金瓶梅》的"苦孝"说。奇酸志苦孝之说成为张竹坡对《金瓶梅》文学、文化意义解读门径。其他评点家冯镇峦、脂砚斋、陈其泰、洪秋蕃同样认为《聊斋志异》《红楼梦》和《史

---

① 黄霖：《金瓶梅资料汇编》，中华书局 1987 年版，第 83—84 页。

② 黄霖：《金瓶梅资料汇编》，中华书局 1987 年版，第 80 页。

③ 金圣叹：《贯华堂第五才子书水浒传》，江苏古籍出版社 1985 年版，第 28 页。

记》一样具有"孤愤""泄愤"的创作动机。清人正是在对司马迁《史记》运用"曲笔"以"发愤"的"曲笔托愤"精神深入理解的基础上，认为小说继承了《史记》的"龙门家法"。这种阐释与比较为小说的解读拓宽了历史视野，为小说内在意蕴的挖掘提供了思路，同样对《史记》文化、文学意蕴的拓展有着重要意义。

对《史记》与小说的写人叙事等艺术技巧的比较是每位评点家探究的重点。每个评点家在序、读法和文中的总批、眉批、夹批中都把与《史记》的写人叙事手法进行了详尽的比较。金圣叹对两者艺术手法沟通之处有着深刻的感悟，认为："《水浒传》方法，都从《史记》出来，却有许多胜似《史记》处。若《史记》妙处，《水浒》已是件件有。"（金圣叹《读第五才子书法》）[1] 同时也认为小说与《史记》存在着"因文生事""以文运事"的差异。张竹坡也在小说的解读中，始终贯穿着小说与《史记》技法的比较，认为《金瓶梅》与《史记》一样有"化工"之妙，评点中充斥"龙门文字""龙门能事""龙门再世""又一龙门""逼真龙门"等评论。余集认为《聊斋志异》的"恍惚幻妄，光怪陆离，皆其微旨所存"是"亦岂太史公传刻之深心哉！"（《聊斋志异·余序》）[2] 冯镇峦《读聊斋杂说》说"《左传》《史记》之文，无所不有，《聊斋》仿佛遇之"[3]。洪秋蕃则认为《红楼梦》对"龙门所谓于学无所不窥"[4]。这些结论的得出并非空穴来风，而是建立在认真的文本细读的基础上，从"泄愤"的思路出发，通过对小说与《史记》写人、叙事、语言等艺术技巧的感悟和深刻理解、比较，将《史记》作为小说美学价值的判断坐标，从艺术与精神的高度找到二者内在神韵的共性与幽通，而这种比较则进一步阐释了《史记》的文学性。

---

① 金圣叹：《贯华堂第五才子书水浒传》，江苏古籍出版社 1985 年版，第 18 页。

② 蒲松龄：《蒲松龄全集》，盛伟编校，学林出版社 1998 年版，第 952 页。

③ 朱一玄：《聊斋志异资料汇编》，中州古籍出版社 1986 年版，第 587 页。

④ 洪秋蕃：《红楼梦考证》，上海印书馆 1935 年版，第 2 页。

本章小结

清代对《史记》的文学阐释与时运的交移、学术的发展有着密切的联系。满洲部族政权为了控御庞大的汉民族，一方面采用高压政策，以血腥的武力勘定、薙发胡服来消灭汉族的反抗和骨气；另一方面则"渐就中国之制"，怀柔天下，大肆祭孔、祭祀黄帝、炎帝，以道统、治统自任，争夺文化与政治的话语权。

审美是文学的特质，因此，无论文学创作还是文学阐释，审美都是价值尺度的基点。就文学阐释而言，主体的审美趣味决定着研究者将主要精力投入到哪些方面，关注哪些具体文学现象、文学文本，以及对研究对象阐释的方向与深度。清代"通经汲古""复古守正"的文化倡导以及对文化的总结清理中形成了对古雅、朴实和圆而神的审美趣味，这对清代《史记》文学阐释的方法、深度与广度有着重要影响。"古雅"的审美趣味，使清人重视《史记》文学地位，他们以崇实黜虚的态度，综合历代对《史记》的认识，紧扣文本，不拘形式，重视逻辑推演，引证材料繁富、精审，抛却了主观臆断和无根游谈。清人以考据、义理、文章结合的方法准确地把握了《史记》文学与文化价值。同时在"圆而神"的审美趣味和理想下，清人认识了《史记》迷离变幻而又处处映合，虚实相融、往复变化而无人工之迹的高超艺术手法，深化了对《史记》文学性的认识。清人《史记》文学阐释通过宏观把握、微观分析，重视文本细读，重视文体比较，在总结和继承历代以来对《史记》文学阐释的结果的基础上，好学深思，精诚解辨，而且能折衷群言，求得公允客观的评价，这与清代笃实的学风是分不开的。

第三章　清代经学与《史记》文学阐释

和历代一样，对儒家经典的重视与研究一直是清代的学术主流。只是对于这一时期学术的称谓较为混杂，或称经学，或称汉学，或称朴学；又称理学，又称宋学，仔细辨析各种称谓各有所指，各有侧重。汉学和宋学分别指汉儒和宋儒对儒家经典学术的认识，可概括为训诂之学和义理之学。朴学之谓则侧重于学术方法特点的总结，是对清儒训诂之学研究方法特点的概括，但范围上要广些，它还包括史学研究。今研究者有以经学和理学对举，将之视为并列的概念，但从清人的认识来看，有将大概念和小概念并列之嫌，显然是不妥的。顾炎武在《与施愚山书》中云："理学之传，自是君家弓冶。然愚独以为'理学'之名，自宋人始有之。古之所谓理学，经学也，非数十年不能通也。"（顾炎武《与施愚山书》）[①] 他所谓"经学即理学"的结论显然是在阐明两者二而一，说明理学是经学的组成部分，理学的名称只是从宋代才开始有，其实质是顾炎武反对理学以臆说空衍义理，倡导以实证来重证经典。对于经学与理学范畴的这种理解，从皮锡瑞的《经学历史》中也可以得到印证，他也是将宋儒的义理之学纳入到整个经学发展中来认识的。因而，可以得出，清代经学为清代儒家经典研究的总称，理学与宋学同谓，只是称引特点不同，汉学、朴学同指，只是范围有变。经学作为清代学术的主体，其内部的各种离合演变都对其相关

---

① 　顾炎武：《顾亭林诗文集》，中华书局 1959 年版，第 58 页。

文化构成了很大的影响。以清代《史记》文学阐释而言，其中的发展、变化以及节奏都与清代经学的发展有着分不开的关系。本章主要考察清代理学（宋学）、汉学以及汉宋之争对《史记》文学阐释的影响。

第一节　清初理学与《史记》文学阐释

一、清初理学官方学术地位的确立

虽然学术之发展如余英时先生所说自有其内在理路，但一种文化现象的出现、变化、演绎往往是由内外作用合力决定。即使偶然或者单一条件常在事件的发展变化中起到了主导作用，然而其总体方向和状况则依然是多个因素合力所驱驰的结果。清代理学官方学术地位的确立概由形势所迫，既有社会政治变化之缘由，又有学术内部的变化。

清初理学官方学术地位的确立与客观社会政治条件是分不开的。明清易祚，满洲以一部族政权仓促之间入主中华，以区区数十万众，要统治大自己几十倍的领土，驱使上亿人口，除了铁血政策外，在制度和文化上沿用惯例是不得已的选择。为了笼络汉族读书人，满清开科取士，《清史稿·选举志》说："世祖统一区夏，顺治元年，定以子、午、卯、酉年乡试，辰、戌、午、未年会试。"[1] 定鼎北京之后，南方汉族抵抗如火如荼，虽然军事压力巨大，顺治帝于 1652 年举行隆重的"临雍大典"，宣布理学为国家意识，督勉太学儒生要守圣人之道[2]。康熙帝又将朱熹从原来配享孔庙东庑先贤而升于大成殿十哲之次。后又颁行《朱子全书》《四书注释》《四书章句集注》为科举考试的必考内容。八股科举就和理学更为紧密地

---

① 　赵尔巽：《清史稿》，中华书局 1977 年版，第 3147 页。

② 　《清高宗实录》卷六六，中华书局 1985 年版，第 539 页。

捆绑在一起，将读书人引入利禄之途，引入更加狭窄、刻板空间。这些措施不管是否出于对文化责任的承担，但为维护满族专制统治的目的是绝对的。乾隆帝曾经明确论述道：

> 有宋周、程、张、朱子于天人性命、大本大原之所在，与夫用功节目之详，得孔、孟心传，而于理欲、公私、义利之界，辨之至明。循之则为君子，悖之则为小人。为国家者，由之则治，失之则乱。实有裨于化民成俗、修己治人之要，所谓入圣之阶梯，求道之涂泽也。①

显然，清廷定理学为尊的目的在于化民成俗，在于修己治人。其思路很明晰，想通过对个体加强道德驯化，以理为准则，熄灭欲望，因公废私，最后臻于大治。这些无疑都是为了钳制思想，维护专制统治的。

　　清初理学能定于一尊，也与康熙、雍正皇帝的喜好有着密切的联系。康熙帝好学深思，他"自五龄受书，诵读恒至夜分，乐此不为疲也"②。对中国传统文化谙熟于心。康熙帝南巡时曾告诉臣下他的读书经历，他说："朕自五龄即知读书，八龄践祚，辄以学庸训诂询之左右，求得大意而后愉快。日所读者必使字字成诵，从来不肯自欺。及四子之书既已通贯，乃读尚书，于典谟训诰之中，体会古帝王孜孜求治之意，期见之实行。及读大、易，观象玩占于数，圣人扶阳抑阴，防微杜渐，垂世立教之精心，朕皆反复探索，必心与理会，不使纤毫扦格。实觉义理悦心，故乐此不疲。"（《李光地传》）③康熙对理学的巨大兴趣，使他"潜心理学，旁阐六艺"④，不仅对理学多有感悟，而且在诗文、书法上造诣颇高。先后御纂了《朱子

---

① 《清高宗实录》卷一二八，中华书局 1986 年版，第 876 页。

② 赵尔巽：《清史稿·圣祖本纪》，中华书局 1977 年版，第 216 页。

③ 中国第一历史档案馆整理：《康熙起居注》，中华书局 1984 年版，第 1249 页。

④ 赵尔巽：《清史稿》，中华书局 1977 年版，第 9898 页。

全书》《周易折中》《性理精义》诸书。据昭梿《啸亭杂录》载：

> 仁皇夙好程朱，深谈性理，所著《几暇余编》，其穷理尽性处，虽夙儒耆学，莫能窥测。所任李文贞光地、汤文正斌等皆理学耆儒。（卷一）

昭梿所述，较为真实地反映了康熙帝对理学的偏爱以及学养深厚。另据《康熙起居注》五十四年十一月十七日载，康熙帝训诫大臣说：

> 尔等皆读书人，又有一事当知所戒，如理学之书，为立身根本，不可不学，不可不行。朕尝潜玩性理诸书，若以理学自任，则必至于执滞己见，所累者多。反之于心，能实无愧于屋漏乎？宋、明季代之人，好讲理学。有流入于刑名者，有流入于佛老者。昔熊赐履在时，自谓得道统之传。其没未久，即有人从而议其后矣。今又有自谓得道统之传者，彼此纷争，与市井之人何异？凡人读书，宜身体力行，空言无益也。①

显然，康熙以道统自任，君师合一，自己居于哲学之端，而训诫清代士人放弃理性的思索，只有"必在身体力行，见诸实事，非徒托之空言"②，才是真正的理学。他所倡行的"力行"、反"空言"，就是要放弃思考，以纲常大义作为准则，强调纲常伦理的道德规范。实质上，就是要服从国家政权，服膺于满清的统治。这也就是乾隆所谓的："实有裨于化民成俗、修己治人之要，所谓入圣之阶梯，求道之涂辙也。"③ 同时，康熙下诏，将亲自编纂的《日讲五经解义》《大学衍义》《周易折中》《朱子全书》和《性

---

① 中国第一历史档案馆整理：《康熙起居注》，中华书局 1984 年版，第 2222 页。
② 中国第一历史档案馆整理：《康熙起居注》，中华书局 1984 年版，第 1194 页。
③ 《清高宗实录》卷一百二十八，中华书局 1986 年版，第 876 页上。

理精义》作为理学经典，颁布全国，以官方的力量强制传播。理学遂被定为国家意识形态。康熙之后，雍正、乾隆皇帝都重视理学，"康熙皇帝和雍正皇帝都曾经被人们称为'理学天子'"①。

理学成为清初学术主导，除了制度、政治层面的原因外，也与清初遗民耆老对明代的文化反思相关。明清易代，天崩地裂，所造成的政治动荡和文化心理震撼，促使学者对明季以来的王学末流进行了反思和清理。顾炎武认为心学崇尚清谈："以明心见性之空言，代修己治人之实学。股肱惰而万事荒，爪牙亡而四国乱。神州荡覆，宗社丘墟。"他把明代灭亡的文化原因归于心学的务虚。黄宗羲、王夫之、李二曲等著名学者对王学末流的清算，无疑在客观上为程朱理学学术上的扩展起到了推波助澜的作用。

二、清初理学、科举与《史记》文学阐释

理学是为义理之学，钱穆《中国近三百年学术史》中说："不知宋学，则亦不能知汉学"②，其言不诬，但实际上，不知汉学亦不知宋学。儒家经典因年代湮远，文字残缺、字义艰深、佶屈聱牙，汉儒不得不对之训诂考证，他们严格因守家法，对经典中的文字、名物的进行科学判断与注疏。这种方法成为解经说经的重要路径。但汉唐之后，尤其是宋代，主体的意识力量得到重视，人性的庄严被强化，讲求自我节制，讲求气节品质，以训诂、考释而通圣的学术方法受到了宋人的质疑：

> 至晋宋齐梁魏隋唐之间，人知训诂而不知经，断折其言而不顾理，散而为章句，窃而为进取之术，君子不以为成德，小人假以文奸

① 郭英德:《明清文学史讲演录》，广西师范大学出版社 2005 年版，第 261 页。

② 钱穆:《中国近三百年学术史》，商务印书馆 1997 年版，第 1 页。

言。甚哉！生民不见六经之用久矣！天下国家安治乎！①

汉唐对经典的训诂和反复阐释，往往将研究者的主要精力放在了注释上，而迷失了经意。这种批评论调代表了宋儒的心声。

宋学讲求研究主体的主动性，认为物我为一，主体可以通过内在的修为去体悟先于宇宙而存在的万物之理，并要求要从怀疑出发。朱熹认为："熹窃谓生于今世而读古人之书，所以能别其真伪者，一则以其义理之所当否而知之；二则以其左验之异同而质之。未有舍此两涂。"他一反汉儒固守家法、师法，不敢越雷池一步的做法，而是主张发挥主体的能动性，辨析先贤义理于心，检验义理于实践之中。朱熹还说："字画音韵，是经中浅事，故先儒得其大者，多不留意。然不知此等处不理会，却枉费了无限辞说牵补，而卒不得其本义，亦甚害事也。非但《易》学，凡经之说，无不如此。"② 这实质是强调要敢于怀疑，敢于思辨，是要摆脱章句之学，从宏观上去把握经典的要旨、大义、义理，去探究经典所蕴含的丰富的内涵，而不是执着于文字。宋人以怀疑精神、以高度主体性、高度的个体责任感，重视现实，讲求经世致用，将经学的发展推到了新的境界。

理学讲求"尊德性"，重视个人内在修行和讲学著述。理学这种阐幽释微、六经注我的特点，与文章写作紧密的连接在一起。因为要阐释义理，要交流实践的感悟、讲学著述，要深入浅出地阐明事理，就要重视表述技巧和文法规则，这使各学问大家尤为重视古文的写作实践。

明清两朝的八股取士，以程朱理学为内容，代圣人立言，士人对文章技法与修辞更为重视。科举虽被称为场屋之学，但明清两朝的理学家莫不是从千万读书人中冲出的文章学大家，其文章修养、眼光与技术都绝对一流。清初众多理学家亦复如此，如康熙帝尤为重视词章之学，徐乾学、张

---

① 陈舜俞：《都官集》卷六，清文渊阁四库全书本。
② 朱鉴：《朱文公易说》卷二十三，清文渊阁四库全书本。

英、高士奇、王鸿绪、方苞等以文辞见长的士大夫活跃于其左右。桐城三祖之一的方苞以平民身份，入南书房为康熙皇帝的文学侍从，他明确地提出："学行继程朱之后，文章继韩欧之间。"由方苞的学术纲领可见，理学与古文之间剪不断的联系。

由以上很容易推断出，清初理学官方学术地位的确立为文章学发展的起到了推进作用。同时，科举对文法的需求，促使从明代以来对《史记》笔法的研究，到清代更为兴盛，形成了清初《史记》文学方向研究的高潮。清代《史记》文学研究的最具代表性的著述大都出于这一时期，这也是清代《史记》文学研究著述数量最多，成就最高的时期。如方苞的《史记评语》、吴见思的《史记论文》、姚苧田的《史记菁华录》，李晚芳的《读史管见》就是此期的代表性著作。

吴见思，字齐贤，江苏武进人。他的《史记论文》受到金圣叹"读法"的影响很大。吴见思本人博闻广识，识解独到，《史记论文》是清代《史记》文学阐释最为重要的作品之一。他对《史记》纪传文学的艺术特色进行了概括，他认为："《史记》一书，以参差错落、穿插变化为奇，而笔法句法，绝无一律。"[①]（《史记·五帝本纪》）

方苞，康熙四十五年进士，主张"学行程朱之后，文章继韩欧之间"。自幼熟读《史记》，传八岁即能背诵重要篇目，其文集中多次谈及《史记》文法，著有《归方评点史记合笔》，又有《史记评语》，其中"义法"之论，成为桐城派重要的文学理论，虽争议很大，但也受到后学很高的评价。

姚苧田的《史记菁华录》是清代《史记》极具代表性的选评本，姚苧田从《史记》中选取出了五十一篇，并对所选篇目根据行为进行了删节。《史记菁华录》以"评点"的形式阐释了《史记》的文学特性，认为"《史记》一书，学者断不可不读"，"其文洸洋玮丽，无奇不备"[②]。姚苧田对《史记》

---

① 吴见思：《史记论文》，吴兴祚参订，中华书局 1936 年排印本。

② 姚苧田：《史记菁华录》，中华书局 2010 年版，第 174 页。

高超叙事技法进行评述，云："写来全似画龙之法，风云晦冥之中，乍露鳞爪，而其中莫非龙也。"（《老庄申韩列传》）① 姚氏对《史记》的文学性有着明确的认识，他说："《史记》之文，文也，不必以其事也，作史家不可以不知也。"（《平原君列传》）②

李晚芳本为清代传奇女子，主要生活在康熙时期。《读史管见》作于她十五六岁时，年纪虽小但见识卓绝，她说："司马迁作《史记》，志在上继麟经。其识甚高，其学甚博，而其才又足以济之。观其文，俊洁雄伟，自成一家，而属辞比事，亦深得春秋大义，宜其书炳烺千古，后世作史者奉为圭臬也。"③ 此论可谓太史公知音。《读史管见》较为详尽地阐释了《史记》的写人叙事的艺术特点和文法。

除此而外，清初《史记》文学阐释最为重要的人物是金圣叹，他是《史记》文学经典化最有力的推手。金圣叹的《史记》研究除过他评点的《才子古文》一书中《史记》九十多篇序赞评点外，其他都分散在他的《水浒传》评点中。金圣叹的"才子书"的观念，用文学产生的历史必然来抗衡经史，将《史记》纳入了文学性研究的意义体系，完成了史学向文学研究方向的转换，成为《史记》文学经典化历程中最有意义的创举；金圣叹通过对小说与《史记》的比较，把握了《史记》作为史传文学的特质，他"以文运事"的总结准确地概括了《史记》文学经典的生成理路，为《史记》的经典化起到了划时代的作用；金圣叹以《史记》为艺术价值尺度对《水浒传》的品评实践，在《史记》《水浒传》两个经典的对话中，文本的互文性相互阐释、相互印证，《史记》的经典重新归置了文学秩序，作为坐标尺度标出了《水浒传》在文学史上的地位，强化了《史记》的文学经典地位。

总结以上，清代初期，理学官方学术的确立既是大的政治形势的选

---

① 姚苎田：《史记菁华录》，中华书局 2010 年版，第 62 页。

② 姚苎田：《史记菁华录》，中华书局 2010 年版。

③ 李晚芳：《读史管见》，[日]陶所池内校订，浪华书林群玉堂制本，安政三年丙辰四月翻刻。

择，更是学术内在发展的结果。理学学术主导地位的确立为文章学的发展搭建了文化平台，理学的讲学著述，阐幽释微以及宋学六经注我的特点使之和古文紧密的连接在一起，这实质是义理之学的内在要求，各大家尤为重视古文写作。也正是在这个背景下，清代《史记》文学阐释的主要作品都集中在这一时期，此期的著述数量最多，质量最高，代表了清代《史记》文学研究的最高水平。

第二节　乾嘉汉学与《史记》文学阐释

一、乾嘉汉学的兴起与研究方法的转换

对于清代汉学的异军突起，学界多有论说。其中流传最广、被普遍接受的说法，即为满清大力推行文字狱，读书人害怕罹祸，只好埋首于故纸堆。这种说法最早滥觞于龚自珍《己亥杂诗》"避席畏闻文字狱，著书都为稻粱谋"一句，其后这种思想经清末民初各大家的推演，渐渐成为一种普及型的历史共识。这种说法显然是将问题进行了简单化处理，历史中诸种现象之归因，往往由多种因素的聚合而成，并非某个单一条件决定。

清代汉学的兴起，最早导源于清初遗民耆老的对于明王朝迅速崩溃的文化反思。王国维说：

> 顺康之世，天造草昧，学者多胜国遗老，离丧乱之后，志在经世，故多为致用之学。求之经史，得其本原，一扫明代苟且破碎之习，而实学以兴。雍乾以后，纪纲既张，天下大定，士大夫得肆意稽古，不复视为经世之具，而经史小学专门之业兴焉。①

---

① 王国维：《观堂集林》（外二种），河北教育出版社 2001 年版，第 720—721 页。

王国维认为，清代学术的发展起于遗民学者的反思。明清易代，黄宗羲、顾炎武等学者认为明代亡于王学末流学术的空疏，反对空谈心性、剿说玄理。其说更为客观，贴近史实。明遗民学者在历经丧乱之后，因为有经世之志，故以实学返经史，促使经史小学兴起。对之，黄宗羲云：

> 奈何今之言心学者，则无事乎读书穷理。言理学者，其所读之书，不过经生之章句；其所穷之理，不过字义之从违，薄文范为词章；惜儒林于皓首，封己守残，摘索不出一卷之内；其规为措注，与纤儿细士不见短长。天崩地解，落然无与吾事，犹且说同道异，自附于所谓道学者，岂非逃之者愈巧乎！（黄宗羲《留别海昌同学序》）①

黄宗羲认为明之覆灭与明代学风相关。心学使学人不苦读深究，学人流于章句，纠结于表面的字句差异，封己守残。他认为学风空疏蹈虚致使学人心无墨翰，道德崩溃，即便宗国覆灭也似与自己无关。阎若璩的分析更为详尽，他对明代学术进行了系统性总结，云：

> 予尝发愤太息：二百年来，学问文章，不能上追汉唐，下及宋元者，其故有三：一坏于洪武十七年甲子定制，以八股取士，其失也陋；二坏于李梦阳等，提倡古学而不以六经为根本，其失也俗；三坏于王守仁等，讲致知之学，至于以读书为禁，其失也虚。②

或是出于激愤，阎若璩对明代学术基本持否定态度。这显然有失公允，但在改天换地的巨大社会背景下，作为文化反思而矫枉过正是可以理解的。

---

① 黄宗羲：《黄宗羲全集》第一册，浙江古籍出版社 1993 年版，第 645—646 页。
② 阎若璩：《潜邱札记》卷二，文渊阁四库全书版。

顾炎武等倡导"修己治人之实学"，要求士人要"博学于文"，主张重读经典，"读九经自考文始，考文自知音始。以至诸子百家之书，亦莫不然"，并说：

> 学者读圣人之经与古人之作，而不能通其音，不知今人之音不同乎古也，而改古人之文以就之，可不谓之大惑乎？（顾炎武《答李子德书》）①

顾炎武为汉学张目，其目的就在于希望昌明汉学，希望能够"明学术，正人心，拨乱世，以兴太平之事"（顾炎武《自序》）②。对此，梁启超《中国近三百年学术史》认为乾嘉学术方法的转换是"明季道学反动，学风开始由蹈空而变为核实——由主观的推想而变为客观的考察"③，这种认识显然自有其内在逻辑。同时，他也认为："考证古典之学，半由文网太密所逼成。"④梁启超从内外两个层面对朴学的兴盛的原因做了探析，他的观点具有很大的影响力。也正是从这个意义上讲，顾炎武的学术理念开辟了乾嘉学术稽古通经的先路。

乾嘉学术蔚然成观，而且其之精诚远迈历代，最具代表性的人物是戴震和钱大昕。王国维说："国初之学大，乾嘉之学精，道咸以降之学新。窃于其间得开创者三人焉：曰昆山顾先生，曰休宁戴先生，曰嘉定钱先生。"⑤戴震作为皖派开山大师，他将对经典的理解，建立在对文本最基础、最笃实的诠释中，在《与是仲明论学书》中，他说：

---

① 顾炎武：《顾亭林诗文集》，中华书局 1959 年版，第 72 页。

② 顾炎武：《日知录集释》，黄汝成集释，栾保群等校点，上海古籍出版社 2006 年版，第 1 页。

③ 梁启超：《中国近三百年学术史》，上海三联书店 2005 年版，第 23 页。

④ 梁启超：《中国近三百年学术史》，上海三联书店 2005 年版，第 30 页。

⑤ 王国维：《观堂集林》（外二种），河北教育出版社 2001 年版，第 720—721 页。

> 经之至者道也，所以明道者，其词也。所以成词者，字也。由字以通其词，由词以通其道，必有渐。（戴震《与是仲明论学书》）①

这是他对考据学理念的阐述，是要通过字词达到明经见道的目的。在《古经解钩沉序》中，戴震对其学术观念进行了更为明晰的论述，云：

> 后之论汉儒者辄曰：故训之学云耳，未与于理精而义明。则诘之以求理义于古经之外乎？若犹存古经中也，则凿空得之乎？呜呼！经之至者道也，所以明道者其词也；所以成词者，未有能外小学文字者也。由文字以通乎语言，由语言以通乎古圣贤之心志，譬之适堂坛之必循其阶，而不可以躐等。（戴震《古经解钩沉序》）②

这些论述可以视之为他对考据学学术理念的概括，这也是整个乾嘉学术包括吴派、皖派、扬州学派共同的朴学的学术内部理路。在这一论纲下，就形成了由文字到语言，再由语言到圣人心志的探研进路，也即经典的义理的研究思路。戴震晚年所著的《孟子字义疏证》一书正是这一思路的实践。

同为乾嘉学派重要力量的吴派，同样强调小学、音韵、训诂的重要性。钱大昕在《经籍纂诂序》曾论述道：

> 有文字而后有训诂，有训诂而后有义理。训诂者，义理之所由出，非别有义理出乎训诂之外者也。③

可见，汉学是要以训诂而达义理，这就形成了汉学研究的总体思路。乾嘉学术在方法上另一个重要特点是以经证经，以先秦两汉书证经。

---

① 戴震：《戴震全书》，黄山书社 1994—1997 年版，第 377 页。
② 戴震：《戴震全书》，黄山书社 1994—1997 年版，第 377 页。
③ 钱大昕：《潜研堂文集》，江苏古籍出版社 2013 年版，第 392—393 页。

钱大昕说：

> 大约经学要在以经证经，以先秦、两汉之书证经。其训诂则参之
> 《说文》《方言》《释名》，而宋元以后无稽之言，置之不道。反覆推校，
> 求其会通，故曰必通全经而后可通一经。（钱大昕《与王德甫书一》)[1]

乾嘉学派形成了由字到词，再由词到道，以经证经，以先秦两汉书证经，最后达到融会贯通的研究思路和方法。由此可见，汉学家对经典的研究其内在的逻辑是严密的、方法是科学的，讲求广博的知识和深厚的学养。正是如此，清代朴学不同于其他朝代成为清代学术的特色。

对于乾嘉学派学理的生成，余英时的研究尤为深入。他在《戴震与章学诚》中提出内在理路的概念。余英时以《中庸》中"君子尊德性而道问学，致广大而尽精微，极高明而道中庸"为依据，认为明清之际，儒学主流由理学转入考据，即从"尊德性"层次转入"道问学"层次，其中"道问学"约等于儒家智识主义，"尊德性"则约等于"反智识主义"，他说：

> 清代考证学，从思想史的观点说，尚有更深一层的涵义，即儒学由"尊德性"的层次转入"道问学"，这一转变我们称之为儒家智识主义的兴起。[2]

又说：

> 后来的人用考据两字来概括清学，固有其理由；但这样一来，清学与宋明以来的儒学传统若遽不相接。其实遂若从思想史的综合观点

---

① 钱大昕：《潜研堂文集补编》，陈文和辑校，江苏古籍出版社1997年版，第28页。
② 余英时：《论戴震与章学诚》，生活·读书·新知三联书店2000年版，第20页。

看，清学正是在"尊德性"与"道问学"两派争执不决的情形下，儒学发展的必然归趋，即义理的是非取决于经典。①

对此他又进一步解释说："清代考证学背后隐藏着儒家智识主义的动力"，"从理学到考证学的转变其实乃是儒学由'尊德性'转入'道问学'的内在历程"。②余英时认为，从"尊德性"向"道问学"的转换，是学术发展过程的内在必然。这一观点，由于对外在社会、政治文化的忽略而不断被人质疑，但其内在严密的逻辑以及在学术的推进上，给后学以启迪。

但有一点要强调，过度的强调外在的社会政治文化因素的决定作用，会造成对研究对象的误读。乾嘉学人并非所有的研究者埋首故纸之中，只有那些才识浅薄的朴学末流沉溺于琐碎的考释，而忘却了考据的目的。乾嘉汉学的实质与宋学在目标上可谓是殊途同归，就是要阐幽掘隐，揭示隐含文字背后的义理，阐明经典背后圣人所设立的价值系统。由此来看，宋学和汉学只是治学态度、治学方法不同，但实质上不出儒学总体大纲。

乾嘉汉学的产生、发展的原因，除过余英时所谓的内在理路外，外在的文化语境也起到了重要的推进作用。美国汉学家艾尔曼的《从理学到朴学》以新文化史的方法，从社会、经济背景以及清代士人学术思想转化，考察了江南学术共同体的演变过程。这种思想史与社会史的重叠交替应用的方法，让人多有研究视角上的新颖之感，结论也更为笃实。艾尔曼认为，在诸多因素中，培养乾嘉学术的温床有两个关键点：一个是四库的开馆，另一个是清代学人游幕相关。四库的开馆为考据提供了官方学术样板，为乾嘉汉学提供了舆论基地，四库馆臣成为汉学的中心，周永年、戴震、邵晋涵、翁方纲、任大椿、王念孙都是汉学极具代表性的人物。关于学人游幕对汉学的促进与发展，尚小明《学人游幕与清代学术》一书论述

---

① 余英时：《论戴震与章学诚》，生活·读书·新知三联书店 2000 年版，第 310 页。

② 余英时：《论戴震与章学诚》，生活·读书·新知三联书店 2000 年版，第 23 页。

得较为详尽，这里不再赘述。

乾嘉汉学的兴盛其实质是学术发展的需求，研究者研究视角和方法的转换，提供了研究的新思路。同时，外在政治、经济、社会、制度等诸多因素为其构成了存续的语境。在这里要强调的是，之所以称之为汉学，其在研究范围上已超出了经学，还包括史学研究。乾嘉汉学与《史记》相关的研究上也取得了很大的成就，其中有梁玉绳的《史记志疑》、钱嶷的《史记三书释疑》、王元启的《史记三书正讹》、钱大昕的《廿二史考异》、王鸣盛的《十七史商榷》、洪颐煊的《诸史考异》等。这些论著或考地理名物，或考典章制度，或考人物事迹，为《史记》文学方向的阐释奠定了知识基础。

二、汉学家的文论观与《史记》文学阐释

宋代学者对汉儒的批评力度尤甚，往往使后学形成了汉学固守家法、破碎大道、质木无文的印象，乃至对清代考据学家也依然如此误读。但实际上，乾嘉汉学家致力于经史训诂考证，但并不反对文辞，认为六经为文章的根柢。王引之在《萧山王晚闻先生文集序》中说：

> 文章之源出于经训，故六经，文章之祖也。其次则先秦诸子、两汉遗书，皆无意为文而极天下之文之盛。不本乎此而欲为文，则薄而已矣，俗而已矣。（卷三）①

王引之认为，六经为文章之祖，先秦诸子、两汉遗书为文章之宗，此论显然与清初钱谦益、顾炎武的认知是统一的。他还认为，只要以六经为根柢，哪怕无意为文，都会写出最好的文章来。王引之所谓的两汉遗书自然

---

① 王引之：《王文简公文集》，上海古籍出版社 1995 年版，第 387 页。

包括《史记》在内，"极天下之文之盛"的评语，即见其对《史记》文学性评价之高。尤其要重视的是，清代汉学家对儒家学问进行了新的划分，认为文章之学为学问之一。戴震对之进行了详细而系统的论述，在《与方希原书》中，他有一大段论述：

> 古今学问之途，其大致有三：或事于理义，或事于制数，或事于文章。事于文章者，等而末者也。然自子长、孟坚、退之、子厚诸君子之为之，曰："是道也，非艺也。"以云道，道固有存焉者矣。如诸君子之文，亦恶睹其非艺欤？夫以艺为末，以道为本，诸君子不愿据其末，毕力以求据其本，本既得矣，然后曰："是道也，非艺也。"循本末之说，有一末必有一本。譬诸草木，彼其所见之本与其末同一株而根枝殊尔，根固者枝茂。世人事其枝，得朝露而荣，失朝露而瘁，其为荣不久。诸君子事其根，朝露不足以荣瘁之，彼又有所得而荣、所得而瘁者矣。且不废浸灌之资，雨露之润，此固学问功深，而不已于其道也，而卒不能有荣无瘁。
>
> 故文章有至有未至，至者得于圣人之道则荣，未至者不得于圣人之道则瘁。以圣人之道被乎文，犹造化之终始万物也。非曲尽物情，游心物之先，不易解此。然则如诸君子之文，恶睹其非艺欤？诸君子之为也，譬犹仰观泰山，知群山之卑；临视北海，临视北海，知众流之小。今有人履泰山之巅，跨北海之涯，所见不又悬殊乎哉？足下好道而肆力古文，必将求其本。求其本，更有所谓大本。大本既得矣，然后曰："是道也，非艺也。"则彼诸君子之为道，固待斯道而荣瘁也者。圣人之道在六经，汉儒得其制数，失其义理；宋儒得其义理，失其制数。（戴震《与方希原书》）①

---

① 戴震：《戴震文集》，中华书局 1980 年版，第 143—144 页。

戴震作为当时的学术领袖，这段论述具有很强的代表性，代表了清代考据学家普遍持有的文论观。他认为，古今学问有理义、制数、文章三个组成部分，这即后来所谓义理、考据、辞章的导源。而对于这三种学问，汉儒得其制数，宋儒得其义理。戴震言下之意，清儒的努力目标是兼而有之，做通儒，而且能够循本逐末，"极天下之文之盛"。显然，戴震的《孟子字义疏证》就是这种学术理路的体现。对于这三种学问，戴震认为文章之学仅为末等，司马迁、班固以及唐宋八大家"不愿据其末，毕力以求据其本"，但最终都"不能有荣无瘁"。究其原因，这是因为"仰观泰山"与"履泰山之巅"原因造成的。概言之，戴震认为，文章"得于圣人之道则荣"，"不得于圣人之道则瘁"。对戴震文道思想认识最为透彻的是段玉裁，他在《戴东原集序》中，说："夫圣人之道在六经，不于六经求之，则无以得圣人所求之义理，以行于家国天下，而文词之不工，又其末也。"并说："盖由考核以通乎性与天道，既通乎性与天道矣，而考核益精、文章益盛，用则施政利民，舍则垂世立教而无弊。"（段玉裁《戴东原集序》）①

这些论述突出了汉学家以道为本、以艺为末的文论观，但从其言语的侧面可以看出，考据学派对《史记》史学和文学地位的肯定。戴震对司马迁"不愿据其末，毕力以求据其本，本既得矣"的评价显然是很高的。"文章有至有未至，至者得于圣人之道则荣，未至者不得于圣人之道则瘁。""以圣人之道被乎文，犹造化之终始万物也。"这些评论用来评价《史记》显然也是恰切的。

需要说明的是，对于文章根柢，清人的认识较为统一。不仅汉学家这样认识，即便是对汉学家多有訾议的章学诚也是如此。章学诚对明代以来的对《史记》文法归纳、模拟习作的方法进行了批评：

　　归、唐之集，其论说文字皆以《史记》为宗；而其所以得力于《史

---

① 戴震：《戴震文集》，中华书局 1980 年版，第 1 页。

记》者，乃颇怪其不类。盖《史记》体本苍质，而司马才大，故运之以轻灵。今归、唐之所谓疏宕顿挫，其中无物，遂不免于浮华，而开后人以描摩浅陋之习。故疑归、唐诸子，得力于《史记》者，特其皮毛，而于古人深际，未之有见。今观诸君所传五色订本，然后知归氏之所以不能至古人者，正坐此也。夫立言之要，在于有物。古人著为文章，皆本于中之所见，初非好为炳炳烺烺，如锦工绣女之矜夸采色已也。①

章学诚以归有光、唐顺之等失却根柢，虽极力模仿《史记》只能得其皮毛。足见文章没有根柢，只能是无根游谈，必然为末流。这从一个侧面也说明清人对《史记》思想性、文学性的认识较为统一。

虽然乾嘉汉学家认为文章之学等而末之，但诸多朴学家都是科举出身，他们一路斩荆披棘，从众举子中脱颖而出，必为文章圣手，对文章之道有着深刻的理解。张惠言认为"余之知学于道，自为古文始"，他曾经以自身经验来谈自己学习的过程，云：

> 余友王悔生，见余《黄山赋》而善之，劝余为古文，语余以所受其师刘海峰者。为之一二年，稍稍得规矩。已而思古之以文传者，虽于圣人有合有否，要就其所得，莫不足以立身行义，施天下致一切之治。荀卿、贾谊、董仲舒、扬雄以儒；老聃、庄周、管夷吾以术；司马迁、班固以事；韩愈、李翱、欧阳修、曾巩以学；柳宗元、苏洵、轼、辙、王安石，虽不逮，犹各有所执，操其一以应于世而不穷，故其言必曰"道"。道成而所得之浅深醇杂见乎其文，无其道而有其文者，则未有也。故迺退而考之于经，求天地阴阳消息于《易》虞氏，求古先圣王礼乐制度于《礼》郑氏，庶窥微言奥义，以究本原。（张

---

① 章学诚：《文史通义校注》，叶瑛校注，中华书局 1985 年版，第 286—287 页。

惠言《文稿自序》）①

张惠言所说其实是几乎所有士人的研究进路，习文以求道，带有很强的普遍性。每个读书人都是先从学习古文开始的。在此过程中，探研古人文章之所以能传承下来的原因，探索最终归于大道的原因。不仅如此，汉学家在实践中认识到文法的重要性：

> 读古书而获其意义之真，凡所发明，皆大有裨于后学，则其言不可不及时以著于篇。夫古书自群经、诸子而外，其意义之深且远者，莫若左之《传》、屈之《骚》、司马之《史记》、杜之诗、韩之笔。读之者必求之训诂与夫名数、象物、事故之属，而后其文辞可通；必求诸抑扬、轻重、疾徐、出入、明晦，与夫长短、浅深、纵横、断续之际，而后其神理可浃。文辞通、神理浃，而后其意义之真者可获。（沈彤《赠沈师闵序》）②

沈彤所述带有很强的实践归纳，训诂只是通了文辞，但其神理要通过文法来把握。他认为，只有文辞通透，才能理清文辞之内所蕴含的道理，才能明白经典的意义。沈彤还强调了抑扬、轻重、疾徐、长短、浅深、纵横、断续等为文之法，在解经达道中的重要作用。与戴震、张惠言等一样，沈彤也肯定了《史记》文学艺术水平之高，并强调了其文法之高妙。

总体来看，乾嘉汉学家强调征经尊圣，将六经作为文章之学的根柢。虽然他们将重心放在了对道、对圣人之意的追寻上，但汉学家们依然重视文章的艺术性，尤其是对《史记》文学上的技艺高超，诸大家都是众口一辞的。表现在《史记》研究上，乾嘉时期的《史记》文学阐释虽然较清初

---

① 张惠言：《茗柯文》，上海古籍出版社 1984 年版，第 117—118 页。
② 沈彤：《果堂集》卷六，文渊阁四库全书本。

有所衰退，但这一时期所诞生的牛运震的《史记评注》、邵晋涵的《史记辑评》、王又朴的《史记七篇读法》，代表了此期《史记》文学研究的水平，它们共同的特点是带有浓厚的乾嘉学术色彩。

牛运震，山东滋阳人，雍正进士。"以经、史、古文鸣康、乾间"，他除了《史记评注》还有纯考据学著作《史记纠谬》。他的《史记评注》荟萃百家、融会贯通，带有浓厚的乾嘉时期的学术特点，把汉学家考据的方法用于《史记》阐释，并重视文法的探析，史与文结合，注与评结合。《史记评注》考释了《史记》文义、段义、字义，对于史实进行甄别纠谬，涉及《尚书》《诗经》《左传》《公羊传》《穀梁传》《国语》《战国策》，以及《越绝书》《吴越春秋》《汉书》等；并与唐宋以来众多研究，尤其是明代的成果进行比较，涉及了倪思《史汉异同》、刘辰翁《班马异同评》、王鏊《王守溪史记评钞》、董份《董浔阳史记评钞》、王韦《王钦佩史记评钞》、凌约言《凌藻泉史记评钞》、杨慎《史记题评》、唐顺之《荆川先生精选批点史记》、王慎中《王遵岩史记评钞》、归有光《评点史记例意》、茅坤《茅鹿门史记评钞》、余有丁《监本史记》、凌稚隆《史记评林》、钟惺《史记奇钞》、陈仁锡《史记奇钞》、方苞《读史记》《评点史记》等众多书目。在对《史记》的文学研究上，牛运震格外用力，重视篇章艺术特色及句式字法的把握，揭示了司马迁在行文中提挈、收截、伏应、叠复、点染、附带的各种方法，以及精彩字法、句法的分析。

邵晋涵，字与桐，又字二云，号江南，浙江余姚人，为乾嘉时期极为著名的经史学家。《四库全书》史部之书多由其最后校定，提要亦多出其手，著有《尔雅正义》，为清儒重新注疏儒家的经典重要之作。邵晋涵的《史记辑评》为史学评论著作，通过对《史记》的辑选、训诂、考证，展示了他的史学理论。《史记辑评》选文侧重于传记部分，邵晋涵还重视对《史记》的叙事、语言、情感的揭示，是汉学家中一部极具代表性的史学考证与文学阐释相结合的《史记》阐释的著作。

在强大汉学学风的场域中，与之相对的桐城派以宋学标榜，也祭出

《史记》文学研究标志性的著作《史记七篇读法》。《史记七篇读法》是继清初《史记》文法探讨的又一力作。王又朴，字从先，号介山，祖籍扬州，后迁天津，是方苞格外器重的弟子。王又朴的《史记七篇读法》深入细致地对《史记》重点篇目进行了探索与研究，其成就甚至超过了方苞，得到了方苞的赞赏。王又朴第一次将义法与史公笔法对等起来，以义法来阐释史公笔法，详细地分析了每篇所用的叙事方法，并阐释了司马迁的叙事策略与深意。不仅如此，王又朴将金圣叹对小说评点中的一些术语和发明引入《史记》的叙事技法阐释与归纳，这些新引入的术语和方法比文章学的原有的术语含义更丰富，分类更细致，更适合阐释《史记》叙事方法的色彩斑斓、变化多端。《史记七篇读法》作为《史记》唯一的一部以"读法"为名的著作，是一部别具特色的《史记》辑评本。

总之，乾嘉时期的汉学研究风气和方法对此期的《史记》研究有着很大的影响。这一时期，《史记》的史学研究重在地理名物、典章制度、人物事实的考证，著述丰厚，史学成就远远高于文学性研究。此期，偏重于《史记》文学研究著作已经比较少，没有了清初那种只重于文章学层面的文法、词法、字法的研究，而是考证和文法探讨相结合，即《史记》文学阐释带有浓厚的乾嘉学术的痕迹，牛运震的《史记评注》、邵晋涵的《史记辑评》为此期的代表之作。

第三节　汉宋纷争与《史记》文学阐释

一、汉宋之争与调和辨析

清代道咸之后，国运渐弱，内有洪杨之乱、外有列强叩边，清代学术至此为之新变。钱穆《近三百年学术史》中评论说：

　　嘉道之际，在上之压力已衰，而在下之衰运亦见。汉学家正统如阮伯元、焦里堂、凌次仲皆途穷将变之候也。起而变之者，始于议政事，继以论风俗，终于思人才，极于正学术，则龚定庵、曾涤生、陈兰甫其选也。然而皆无以大变乎其旧，则亦无以挽世运于复隆。①

又说：

　　道咸以下，则汉宋兼采之说渐盛，抑且多尊宋贬汉，对乾嘉为平反者。故不识宋学，即无以识近代也。②

　　嘉道之后，清代内外矛盾激烈，学人希望能够通过学术来匡正时弊，于此情况下，学术也发生了很大的变化。钱穆认为，无论今文经学复兴，还是汉宋兼采都无助于世运的衰退。对于嘉道之际的今文经学，学人多有批评，认为是"以小慧自矜，乃杂治西汉今文学，旁采谶纬以为名高"，"于学术合于今文者，莫不穿凿其词，曲说附会；与学术异于今文者。莫不加以诋毁，以污前儒，甚至颠倒群经以伸己见"③。有鉴于此，这里不再探讨今文经学的问题，而汉宋问题涉及研究方法与思路，与《史记》阐释有很大的关系，故这里仅从汉宋关系来看道咸以后的经学发展。要探讨汉宋兼采的问题，其前题必为汉宋之争，故本节从辨析汉宋之争发生的主体和场域开始。

　　首先，对汉宋之争的主体作以分析。既然为汉宋之争，那么争论的主体当为汉学家和宋学家（理学家），汉学家的主体是分明的，其代表人物是惠栋、戴震、段玉裁、钱大昕、王念孙、王引之等学问大家；而乾嘉时期

---

① 钱穆：《中国近三年学术史》，商务印书馆 1997 年版，第 3 页。

② 钱穆：《中国近三年学术史》，商务印书馆 1997 年版，第 1 页。

③ 刘师培、章太炎：《中国近三百年学术史论》，上海古籍出版社 2006 年版，第 167 页。

宋学家（理学家）很少有大家，这一时期再未出现如熊赐履、李光地、陆陇其、陆世仪、张履祥等那样有名的理学家。这里要强调的是，桐城派不等于理学家，不等于宋学家，桐城派只是以理学为宗的文章学流派，方苞、姚鼐、方东树等只是以文章出名，其经史考证水平并不见长。以此来看，争论的主体不清，实质为文士与学问家之争，称之为汉宋之争显然不合适。

其次，所谓汉宋之争的高潮与标志是江藩《汉学师承记》《国朝宋学渊源记》和方东树的《汉学商兑》对峙。但这里的首要问题是江藩、方东树不足以代表汉宋两个学派，江藩只为扬州学派的后起之秀，而方东树以姚门四大弟子出名，仕途蹇塞，学问、文章均不能代表桐城派。另外，江藩撰《国朝宋学渊源记》并非为攻击宋学，他说：

> 藩少长吴门，习闻硕德耆彦谈论，壮游四方，好搜辑遗闻逸事，词章家往往笑以为迂。近今汉学昌明，遍于寰宇，有一知半解者，无不痛诋宋学。然本朝为汉学者，始于元和惠氏，红豆山房半农人手书楹贴云："六经尊服、郑，百行法程、朱"，不以为非，且以为法，为汉学者背其师承，何哉？藩为是记，实本师说。（江藩《国朝宋学渊源记》）①

以上文字可以看出江藩对宋学抱有一定的尊敬。而他被攻击的主要原因是：在《国朝宋学渊源记》中，江藩为三十九名理学家立传，但桐城三祖方苞、刘大櫆、姚鼐无一在列，这也印证了第一点汉宋之争的主体分析。方东树的攻击带有强烈的为师门而战的激情，《汉学商兑》全书非理性成分大，对惠栋、戴震等汉学家进行了不遗余力的攻击，而且他们的学术地位有天壤之别。由此来看，江藩的《汉学师承记》《国朝宋学渊源记》和

---

① 江藩：《汉学师承记》（外二种），生活·读书·新知三联书店1998年版，第187页。

方东树的《汉学商兑》对峙并非汉宋纷争。

最后，从整个纷争的导源来看，戴震和姚鼐的关系是整个事件源头，据章炳麟《訄书》载：

> 桐城诸家，本未得程、朱要领，徒援引肤末，大言自壮，故尤被轻蔑。范从子姚鼐，欲从震学；震谢之，犹亟以微言匡饬。鼐不平，数持论诋朴学残破。①

姚鼐欲拜师被拒，似成为他一生之屈辱，遂从学术探讨变成了对戴震人身攻击。他在《再复简斋书》书中对各个汉学家都进行了恶毒的攻击：

> 生平不能为程朱之行，而其意乃欲与程朱争名，安得不为天之所恶，故毛大可、李刚主、程绵庄、戴东原，率皆身灭嗣绝，此殆未可以为偶然也。(姚鼐《再复简斋书》)②

除戴震外，姚鼐还对毛奇龄、李塨、程廷祚进行辱骂。在传统社会骂人绝嗣为最恶毒的诅咒，即见其心中的愤恨。

由此来看，所谓清代的汉宋之争其实质是由个人恩怨引发的桐城文派对汉学攻击，进一步而言，桐城派虽然接受了戴东原所提出的义理、制数、文章的分类，将之发展为义理、考据和辞章的三分法，但对将自己最擅长的技艺视为末等表述强烈的不满，就化身为宋学家对其进行攻击。

另外，结合清儒学养的培育过程，实质汉宋学术的转换是士人自身学术发展的过程。每个士子读书的起始都是先向着科举目标努力，在时文写

---

① 章炳麟：《訄书详注》，徐复注，上海古籍出版社 2000 年版，第 151 页。
② 姚鼐：《惜抱轩全集》，中国书店 1991 年版，第 78 页。

作上下功夫，学会代圣人立言的模式，而其中的核心则是理学，如曾国藩曾以自己学文的过程感悟来阐释理学对作文的重要。所以，每个士子都是从理学起步的，有了功名以后，或游幕、或讲学，或致力于经史校注刊刻。四库开馆促进了这一风气，学养深厚者转而致力于经史大业；学识浅者虽不断努力也难得精进，只得守于文章一业。概言之，辨析清了汉宋纷争的实质和原委，自然就明确了没有实质意义上的汉宋之争，也就没有道咸之后的汉宋调和之说。

但有一点是值得重视的，那就是桐城后学所搅动的这种学术论争，带有浓厚的强宗建派的目的，这对带动桐城派文章学理论的发展有重要的推动作用，也使得桐城后学都重视《史记》文学探讨，方东树、曾国藩、姚永朴等都对《史记》有深入的研究。

二、道咸以后的学术与《史记》文学阐释

王国维对清代学术分期及特点做了概括，他说："我朝三百年间，学术三变：国初一变也，乾嘉一变也，道咸以降一变也。"又总结道："国初之学大，乾嘉之学精，道咸以降之学新。"① 道咸以后学术的"新"大概表现在今文经学的复兴，以及在外交流中对西方文化的接受与反思，龚自珍、魏源、严复、康有为等成为新学术发起者和传播者。但同时要认识到，这一时期，对于绝大多数读书人而言，攻读程朱理学、苦练八股文章、揣摩圣人语气依然是每日的功课，科举是唯一货与帝王家的敲门砖。这里既有为生存的无奈之举，也有一定的文化担当心理需求，场屋之学尽管多被众人诟病，但对于几乎所有的读书人依然还是价值的选择趋向。所以，理学（宋学）在整个清代，一直就是整个清代学术这条大河最宽广、最稳定的河床，虽然没有大的石块，但泥沙板结成了最稳

① 王国维：《观堂集林》（外二种），河北教育出版社 2001 年版，第 720—721 页。

定的基础。

如前所述，既然不存在所谓汉宋之争，自然也就不存在汉宋调和了，因为作为两种学术研究的不同路数之间并不冲突，并不是你死我活的方式。单独来考虑，清代考据学作为一个学术潮流，有高潮，有低落，为事物发展的正常现象。考据学作为特定文化政策引导、特殊的学术专业化制度促进，所形成的学术潮流在发展到一定的程度时，必然会走下坡路。钱穆"汉学家正统如阮伯元、焦里堂、凌次仲皆途穷将变之候也"①的认识显然是极为恰切的。不是宋学的复兴，而是大潮落后，它一直就在那里。但汉学家实事求是、一丝不苟的治学态度、科学严谨、精益求精的治学方法，对清代学术的影响是深远的，尤其汉学家所形成的研究范式具有极强的现代意义，它规范了此后的学术研究，成为研究者的共识。

从整个清代经学的总体发展来看，它是随国运的衰微而衰微的，所谓今文经学的复兴，只是经学最后的哀叹。表现在《史记》文学研究上，亦复如此。道咸以后，《史记》文学研究的成就显然不及乾嘉时期，更不及清初研究者那么多，著述那么丰厚。但此期的研究，都遗留了乾嘉笃实的学风，形成了音韵、训诂、意义、论事、文章的研究模式，这使《史记》文学方向的探析更为博雅精详。此期，曾国藩、吴敏树、刘熙载、程馀庆、郭嵩焘等都对《史记》从文学角度做了评述，其中对程馀庆的《史记集说》和郭嵩焘的《史记札记》最具代表性。

程馀庆的《史记集说》大概成书于道光年间，是程馀庆历经数十年艰辛而成。他在序言中说：

> 于是广集诸本取，去其浮阔，存其切当，首音注，次训诂，次讲义，考误次之，论争又次之，而以论文终焉。（程馀庆《历代名家评

---

① 钱穆：《中国近三百年学术史》，商务印书馆1997年版，第3页。

注史记集说序》) ①

《史记集说》共参录了《史记评林》《史记论文》《史记评注》《史记测议》等诸多书目，搜集一百六七十位名家对《史记》的评述，集诸家之言，是清代独具特色的《史记》集评本。程馀庆博闻广志，识见卓绝，于经史多有发明。他认为：

> 《史记》一书，有言所及而意亦及者，有言所不及而意已及者，有正言之而意实反者，有反言之而意实正者；又有言在此而意则起于彼，言已尽而意任缠绵而无穷者；错综迷离之中，而神理寓焉。是非求诸言语文字之外，欲寻章摘句得之，难矣！（程馀庆《历代名家评注史记集说序》）②

他认为，对于《史记》这样的千古绝唱，不能脱离文字去臆想，主观解读，会误读古人。正是出于这样的思考，他从音韵、训诂入手，辨析正误讹舛，考究史实，品评文章，探索写人叙事之法，极富学术价值。这种研究方式显然符合乾嘉学术的研究范式，严谨科学，结论笃实。

《史记札记》作于郭嵩焘出使英国期间。由于身在异国，版本稀少，他先读的是陈子龙、徐孚远的《史记测义》，讹误太多，遂之为底本，以偶得之金陵本校雠，又引钱大昕《廿二史考异》、梁玉绳《史记志疑》、王念孙《读书杂志》、张文虎《校刊史记集解索隐正义札记》以证其说。该书对《史记》文字进行了校勘，探讨注解句读，考异商榷史实，品评文章文法。《史记札记》是清晚期《史记》研究的重要成就。

---

① 程馀庆：《历代名家评注史记集说》，上海交通图书馆 1918 年版，第 8 页。
② 程馀庆：《历代名家评注史记集说》，上海交通图书馆 1918 年版，第 1 页。

本章小结

任何学术必然与一定的政治、社会、文化密切相关。这种综合力量所形成的文化语境又制约、影响了学术发展的方方面面。清代经学的发展与变化必然与清代社会史、思想史相关。

清初，清廷立理学为国家意识，同时，黄宗羲、王夫之、顾炎武等著名学者对王学末流空疏学风的批判，为程朱理学在民间发展拓展了空间。理学官方学术地位的确立既是大的政治形势的选择，也是学术内在发展的结果。理学的讲学著述、阐幽释微以及"六经注我"的特点，使之和古文紧密的连接在一起，以及科举对文辞的需求，促使形成了清代《史记》文学方向研究的高潮。可以说，理学学术主导地位的确立为文章学的发展搭建了文化平台。正是基于这种原因，此期成为清代《史记》文学阐释最繁盛的时期，产生了众多的著述，如方苞的《史记评语》、吴见思的《史记论文》、姚苎田的《史记菁华录》，李晚芳的《读史管见》等。清代《史记》文学研究的大书大都出于这一时期，是清代《史记》文学研究著述数量最多，成就最高时期。

乾嘉时期，汉学家形成了由字到词，再由文辞到圣人之道，以经证经，以先秦两汉书证经，最后达到融会贯通的研究方法。这对此期的《史记》研究有着很大的影响。这一时期，《史记》的史学研究重在地理名物、典章制度、人物事实的考证，著述丰厚，史学成就远远高于文学性研究。此期的《史记》文学研究著作还不如前期丰硕，而且不像清初只重于文章学层面的文法、词法、字法的研究，而是考证与文法探讨相结合，即《史记》文学阐释带有浓厚的乾嘉学术的痕迹，《史记评注》《史记辑评》为此期的代表之作。

汉宋之争其实质是由个人恩怨引发的桐城文派对汉学攻击，进一步而言，桐城派虽然接受了戴震所提出的义理、制数、文章的分类，将之发展为义理、考据和辞章的三分法，但对将自己最擅长的技艺视为末等表述强烈地不满，就化身宋学家进行攻击。从另一层面来理解，汉宋学术的转换实质是士人自身学术发展的过程。明清以来，每个士子读书的起始都是先向着科举目标努力，在文章上下功夫，学会代圣人立言的模式，而其中的核心则是理学，每个士子都是从理学起步的，有了功名以后，或游幕、或讲学，或致力于致力于经史经史校注刊刻。四库开馆促进了这一风气，学养深厚者转而经史大业；学识浅者虽不断努力也难得精进，只得守于文章一业。

从整个清代经学的总体发展来看，它是随国运的衰微而衰微的，所谓今文经学的复兴，只是经学最后的哀叹。表现在《史记》文学研究上，亦复如此。道咸以后，《史记》文学研究的成就显然不及乾嘉时期，更不及清初研究者那么多、著述那么丰厚。但此期的研究，保留了乾嘉时期了音韵、训诂、意义、论事、文章的模式，使《史记》文学方向的探析更为笃实。曾国藩、吴敏树、刘熙载等都对《史记》从文学角度做了评述，程馀庆的《史记集说》和郭嵩焘的《史记札记》代表了这一时期的研究水平。

第四章　清代史学与《史记》文学阐释

学术的发展与社会权力有着紧密的联系，清代史学之发展和清代社会、文化思潮密不可分。历史是文化的记忆、承载与延续的关键，遗民学者以承国史自重，认为"国可灭，史不可灭"，这促使了清代民间史学的兴盛。另一方面，满清政权为了求得权力的合法性和消弭汉族士人的反抗，开科举、开四库馆、开明史馆，这些措施使官方学术与民间学术合流。从清初《明史》撰述，到乾嘉时期的历史考据学，再到清后期边疆志、西方史的研究，形成了清代史学的发展线索，而史学的昌明促进了《史记》的研究，也形成了清代《史记》经典化的学术语境。《史记》作为中国第一部通史，作为最具汉族文化意义的历史抒写，是汉族历史上的辉煌记忆，《史记》研究被空前的重视，《史记》史学的经典化促成了《史记》的文学经典化高潮。

第一节　清代史学之发展与《史记》研究的史学语境

一、清初遗民与《明史》编纂

清代史学思想的演变发展与清代的社会状况、文化格局、学术思潮密不可分，这也就是龚自珍所谓的"一代之治，即一代之学也。"(龚自珍《乙丙之际箸议第六》)① 学术与社会权力有着紧密的联系，学术的发展演变都是时与势合力的结果。

明王朝覆灭的速度之快是明人和满人都始料不及的。郭英德先生谈及这个问题时说："当时清兵也没想到能进来，没想到这么容易就进来了，也没想到进来以后这么容易就占了北京，这么容易就打到江南来。"② 究其原因，自然抛不开明人自身的因素和明代文化的因素。钱穆《国史大纲》分析说：

> 清自努尔哈赤至皇太极，以一小部落两代近三十年，遽得入关破北京，盖有数因：一、明万历中年以下，政治极端腐败。二、其先以承平日久，武备废弛，又复轻敌。三、其后如熊廷弼、袁崇焕、孙承宗等，皆以一人支持边事有余，乃明廷或诛或罢，既不顾惜，又无定策。四、因盈廷纷议误事。五、汉奸之外附。六、流寇之内溃。③

其最直接的原因是武人于国家危难之际外附，如吴三桂宁远兵号称五十万，刘良佐、高杰的军队陆续降者数十、百万，这样大规模、有组织的投降，岂有不亡之理。而文士"平日袖手谈心性，临难一死报君王"，误国误民。显然，明不亡于满人，而亡于明人自己，亡于明代的政治与文化。

正因为如此，明清易代之际的历史情境促使清初遗民在抗清无路时，隐居不仕，总结明亡教训，"不忘种姓，有志经世"，潜心于文化反思。其中以钱谦益、黄宗羲、顾炎武、王夫之、魏禧最具代表性，他们是开一代学风的宗师。钱谦益虽因事清而被后世诟病，但在当时他是公认的文坛领袖，对清代史学的影响很大。钱谦益面对"学术蛊坏，世道偏颇"的局面，

---

① 龚自珍：《龚自珍全集》，上海人民出版社 1975 年版，第 4 页。

② 郭英德：《明清文学史讲演录》，广西师范大学出版社 2005 年版，第 117 页。

③ 钱穆：《国史大纲》(修订本)，商务印书馆 1994 年版，第 821—822 页。

提出"以返经正学为救世之先务",他认为"六经,史之祖也"①,并以史官自居。他在记述明代大学士、兵部尚书孙承宗的《孙承宗行状》中说:"谦益壮而登公之门,今老矣,其忍畏势焰,避党仇,自爱一死,以欺天下万世。谨件系排缵,作为行状,以备献于君父,下之史馆,牒请编录,垂之无穷。苏子瞻之状司马君实曰:非天下所以治乱安危者皆不载。谦益犹是志也。"②钱谦益以"治乱安危者"为目的,"滥尘史局,即有事于国史"(钱谦益《答吴江吴赤溟书》)③,着手明史的写作。据邹式金言:"目下十行,老而好学,每手一编,终日不倦,尤留心于明史,博询旁稽,纂成一百卷。"(邹式金《有学集序》)④虽其所撰《明史》毁于火灾,但可以看出明遗民对明史的重视,他们在明史撰述上可谓用尽了心力。

顾炎武作为遗民中泰斗级的人物,因国仇家恨而致力于学,关注社会现实,探索治乱之源。他实地考察了山川要隘、寻访名师大贤,拜谒忠烈遗迹,足迹遍及北方各地。他认为"君子之为学,以明道也,以救世也"(顾炎武《与人书二十五》)⑤,而且他在《日知录》卷十九中说:

> 文之不可绝于天地间者,曰明道也,纪政事也,察民隐也,乐道人之善也。若此者,有益于天下,有益于将来,多一篇之益矣。若夫怪力乱神之事,无稽之言,剿袭之说,谀佞之文,若此者,有损于己,无益于人,多一篇,多一篇之损矣。(《文须有益于天下》)⑥

他对学术所提出"有益于天下,有益于将来"的号召,道出了明遗民的共

---

① 钱谦益:《牧斋初学集》,上海古籍出版社 1985 年版,第 1871 页。

② 钱谦益:《牧斋初学集》,上海古籍出版社 1985 年版,第 1238 页。

③ 钱谦益:《牧斋有学集》,上海古籍出版社 1996 年版,第 1367 页。

④ 钱谦益:《牧斋有学集》,清康熙二十四年金匮山房刻本。

⑤ 顾炎武:《顾亭林诗文集》,华忱之点校,中华书局 1983 年版,第 98 页。

⑥ 顾炎武:《日知录集释》,黄汝成集释、栾保群等校点,上海古籍出版社 2006 年版,第 1079 页。

同心声。遗民们不仅把学术作为救治世道人心的工具，更作为在异族宰割的时代保持中国传统文脉不断的载体。确如郭英德对此问题的论述："实际上顾炎武更有价值的命题是'有益于将来'。在清朝统治巩固以后，汉族的知识分子面临着一个最根本的文化课题，就是怎么保存汉族的文化传统，或者说是儒家文化传统。这个儒家文化传统的保存，是为了将来的，不是为了现在。要为将来保存读书种子、文化种子，这是一个重大的命题。"①明遗民正是从这一命题出发，致力于经典，致力于明史的撰著，以图经世，以图将来。魏禧"经世之务，莫备于史"（魏禧《左传经世叙》）②的认识，黄宗羲"国可灭，史不可灭"（黄宗羲《董守渝墓志铭》）③的见解，王夫之"所贵乎史者，述往以为来者师也"（王夫之《读通鉴论·奖重厚之吏以抚难驭之众》）④的议论，张尔岐的"思一其力于经与史"⑤的实践，无不是这一命题的演绎与注脚。

　　清初，文字狱日炽，"庄氏史狱"的血腥压不倒遗民们私修明史的文化使命感。遗民们以强烈的民族意识、务真求实的精神，撰著明代及南明历史，记述了他们耳闻目睹的内乱亡国、满族入住，记述亲身经历的薙发易服、民族迫害的血腥。这一时期先后出现数十种明代相关的各种史书，其中较为著名的，如谈迁的《国榷》、彭孙贻的《平寇志》、李清的《南渡录》《三垣笔记》、顾炎武的《圣安本纪》《熹店凉荫记》、查继佐的《罪惟录》、王夫之的《永历实录》、李世熊的《狗马史记》、孙奇逢的《甲申大难录》、钱澄之的《所知录》、叶轸的《明纪遗编》、邹漪的《明季遗闻》、邵念鲁的《东南纪事》《西南纪事》、卢宜的《续表忠记》《二续表忠记》、黄宗羲

---

① 郭英德：《明清文学史讲演录》，广西师范大学出版社 2005 年版，第 128 页。
② 魏禧：《魏叔子文集》，守仁等校点，中华书局 2003 年版，第 367 页。
③ 黄宗羲：《黄宗羲全集》（南雷诗文集上）第十册，浙江古籍出版社 1993 年版，第 300 页。
④ 王夫之：《船山全书》第十册，岳麓书社 1996 年版，第 225 页。
⑤ 张尔岐：《蒿庵集》卷二，齐鲁书社 1991 年版，第 74 页。

的《行朝录》《明儒学案》、费密的《荒书》、屈大均的《皇明四朝成仁录》，等等。这些著作或为纪传体，或为编年体，或为笔记杂录体，或为学案体，体裁丰富，体例多样。除此而外，遗民还撰写了大量明代人物的神道碑、墓志铭、小传、行状、序跋，记载了重要人物的轶事以及史评。这些都较为全面地反映了清初民间史学的基本风貌和发展情况。

康熙十八年（1679），明史馆重开，《明史》纂修纳入正轨，从而掀起了清初史学的高潮。满清官修《明史》完全是出于政治原因。"三藩之乱"渐近平息后，清廷的统治趋于稳定。为了确证满清统治的历史合法地位，拉拢汉族知识分子，消解汉人的反抗，同时也为了压制民间私家对明代历史的关注，《明史》的编撰被提上日程。最为重要的是，遗民耆老间接参与了《明史》的编撰。黄宗羲、顾炎武虽不愿事清，但为了保存明朝真实史迹，黄宗羲派弟子万斯同、儿子黄百家参与编撰；顾炎武的外甥徐元文、徐乾学曾先后为明史总裁。日本学者内藤湖南《中国史学史》云：

> 清朝初年的史学完全是明末遗老的学问。自康熙帝平定三藩稳定了统治中国的形势之后，为了编纂《明史》而将大批学者聚集北京，这是清朝史学得以隆盛的基础。当时公认的学者是黄宗羲（浙江余姚）与顾炎武（江苏昆山），……清朝的史学就是以此二人为中心而兴起的。……黄宗羲的弟子万斯同成为了《明史》编纂的第一个中心人物。……顾炎武一方成为中心人物的是他的外甥徐乾学……①

可见，在《明史》的编纂上，遗民学者在幕后发挥了很大的作用，这使得《明史》纂修有了官私合修的性质。可以说，《明史》是民间史学和官方史学合流的结果。

---

① 内藤湖南：《中国史学史》，马彪译，上海古籍出版社 2008 年版，第 394 页。

《明史》的编纂从康熙十八年（1679）到乾隆四年（1739）公开面世，历时六十年之久。《明史》代表了清前期的史学成就，赵翼在《廿二史札记》中评价说："近代诸史，自欧阳公《五代史》外，《辽史》简略，《宋史》繁芜，《元史》草率，惟《金史》行文雅洁，叙事简括，稍为可观，然未有如《明史》之完善者。"①赵翼的评价是公允的，得到了史学界的公认。

二、《四库》与清代历史考据学

清初的史学观念到乾嘉时期发生了很大的变化，如王国维所说："国初之学大，乾嘉之学精，道咸以降之学新。"（《沈乙庵先生七十寿序》）②乾嘉学派的历史考据学肇始于顾炎武。顾炎武提倡切实读书，博学于文，以反对理学"置四海之困穷不言，而终日讲危微精一之说"（《与友人论学书》）。③他集三十年之力，用归纳法，由普遍入手，严格选择证据，再得出结论，反对由结论演绎，终成皇皇巨著《日知录》，"以正后之君子"（《自序》）④。这显然是他"有益于天下，有益于将来"纲领的践行。作为清初学术的领袖人物，其所用的治学方法迅速流传，开一代学术风气之先，终汇成清代最大的学术流派。王国维在《沈乙庵先生七十寿序》说：

> 国初之学创于亭林，乾嘉之学创于东原、竹汀。道咸以降之学，乃二派之合而稍偏至者，其开创者仍当于二派中求之焉。盖尝论之，亭林之学，经世之学也，以经世为体，以经史为用。东原、竹汀之学、经史之学也，以经史为体，而其所得往往裨于经世。盖一为开国

---

① 赵翼：《廿二史札记校证》，王树民校正，中华书局 2001 年版，第 721 页。

② 王国维：《观堂集林》（外二种），河北教育出版社 2001 年版，第 720 页。

③ 顾炎武：《顾亭林诗文集》，华忱之点校，中华书局 1983 年版，第 40 页。

④ 顾炎武：《日知录集释》，黄汝成集释，栾保群等校点，上海古籍出版社 2006 年版，第 1 页。

时之学，一为全盛时之学，其涂术不同，亦时势使之然也。①

如钱穆所言，乾嘉汉学的历史考据法是清代学术内在理路的转换。诚然，一代学术方向的转换自有其内在理路，但它与政治、经济、文化的关系是密不可分的，尤其是当政者的文化政策导向。

清代的文化政策不仅是其政治建设、粉饰政权的需要，同时也是出于对汉族知识分子控制的需要。满清对于汉族知识分子的防猜政策几乎贯穿始终，尤其顺康雍乾四朝表现得尤为突出，一方面以文字狱造成血腥恐怖，以销蚀汉族知识分子的精神；另一方面，又进行拉拢，分化瓦解，导入他途。顺治、康熙、乾隆三朝为拉拢汉族知识分子、缓和民族矛盾共走了三步棋：其一是礼遇明朝遗民，开博学鸿词科；其二开《明史》馆；其三开《四库》馆。第一步显然不成功，当时的一流大儒顾炎武、黄宗羲都未出，但开《明史》馆和《四库》馆却是相当成功。当时的许多史学名家或明或暗地参与了《明史》编纂，这使清初的史学达到高潮，清代乾嘉汉学的历史考据法显然与乾隆开《四库》馆有着密切的关系。

乾隆即位后，沿袭历代文化传统，着手编撰各种书籍，先后组织编纂了《国朝宫史》《续三通》《清三通》《通鉴辑览》《大清一统志》等数十种大型类书。乾隆三十八年（1773）二月，他又以组织编纂《四库全书》为中心，进行了一场更大规模的系统整理和总结中国古代文化的活动，从10000多种书籍中选出约3500种，以经史子集分类。至乾隆四十六年（1781）十二月初六《文渊阁四库全书》告成，用时近十年。四库馆馆臣先后达360多人，誊录人员先后有2800余人。《四库》馆集中了大量的优秀人才，戴震、邵晋涵、刘统勋、于敏中、纪昀、余集、周永年、杨昌等在《四库全书》编纂中做出了重要贡献。

开《四库》馆的另一个重要作用是对一代学风的影响。乾嘉考据学的

---

① 王国维：《观堂集林》（外二种），河北教育出版社2001年版，第720页。

兴盛与《四库》的编纂有着紧密的联系，杜维运说："清盛世康雍乾三代所提倡与从事的学术工作，应是考据学发展到极盛的最直接的原因。"他分析说：

> 　　康雍乾三代的学术工作，大致包括编书、校书、刻书、编书目种种，都是由官方或私人延聘学人主持之，如官方的修《古今图书集成》《四库全书》，大批学人都在其中工作；私人如秦蕙田的修《五礼通考》，孙星衍、卢雅雨的养士刻书，阮元、毕沅幕府中的招致学人编书，都是极值称道的学术工作。就是扬州盐商，也附庸风雅，留心学术，全祖望、惠栋、戴震都曾在扬州盐商家作客。当时官方与私人确是醉心于编书、校书、刻书、编书目的学术工作，形成了一种纯学术研究的风气。大批的学人，有工作做，生活问题获得解决；有安定而恬静的环境，可以专心致志的研究；四周围都是书，编书、校书、刻书，与书结了不解缘；左右都是知书之人，随时随地都会谈到书的问题。考据学是书本子的学问，在这种有书有人有研究环境的情况下，考据学的发展到极盛，遂非偶然。[①]

虽然学术的发展自有其内在的规律，但社会文化氛围、个体生存条件也对其有着重要作用。康、雍、乾三朝以文化粉饰太平的政治，官方大量的编书、校书、刻书、编书目，影响到民间，甚至商人参与其间，形成了一种社会文化风气。这种社会文化需求为大批的学人提供了学术环境和生活环境。从这一方面来说，文字狱显然不是乾嘉学派形成的唯一原因。

乾嘉朴学虽有吴派、皖派之分，但都以嘉惠后学为目的，"纯用归纳法，纯用科学精神"[②]考订疑误，疏通明证。乾嘉经学巨擘以惠栋、戴震、

---

① 杜维运：《中国史学史》，商务印书馆 2010 年版，第 789 页。

② 梁启超：《清代学术概论》，上海古籍出版社 1998 年版，第 62 页。

段玉裁、王念孙、王引之为代表，史学方面成就最为突出的是王鸣盛、钱大昕、赵翼、杭世骏等。他们以征实的精神，以历史考据法为手段，通过训诂笺释、版本鉴定、文字校勘、辨伪辑佚等方法，订是非，正谬误，补阙疑，取得了辉煌的成就，代表性的著述有：钱大昕的《二十二史考异》、王鸣盛的《十七史商榷》、赵翼的《廿二史札记》、洪亮吉的《四史发伏》、洪颐煊的《诸史考异》、杭世骏的《诸史然疑》、梁玉绳的《史记志疑》、姚振宗的《隋书经籍志考证》、钱大昕的《补辽宋西夏金元史艺文志》，等等。其中，最具代表性的著作是钱大昕的《二十二史考异》、王鸣盛的《十七史商榷》、赵翼的《廿二史札记》。前者以校勘文字，训诂名物为主，王著重典章制度；后者则考辨史实又多发挥史意，代表了乾嘉史学的最高成就。

乾嘉时期，浙东学派著名的史学代表人物是邵晋涵和章学诚。邵晋涵"学无所不窥，浩广初未易裁，颇用累志"，他能将考据和史学理论发挥结合起来，在乾嘉时期有很高的学术地位，钱大昕曾说："言经学则推戴吉士震，言史学则推君。"邵晋涵认为"史以纪实"为治史原则，他说："能以婉辞存直道，尤见秉笔之公，固当称为六代之佳史矣。"（邵晋涵《隋书提要》）[1] 又说："夫史以纪实，综其人之颠末，是非得失灼然自见，多立名目奚为乎？"（邵晋涵《后汉书提要》）[2] 他把"史以纪实"作为编纂历史、评价历史的原则。同时，邵晋涵还强调"文质因时，纪载从实"（邵晋涵《周书提要》）[3]，认为虽然史书文章之法和著史者所处的时代、文章风气密切相关，但依然要遵从"纪实"的原则。

浙东学派另一个著名史学家是章学诚，他与邵晋涵交往甚密，而且深受其影响。章学诚从史书的性质和作用上将史籍区分为"记注"和"撰述"两大门宗，认为"六经皆史也。古人不著书，古人未尝离事而言理，六经

---

① 邵晋涵：《南江文钞》卷十二，清道光十二年胡敬刻本，第34页。

② 邵晋涵：《南江文钞》卷十二，清道光十二年胡敬刻本，第16页。

③ 邵晋涵：《南江文钞》卷十二，清道光十二年胡敬刻本，第31页。

皆先王之政典也"①。还认为"考据乃学问所有事，本无考据家"，提倡"史法"与"史意""史德"与"文德"。章学诚认为著作是独断之学，成为著作须有三个组成部分：义、事、文。义就是识，事就是学，文就是才。他认为所谓独断之学是"所以通古今之变，而成一家之言者，必有详人之所略，异人之所同，重人之所轻，而忽人之所谨，绳墨之所不可得而拘，类例之所不可得而沉，而后微茫杪忽之际，有以独断于一心。"（章学诚《答客问》)。②

三、晚清经世史学与西方史、边疆志

乾嘉朴学在其兴隆时达到了"家家许郑，人人贾马"的状态，但与此同时，乾嘉学风也不断受到学者的批评，如桐城派创始人方苞曾批评汉学说："其学果用，则为害于斯世斯民，岂浅小哉！"（方苞《再与刘拙修书》)③姚鼐认为，汉学家"枝之猎而去其根，细之搜而遗其巨"（姚鼐《赠钱献之序》)④，"今世天下相率为汉学者，搜求琐屑，征引猥杂，无研寻义理之味，多矜高目满之气，愚鄙窃不以为安"（姚鼐《复汪孟慈书》)⑤。当然，姚鼐的这些批评，虽然有个人主观因素在内，但也部分地指出了汉学的缺陷。方东树言："汉学诸人言言有据，字字有考，只向纸上与古人争训诂、形声，传注驳杂，援据群籍，左证数百千条，反之身己心行，推之民人家国，了无益处，徒使人狂惑失守，不得所用。"⑥汉学过度的琐碎考证的确是"了无益处""不得所用"。随时代推移，汉学发展的社会文化环境已经

---

① 章学诚：《文史通义校注》，叶瑛校注，中华书局 1985 年版，第 1 页。
② 章学诚：《文史通义校注》，叶瑛校注，中华书局 1985 年版，第 470 页。
③ 方苞：《方苞集》，刘季高校点，上海古籍出版社 1983 年版，第 175 页。
④ 姚鼐：《惜抱轩全集》，中国书店 1991 年版，第 85 页。
⑤ 姚鼐：《惜抱轩全集》，中国书店 1991 年版，第 227 页。
⑥ 方东树：《汉学商兑》卷中之上，清光绪二十年传经堂刊本。

逐渐丧失，其弊病更为突出。尤其道咸以降，满清专制主义政权的各种问题日益突出。政治腐败，贫富分化，军队孱弱，阶级矛盾、民族矛盾不断升级，这些内忧外患，使士人重新关注现实。另外，满清政权的统治已经持续一百四五十年，承平日久，文网也渐渐放松。在这种情况下，学术的内在理路与社会现实的合力促使士人萌生通经致用的意识，今文经学再度兴起。龚自珍、魏源、姚莹、汤鹏、张际亮、黄爵滋、包世臣，以及后来的康有为、谭嗣同、梁启超都是这一社会环境和思潮下的代表人物。在学术上，出现了汉宋兼采的说法，如皮锡瑞所言："嘉、道以后，讲求今文大义微言，并不失之于琐。"[1]以汉学为根柢，要求将学术和经世紧密结合起来，有补于世道人心。同时，由于西方势力的逐渐渗入，又为晚清学术注入了救亡图存的民族危机意识。王国维概括说："道咸以降，涂辙稍变，言经者及今文，考史者兼辽、金、元，治地理者逮四裔，务为前人所不为，虽承乾嘉专门之学，然亦逆睹世变，有国初诸老经世之志。"（王国维《沈乙庵先生七十寿序》）[2]可见，他用"新"来概括这一时期的学术特点是较为准确的。

正因为如此，随着清代世衰，在经世和救亡的学术背景下，这一时期的史学也有了新的认识，其中最具代表性的两个人物是龚自珍和魏源。开史学风气之先的依然是龚自珍。龚自珍在经史方面都极为精通，"于经通《公羊春秋》，于史长西北舆地。其书以六经小学为入门，以周秦诸子、吉金乐石为匡郭，以朝章国故、世情民隐为质干。"（魏源《定盦文录叙》）[3]他认为，史学对于一个民族、国家尤为重要，"灭人之国，必先去其史；隳人之枋，败人之纲纪，必先去其史；绝人之材，湮塞人之教，必先去其史；夷人之祖宗，必先去其史"（龚自珍《古史钩沉论二》），[4]并且认为

---

① 皮锡瑞：《经学历史》，周予同注释，中华书局1959年版，第347页。

② 王国维：《观堂集林》（外二种），河北教育出版社2001年版，第720页。

③ 魏源：《魏源集》上册，中华书局1976年版，第239页。

④ 龚自珍：《龚自珍全集》，上海人民出版社1975年版，第22页。

"出乎史，入乎道，欲知大道，必先为史"（龚自珍《尊史》）①，"不讨乎史，不知史事之为鉴也。不通乎当世之务，不知经、史施于今日之孰缓、孰亟、孰可行、孰不可行也"（龚自珍《对策》）②。龚自珍把史学作为入道的途径。由此出发，他进一步发挥了浙东学派"六经皆史"的认识，"《易》也者，卜筮之史也；《书》也者，记言之史也；《春秋》也者，记动之史也；《风》也者，史所采于民，而编之竹帛，付之司乐者也。《雅》、《颂》也者，史所采于士大夫也。《礼》也者，一代之律令，史职藏之故府，而时以诏王者也。"（龚自珍《古史钩沉论二》）③ 他的《古史钩沉》将史学的范围开拓得很大，不仅六经是史，诸子也是史学的范围，史学几乎无所不包。龚自珍"打破了一直以来的经、史、子分立的传统观念，将经、子都纳入了史的范围，在史上得到了统一"。④ 显然，这种认识有了现代意义上的学术观念，称其"开风气"显然是很准确的。

龚自珍"于史长西北舆地"，先后有《西域置行省议》《北路安插议》《御试安边绥远疏》《上镇守吐鲁番领队大臣宝公书》《凝进上蒙古图志表文》《蒙古像教志序》《蒙古水地志序》《蒙古台卡志序》《蒙古寄爵表序》《蒙古氏族表及在京氏族表总序》《蒙古册降表序》等关于西北史的文章，这既是清代治边史的传统，也是面对西方殖民者对中国边疆觊觎的反应。

这一时期另一个在史学上做出贡献的人物是魏源。魏源与龚自珍友善，多往来，曾师事今文经学家刘逢禄，共同研读《公羊春秋》。面对列强侵凌日盛，魏源从经世致用的角度提出以史为本，学者应当"立于今日以指往古"⑤ 的论题。他认为，"三代以上，天皆不同今日之天，地皆不同

---

① 龚自珍：《龚自珍全集》，上海人民出版社 1975 年版，第 81 页。

② 龚自珍：《龚自珍全集》，上海人民出版社 1975 年版，第 114 页。

③ 龚自珍：《龚自珍全集》，上海人民出版社 1975 年版，第 21 页。

④ 黄开国：《龚自珍对经史关系的定位》，《中国社会科学院研究生院学报》2008 年第 6 期。

⑤ 魏源：《魏源集》上册，中华书局 1976 年版，第 163 页。

今日之地，人皆不同今日之人，物皆不同今日之物。"① 希望能"后圣师前圣，后王师前王"，达到"五官强，五兵昌，禁止令行，四夷来王"（魏源《圣武记叙》）②。

道光二十二年（1842）继《圣武记》之后，魏源在林则徐《四洲志》的基础上编纂完成了《海国图志》。《海国图志》介绍了南洋、印度、非洲、欧洲、南北美洲数十个国家的历史地理，其中涉及政治、经济、文化，如议会制度、商业、银行、铁路、学校教育等各个方面。魏源认为："善师四夷者，能制四夷；不善师外夷者，外夷制之。"（魏源《大西洋欧罗巴洲各国总叙》）③ 因而，他提出了著名的"为以夷攻夷而作，为以夷款夷而作，为师夷之长技以制夷而作"的论题。1848 年，徐继畬写成介绍外国历史地理的《瀛寰志略》，其目的同魏书一样。《海国图志》和《瀛寰志略》是清代最具时代意义的史地著作，代表了中国开始认真地去了解世界，开阔了中国人的视野。葛兆光《中国思想史》说："魏源《海国图志》和徐继畬《瀛寰志略》的相继问世，可以说是传统知识世界转型的象征性标志。"④ 显然，这两部著作在近代史上影响是深远的，以后的洋务派、维新派的许多认识、对西方的了解无不是从此开始。

晚清在经世观念下的世界史和边疆志成为显学，大量的学人投身此间，著述颇丰。除龚自珍和魏源的著作外，还有姚莹的《康輶纪行》、张穆的《蒙古游牧记》、何秋涛的《朔方备乘》、夏燮的《中西纪事》、梁廷枏的《夷氛记闻》，以及同文馆翻译的《世界史纲》《各国史略》，江南制造局翻译馆翻译的《法国新志》《俄国新志》等。

至此以后，随着"史界革命"的号召，梁启超大呼"呜呼，史界革命不起，则吾国遂不可救，悠悠万事，唯此为大。"先后发表了《新史学》

---

① 魏源：《魏源集》上册，中华书局 1976 年版，第 47 页。
② 魏源：《圣武记》上卷，中华书局 1984 年版，第 2 页。
③ 魏源：《海国图志》，岳麓书社 1998 年版，第 1093 页。
④ 葛兆光：《中国思想史》第二卷，复旦大学出版社 2001 年版，第 450 页。

（1902）、《中国史叙论》（1901）和《论中国学术思想变迁之大势》（1902）
3篇史论，标志着中国史学的新发展。

四、清代《史记》研究的史学语境

清代史学发达，史学风气之盛自始至终几乎延续整个清代。清初，以
《明史》编撰为核心的史学高潮，促使民间史学与官方史学合流；乾嘉时
期，以《四库全书》编撰为核心事件，促使考据学兴盛；道咸之后，国势
衰微，随着西学东渐，西方史、边疆史遂盛。如果说纵向只是显示了清代
史学发展的流变，那么横向则可以得出其发展的规模与成就。

清代史学之盛可以与唐代媲美，清人由经而史取得了极大的成就。中
国传统史学所包括的记注、撰述、考据、批评四个方面，清代无一不发
达。记注方面，清代重视史料的收集、整理，实录馆、玉牒馆、会典馆、
明史馆、三通馆、律例馆等都收集存放了各类史料档案。撰述上，清人所
编撰的《明史》以精审著称，史学评价极高，在二十四史中位居前列。而
且清人尤重编修史志，数量之多、种类之繁、卷帙之众，远迈前代，今存
的各种志书相当数量的都是清人的贡献。考据方面，清人治史的考据之
法"客观而精密"①，每一持说，必重证据，孤证不立，隐匿曲解都为不德。
正是延此路，清人考遍诸史，补编诸史，成果丰硕。史学批评方面，清人
最为重要的两个代表人物、两部著作是王夫之的《读通鉴论》和章学诚的
《文史通义》，这两部著作足以代表清人的史论水平。由以上可以看出，清
人史学上的成就，并不逊色于经学，而且已远远超过前代。

清代《史记》的研究就是在这种史学语境中展开的。清代史学之盛为《史
记》的研究搭建了平台，同时，《史记》作为史宗崇高的地位，促进了清代
史学的发展。清末民初学者李景星曾对《史记》的文化地位做了论述，云：

---

①　杜维运：《中国史学史》，商务印书馆2010年版，第697页。

> 由《史记》以上，为经为传诸子百家，流传虽多，要皆于《史记》
> 括之；由《史记》以下，无论官私记载，其体例之常变，文法之正奇，
> 千变万化，难以悉述，要皆于《史记》启之。①

司马迁著《史记》，就是要绍继《春秋》，所以经传、诸子百家无不囊括其中。史学上，《史记》体例上的创制，后世无论官方修史还是私家著史都无法超越。文学上，文法变化，文风恣肆，成为后世无法超越的丰碑。李景星之论和郑樵《通志总序》中的论述极为相近，云：

> 司马氏世司典籍，工于制作，故能上稽仲尼之意，会《诗》《书》
> 《左传》《国语》《世本》《战国策》《楚汉春秋》之言，通黄帝尧舜至
> 于秦汉之世，勒成一书，分为五体：本纪纪年，世家传代，表以正
> 历，书以类事，传以著人。惟百代而下，史官不能易其法，学者不能
> 舍其书。六经之后，惟有此作。②

正是《史记》这些文史上的创制之功，在清代史学强大的语境之中，《史记》的研究受到各个学派的重视。无论是清初的遗民学者还是乾嘉学派，无论是浙东史学还是之外的赵翼等研究者，都展开了对《史记》的研究。

清初的遗民学者顾炎武、黄宗羲、钱谦益都重视《史记》，研究《史记》。顾炎武对《史记》"于序事中寓论断"的总结，开启了史学叙事研究的重要课题。乾嘉学派依然重视《史记》研究，钱大昕的《廿二史考异》、王鸣盛的《十七史商榷》、洪亮吉的《四史发伏》、王治皞《史记权参》、梁玉绳《史记志疑》、张文虎《校勘史记集解索隐正义札记》等都对《史记》进行了研究考证，而且考据派也重视《史记》的文学特点，戴震、钱大昕

---

① 李景星：《史记评议》，岳麓书社1986年版，第6页。
② 郑樵：《通志》，中华书局1987年版，第184页。

都对其艺术水平做出了评价。浙东史学是清代史学最大的支脉，可以上溯到两宋。浙东史学代表人物邵晋涵重视《史记》，《四库提要》中《史记提要》便是出自他手，著有《史记辑评》。《史记辑评》选取了《史记》九十五篇作品进行了评点。浙东史学另一个代表人物是章学诚。章学诚《文史通义》中有许多对《史记》的评论，如他评价《史记》说："《骚》与《史》，千古之至文也；其文之所以至者，皆抗怀于三代之英，而经纬乎天人之际者也。"① 此外，被归为"立于乾嘉学术以外的史学家"② 有赵翼和崔述。赵翼认为"自此例一定，历代作史者，遂不能出其范围，信史家之极则也"，③著有《廿二史札记》，其中对《史记》多有论述。崔述的《考信录》中也多对《史记》的考证。除此之外，文章学家、文士对《史记》文学性的探索更是不绝如缕。

概言之，清代史学之盛为《史记》的研究搭建了平台，成为《史记》的研究史学语境，同时，随着《史记》研究的深入，对于《史记》史学和文学意义的进一步挖掘，又刺激了史学的进一步发展。清代史学和《史记》研究的这种互文性成为清代史学和《史记》研究的重要特点。

第二节 《史记》的经典化与清代《史记》研究的兴盛

一、《史记》史学与文学经典化

一部经典往往是一种文化的浓缩与精华，如刘勰《文心雕龙·宗经》所云："经也者，恒久之至道，不刊之鸿论。"由于经典承载了"至道""鸿

---

① 章学诚：《文史通义校注》，叶瑛校注，中华书局 1985 年版，第 222 页。

② 杜维运：《中国史学史》，商务印书馆 2010 年版，第 907 页。

③ 赵翼：《廿二史札记校证》，王树民校证，中华书局 1984 年版，第 3 页。

论"，因而它也就又具有了价值与审美尺标的作用，具有了典范与法则的作用，并常与规范、权威相联系。但同时，经典不是一朝炼成的，而是处于历史的检验与荡涤之中，是文本与阐释者之间的对话和交流的结果。《史记》正是在这种对话与交流中，在充斥着经典化与去经典化的冲突中，经得住历史的检验，冲破了去经典化的阻碍，成为经典文本，成为垂范万世的文本权威和法则。两千年来，《史记》阐释的过程是成千上万的学人自我确证、理想达成和价值认同的过程，也是《史记》经典化的过程。研究者心不驻于六经之编，手不止于十方之考，孜孜矻矻，左冲右突，在阐释中找到了价值的实现。在经典与去经典的冲突中，研究者或赞同、或质疑，每一个问题的解决进一步强化了《史记》的经典性。

　　《史记》的经典地位首先来自于《史记》文本的原创性和超越性。司马迁以绍继《春秋》为自任，"略协古今之变"，"稽其成败兴坏之理"[1]，"志古之道，所以自镜"[2]，写成"究天人之际，通古今之变，成一家之言"的巨著——《史记》。这是中国第一部规模宏大、内容广博、贯通古今的百科全书性质的通史。他周游天下，探索古迹，做了大量的实地考察，稽考先秦以来的众多典籍、金匮石室的文献档案，将黄帝以来上古三千年的历史著录于书帛，成为信史。司马迁发凡起例，开创了"纪传"体例，创造了深含意蕴的十二本纪、三十世家、七十列传、十表、八书的记述结构，把政治、经济、军事、历史、社会伦理、学术观、法律、民族、天文等人类社会的方方面面都纳入到记录体系，开拓了中国古代史学的研究范围。同时，在对历史的记述中，司马迁探寻着他对历史表象后历史的动因以及人物命运的深层探索和思考，隐含着司马迁对历史价值的判断。在"发愤著书"的创作意识主导下，《史记》寄寓着司马迁浓郁的抒情色彩，他在以人物为中心的历史叙事中，重视文学手法的运用，叙事结构严谨，叙事

---

① 班固:《汉书》，中华书局 1962 年版，第 2735 页。

② 司马迁:《史记》，中华书局 1959 年版，第 878 页。

情节曲折生动，波澜起伏，细节真实传神；人物形象鲜明，个性突出，情感丰富；语言生动、活泼。《史记》的这些史学、文学的原创性和超越性使以后的历代史书无有出其右者，而且《史记》对天人关系、历史价值思索的思维模式、极具特色的语言表述都具有民族精神和气质，深远地影响了中国文化的发展。这些都使《史记》在文本与阐释者之间充满张力，对话与交流因而也具有丰富性。

《史记》这种原生的经典性是在历代的发掘中逐渐明晰。汉代是《史记》经典化历程的起点。首发于扬雄对《史记》的阐释，他肯定《史记》"实录"的特点，指责司马迁"是非颇谬于经"[1]，"仲尼多爱，爱义也；子长多爱，爱奇也。"[2]扬雄的论述开启了《史记》经典与去经典的争执。班氏父子在此基础上，将"实录"具体为"其文直，其事核，不虚美，不隐恶"，将"是非颇谬于经"具体化为"史公三失"，并从史学体例上指出《史记》"条例不经"，叙事上多"抵牾"。王充除与班氏较为相似的认识外，他提出《汉书》优于《史记》，认为《汉书》"文义浃备，纪事详赡，观者以为胜于《史记》"，首开《史记》研究的重要课题"班马异同"问题。于此，汉代所探讨的司马迁思想、《史记》叙事、《史记》体例、"班马异同"形成了历代以来《史记》阐释的四个大方向，而这每一个方面都发展、丰富成为一个庞大的知识体系，转化为后世《史记》研究的重要方向。司马迁思想这个方向，丰富为司马迁生平、学术、著作、思想　情感等诸多方面。《史记》叙事转化为《史记》写人、叙事、语言和对其文学样式的影响以及文章学的探讨。《史记》体例问题转化为史学体例、史学原则、史学思想以及人物、典章制度的考证等。"班马异同"问题的探讨一直持续，还扩展为与其他史书的比较。虽然分出了四个大类，但由于问题之间相互联系、相互交叉、相互混同、相互搭建，从而共同构成了《史记》这一中国历史上常

---

① 班固：《汉书》，中华书局 1962 年版，第 3580 页。

② 扬雄：《法言义疏》，汪荣宝疏，中国书店 1987 年版，第 507 页。

青、丰茂的文化大树。葛洪、范晔成为汉魏六朝时期《史记》经典的回护者，他们驳斥了《史记》"谬于经"的指责，范晔公允地指出："迁文直而事核，固文赡而事详。"① 这一时期，对《史记》研究最重要的文献学研究专著是裴骃的《史记集解》，为《史记》的经典化奠定了坚实的文献学基础。

唐代是《史记》经典化历程的关键时期。这首先要得益于《史记》史学地位的确立。唐代以"前三史"作为科举的科目之一，使仕子对《史记》的关注更为普遍、深入，史学水平也超过前代。史学家司马贞、张守节、刘知几、皇甫湜等对《史记》的编纂体例进行了高度评价，皇甫湜评论《史记》说："首尾具叙述，表里相发明，庶为得中，将以垂不朽。"（皇甫湜《编年纪传论》）② 刘知几说："《史记》者，纪以包举大端，传以委曲细事，表以谱列年爵，志以总括遗漏，逮于天文、地理、国典朝章，显隐必该，洪纤靡失，此其所以为长也。"最为重要的是以《史记》为圭臬的八部史书（《晋书》《梁书》《陈书》《北齐书》《周书》《隋书》《南史》《北史》）的编撰实践，直接将《史记》摆在了史宗的地位。不仅如此，唐代产生了司马贞的《史记索隐》、张守节的《史记正义》两部《史记》文献研究，《史记》三家注诞生。三家注考订文字、训诂释义，涉及人文地理、天文历法、典章制度，这些研究改良了《史记》版本，扫清了文本阐释的障碍，使《史记》这棵文化大树更加丰茂。至此，《史记》的史学经典地位已经达成，但去经典的质疑与问题，依然长期存在。然而，在问题从提出到解决的过程中，其经典地位更加巩固。《隋书·经籍志》中以《史记》为翘楚的史部建构便是明证。

值得注意的是，唐宋以后，《史记》的阐释问题逐渐融汇于史学、文学两大类。唐代《史记》史学经典地位的确立，以及唐宋以来的文学复古浪潮，使《史记》文学经典化的历程得以继续。宋代《史记》的文学研究还处在强

---

① 范晔：《后汉书》，中华书局 1973 年版，第 1386 页。

② 皇甫湜：《皇甫持正文集》卷二，涵芬楼 1923 年影印本，第 3 页。

大的史学话语笼罩之中，但文学研究在历代以来《史记》文学性的感知、韩柳《史记》文学风格的评论与科举、文章学的影响下，《史记》文学研究逐渐丰富。宋代《史记》相关的史评、史论比较多，郑樵、苏洵、苏辙、马存、朱熹、叶适、倪思、刘辰翁、黄履翁、王应麟、洪迈等人都对《史记》做出评论，其中苏洵、马存、苏辙、洪迈对《史记》写人叙事、作家修养的论述代表了宋代《史记》文学阐释的成就。尤其苏洵互见法兼及《史记》的史学撰述与写人、叙事的方法论述，不仅是史学的问题的探讨，也是文学方法的发现。苏辙和马存对作者修养、写人艺术的内在精神动机、不同人物不同风格的研究，都为《史记》经典化做出了有力的探索。由此，宋人给《史记》以尊崇的地位、极高的评价，郑樵云："(《史记》) 使百代而下，史官不能易其法，学者不能舍其书，六经之后，惟有此作。"(《通志总序》) ①

明代是《史记》文学经典化的关键时期，明代学者对《史记》写人叙事方法的关注与探索，为《史记》经典化高潮的到来做好了准备。明人将宋代以来的诗文评点的方法引入《史记》的研究中。明代复古思潮的文化语境和文人对科举八股制义的需求，促使了《史记》文学研究的深入。杨慎的《史记题评》、唐顺之的《荆川先生精选批点史记》、茅坤的《史记钞》、王慎中的《史记评抄》，归有光的《归震川评点史记》、钟惺的《钟伯敬评史记》代表了明代《史记》经典化的努力，以"法度"为核心的叙事、人物刻画、文章风格、语言等文学性探讨是其主要内容。这些对话与交流使《史记》文学的经典化逐渐达成。

二、清代《史记》研究的兴盛

纵观两千年《史记》阐释的历史，清代无疑是古代《史记》经典化的高峰时期。对于这一问题，可以从《史记》的史学经典化和文学经典化两

---

① 郑樵：《通志》，中华书局 1987 年版，第 184 页。

个方面进行分析。《史记》的史学研究方面，清代学者做了更为细致、更为具体的工作并进行了全面的总结，产生了大量的史学著作，如王治皞的《史记榷参》、汪越的《读史记十表》、汤谐的《史记半解》、杭世骏的《史记考证》、王元启的《史记三书正讹》、王鸣盛的《史记商榷》、邵泰衡的《史记疑问》、赵翼的《史记札记》、钱大昕的《史记考异》、杨于果的《史汉笺论》、梁玉绳的《史记志疑》、林伯桐的《史记蠡测》、王琦的《史记校》、洪颐煊的《诸史考异》、丁晏的《史记余论》、张文虎的《校勘史记札记》、尚镕的《史记辨证》、潘永季的《读史记札论》、李慈铭的《史记札记》、沈家本的《史记琐言》、崔述的《考信录》等都是史学名著。清人的研究情况可以归结四个方面。

其一，清人首先对《史记》的体例和创制之功进行了肯定，顾炎武、钱谦益、王鸣盛、邵晋涵、赵翼、章学诚等史学大家对之交口称赞，钱谦益云：

> 司马氏以命世之才，旷代之识，高视千载，创立《史记》，本纪、年表，祖《春秋》之凡例；六书、世家、列传，变国史之条目。班氏父子因之，用炎汉一代之彝典整齐其文，而后史家之体要，炳如日星。考祖祢于史局，圣作明述，二氏其庶矣乎？（钱谦益《汲古阁毛氏新刻十七史序》）①

章学诚云：

> 夫史迁绝学，《春秋》之后，一人而已。其范围千古，牢笼百家者，惟创例发凡，卓见绝识，有以追古作家之原，自具《春秋》家学耳。②

---

① 钱谦益：《牧斋有学集》，上海古籍出版社 1996 年版，第 680 页。
② 章学诚：《文史通义校注》，叶瑛校注，中华书局 1985 年版，第 464 页。

这里仅举前后两期的钱、张二人，足以代表清人的共同认识。章氏"六经皆史"观念的明确提取，与其说是对儒家经典地位的下放，不如说是对《史记》经典地位的提升与明确化。

其二，清人对《史记》进行了全面的考证与总结。重视校勘版本，出现了精校精刻的殿本与局本。"清人考证《史记》，涉及的范围非常广泛，大至重要历史事件，小至一字一句，一地一名，都不放过。"① 对语言文字、人名地名、记事年月、人物史实、史记疑案等无所不考，而且在方法上，以先秦典籍《尚书》《左传》《国语》《战国策》等文献互证，并参以金石学、音韵学、训诂学为佐证，取得了很大成就。

其三，班马异同得到客观公允的解答。班马异同问题从汉代提出，争论持续了一两千年，众说纷纭，不一而终。清人以实事求是的态度，作出大量的研究，如杨于果《史汉笺论》、杨琪光《史汉求是》专门对此进行了详细地辩证。沈德潜高屋建瓴地分析道："平心以求之，有马之胜于班者，有班与马各成其是者，有班之胜于马者。"② 章学诚之说则更具说服力，云："马则近于圆而神，班则近于方以智"，"迁书通变化，而班氏守绳墨。"③ 章氏之论确为笃论，准确地概括了班马的不同特点，至今仍然具有权威性。可以说，班马异同问题的探讨实质上也使《史记》特点明晰化。

其四，清代学者在宋明《史记》文学研究的基础上，将《史记》文学经典化推向高潮。清人在对历代以来《史记》文学阐释的基础上，继承了以《史记》为价值坐标，对文学品质、地位与价值的判断体系，并对《史记》的文学性进行了深入的研究。细读文本，深入地把握了《史记》高超的写人艺术、精湛的叙事艺术以及语言特色，通过与小说等文学体裁的比较深化了《史记》的文学特性。清人的《史记》文学性研究与史学研究，共同

① 张新科：《史记学概论》，商务印书馆2003年版，第128页。
② 沈德潜：《归愚文续》卷三，教忠堂本、乾隆二十九年刻本。
③ 章学诚：《文史通义校注》，叶瑛校注，中华书局1985年版，第49页。

构成了清代《史记》的经典化。

概言之，《史记》经典化历经了汉魏六朝、唐宋和明清三个时期。汉魏六朝是《史记》经典化的起步时期，扬雄、班彪、班固、王充、葛洪、刘勰对《史记》有肯定也有批评，他们的评论开启了诸多《史记》经典化的话题。唐宋时期是《史记》经典化的关键时期。这一时期是《史记》史学经典化的高潮期，是《史记》文学经典化的发展期。唐代科举推行、扩大了《史记》的阅读和传播，唐代"三家注"的完成，也完成了《史记》的文献基础；以《史记》为模板的八部史书的完成，将《史记》史学经典化推向高潮。史学经典化又为《史记》文学经典化起到了推进作用。唐宋古文运动开启《史记》文学经典化的历程，明清是《史记》文学经典化的高潮时期。以举业为推进，文章学的发展成为《史记》文学经典化的关键。以评点为方法，小说评点和《史记》的比较阅读强化了《史记》的经典地位。这一时期研究者之广、著述之多、质量之高，都远迈历代，尤其以清代为甚。

第三节　清代《史记》评论中史学意义的文学转换

一、清人对《史记》人物"实录"的文学阐释

"实录"是历代以来对《史记》最为中肯的史学判定。扬雄《法言·重黎》中"太史迁，曰：'实录'"①一语为其滥觞。班固《司马迁传》进而对其良史之才分析道："其善序事理，辨而不华，质而不俚，其文直，其事核，不虚美，不隐恶，故谓之实录。"此后，王肃、葛洪、刘勰、刘知几等人对之也进行了探讨，但不出"不虚美，不隐恶"②核心内涵。"实录"也就

---

① 扬雄：《法言义疏》，汪荣宝疏，中国书店 1987 年版，第 413 页。

② 班固：《汉书》，中华书局 1962 年版，第 2738 页。

成为对《史记》史学意义上最重要的概括，"秉笔直书""书法不隐"的"实录"精神也成为中国传统史学价值判断的依据。

从唐代开始的《史记》文学方向的阐释，在清代达到了高潮。清人对《史记》文学方向的关注超过了历代，出现了金圣叹、吴见思、牛运震、汤谐、李晚芳、熊士鹏等研究名家。清人《史记》文学阐释最重要的一点就是对"实录"意义的再阐释，从文学方向对"实录"内涵进行了引申，为之注入了新的意义。

清代史学家以严谨的态度、实事求是的学风广采博征，在许多史学问题上都有重要的突破，对许多问题都进行了历史性的总结。钱大昕、崔述、王治皞等学者对司马迁"学者载籍既博，必取信于《六艺》"的"实录"精神深信不疑，总结了历代以来对《史记》"实录"的认识，厘清了各种认识的偏失。

清人对于"实录"概念探索，史学家小心求证、审慎归纳是一极，而文人或者文章学家的演绎和再阐释则成为另一端。这些研究者如吴见思、牛运震、汤谐、李晚芳、熊士鹏等，在宋明以来《史记》写人、叙事艺术的研究基础上，进一步阐释了《史记》的文学性，对"实录"的内涵做了开拓性解读，其中，熊士鹏的阐释最具概括性。

熊士鹏，竟陵人，嘉庆乙丑进士，曾任武昌教谕，著有《鹄山小隐诗集》《鹄山小隐文集》等。熊士鹏对《史记》的阐释和论述不多，但他在《鹄山小隐文集》卷二十四《释言》中对《史记》的一段论述却极为重要，云：

> 司马迁作《史记》，变《春秋》编年之法，创为传纪，凡百三十篇。余每读其列传，观其传一人，写一事，自公卿大夫，以及儒侠医卜佞幸之类，其美恶、谲正、喜怒、笑哭、爱恶之情，跃跃楮墨间如化工，因物付物，而无不曲肖。读《屈贾传》，则见其哀郢怀沙过湘投书之状，读《庄周》《鲁仲连传》，则见其洸洋偶傥之状，读《韩信》《李广传》则见其拔帜射雕之状，读《游侠》《刺客传》，则见其喜剑

好博倚柱箕踞之状，读《酷吏》《滑稽传》，则见其鹰击毛挚摇头大笑
之状，读《原》《陵》《春》《孟》四君传，则见其弹铗负韅执辔踶珠
之状，余不暇枚举，然若此者何哉？盖各因其人之行事而添颊上三毫
也。故刘向、扬雄称之为实录。①

熊士鹏认为，《史记》在写人叙事上的特点表现为"美恶、谲正、喜怒、
笑哭、爱恶之情，跃跃楮墨间如化工，因物付物，而无不曲肖"，同时，
他又概括为"各因其人之行事而添颊上三毫"。在此基础上，熊士鹏得出
了"实录"的结论。不难看出，熊氏以"无不曲肖""颊上三毫"对"实
录"做出了新的阐释，这和刘向、扬雄"不虚美，不隐恶"的史学方向内
涵概括已经完全不同。他所谓的"跃跃楮墨间如化工，因物付物，而无不
曲肖"就是说《史记》所记述的每个人物都跃然纸上、栩栩如生，呼之欲
出。这也就是吴见思、牛运震、汤谐、李晚芳等在《史记》评论中常说的
"摹写"生动、"摹画"传神。"颊上三毫"即是对《史记》"传其事，传其
神"的概括。由此来看，清人认为，生动而传神的"摹写""摹画"即为"实
录"。"实录"文学方向的再阐释和意义转换，代表了清人对《史记》文学
性进一步的探索。

这种理解的转换和差异大约来自关注视角的变换。汉魏以来对《史
记》"其文直，其事核，不虚美，不隐恶"的"实录"判定实质包含两个
层面的问题，一是"其文直，其事核"，再就是"不虚美，不隐恶"。"不
虚美，不隐恶"指史家以高越的人格，追求历史真实的品德，它是史家"史
德""史识"的集中表现，而"文直事核"不仅是"史识"的表现，更是"史
才"的表现。章学诚云："记诵以为学也，辞采以为才也，击断以为识也。"
（《史德篇》）② 辞采主要指史学著述的文辞问题。若史学家主要关注的是史

---

① 熊士鹏：《鹄山小隐文集》卷二十四，稽古阁刻本。

② 章学诚：《文史通义校注》，叶瑛校注，中华书局 1985 年版，第 226 页。

德、史学、史识，文士、文章学家就更为关注辞采了。

　　总结以上，清人把《史记》人物"摹写""摹画"得有声有色、生动传神称之为"实录"，"摹写"与"实录"的搭界实质是用文学的"生动形象"诠释了史学的"实录"，代表了清代《史记》文学研究的新进展，暗示了文学话语对史学话语的突围。显然，这些阐释丰富和发展了"实录"的内涵，强化了《史记》的文学意义。

　　中国传统史学与近代以来的西方史学观念并不相同，所谓的"实录"并非只是强调不带任何主观判断的纯客观对史实的记述，而其核心包含着道德价值的判断。历史记述的目的就在于"贬天子，退诸侯，讨大夫，以达王事而已矣"，可见，奖善惩恶，这一核心从孔子《春秋》就已确立。《史记》以人传事的叙述模式，要达到"实录"的目的，必然要对人物做到生动"摹写"，进行艺术化的处理。张大可在《司马迁评传》中也说："司马迁之所以用人物为中心来写历史，其目的就是要用活生生的历史人物来警醒世人，寓褒贬，别嫌疑，明是非的，如果缺乏典型化和艺术性是达不到目的的。"（张大可《司马迁评传》）① 的确如此，历史与文学共同之点都有叙事，历史以叙事为主要目的，但司马迁以人写事，又将人物放在事件中，让人物在事件发展的进程中、在人物的激烈冲突中，体现个性特点，突出人物形象。故而，清人以生动的"摹写""摹画"来阐释"实录"自有其内在的脉络。

　　也是基于这样的理路，清代众多学者注重探索《史记》写人的"摹写"艺术。他们论述了司马迁将人物放在具体的事件中，通过人物的言行或者细节将人物的性格"摹写"出来，阐释了《史记》生动传神的写人艺术。对于人物必"摹写尽情"，王治皡说："太史公叙事，必摹写尽情。如万石君孝谨，将其处家处乡处朝，笔笔形容，如化工之画须眉，毫发皆备。愚谓太史公之文，无一句不着实者此也。"（《史汉榷参》卷之下《万石张

---

① 张大可：《史记研究》，商务印书馆 2011 年版，第 34 页。

叔》)①汤谐对此有深刻的认识，他在《史记半解·廉蔺列传》说："赵事为经，四人为纬。盖四人用舍，关赵国存亡，而其君暗而听谗，终至不振。史公深慨叹之。故作法如此变化，其结撰之微密，摹画之精彩，更令人游赏不尽也。"②他以《廉蔺列传》为例总结了《史记》在事件进程中将人物形象塑造完成，称赞其写人的精彩。

李晚芳在对《魏其武安侯列传》评点中进一步分析了事件中人物矛盾冲突对人物塑造的重要，云：

> 篇中叙魏其之贵，以功，序武安之贵，以戚，贤否判矣。序引酒却梁王，与受淮南金反对；陈金于廊，听军吏裁取，与益地请田反对；平吴楚受封，与日益贵幸反对。……叙武安，始则服役魏其，继则比肩魏其，后则高驾魏其，地位随时变换，面孔声口，亦随时变换，一经太史之笔，便变幻异常，令人失笑。不独武安也，贤如灌夫，于入吴军，写其孝勇；颍水歌，写其豪横；结魏其，写其同病相怜之密；援武安，写其降心俯就之卑。面孔心肠，亦若随时变换，序其使酒骂座，又借夫口骂尽满朝趋炎附势之徒，面孔心肠，随时变换。叙两人，而有数十伯人，笑貌声音，哄聚笔端，非笔大如椽，何能刻画至此。③

窦婴、田蚡二人同为贵族，但各自贵幸的途径不同，魏其以功，武安以戚，司马迁在刻画这两个人物时，将之放在各自地位的取得，势力消长的发展变化中初步刻画了各自的性格。对于灌夫则先通过事迹说其"豪横"，然后在三人的冲突矛盾中完成了各自的性格。李晚芳"非笔大如椽，何能

---

① 杨燕起：《历代名家评〈史记〉》，北京师范大学出版社 1986 年版，第 658 页。

② 汤谐：《史记半解》，康熙慎余堂刻本。

③ 李晚芳：《读史管见》卷三，（日）陶所池内校订，浪华书林群玉堂制本，安政三年丙辰四月翻刻。

刻画至此"的感叹显然是中肯的。吴见思对此论述道：

> 其写醉语、怒语、对薄语、忙语、闲语，句句不同，至武帝亦不直武安，无奈太后何。亦欲廷臣公论，乃诸臣竟不做声，遂发作郑当时，是一肚皮不快活语，一一入妙。[1]

对于本传，汤谐分析了在事件发展与矛盾的冲突中众多人物性格都很突出：

> 魏其荣势以亲交，武安挟诈以肆横，灌夫负气以任性，传内三人都写得须眉欲动，妙矣！尤妙在传外诸人如籍福之委曲调停，三边掩捺，安国之心袒丞相，故持两端；当时之是非不爽，畏势游移，天子之实恶武安，碍难自决；太后之一味私情，护持昆弟；无不面面如生。看来他传多作波宕，而此传全着精彩，为是花簇已极，更添入间情不得耳，故即以精彩处为波宕处也。[2]

汤谐的评论点出了《史记》在写人过程中，随着事件的进程，主要人物性格的完成，"传外诸人"也被摹写得"无不面面如生"。

　　对于《史记》人物"摹写""摹画"之成功，清人认为不仅在于人物刻画的生动形象，更在于司马迁能够传其事并传其神。这也就是熊士鹏对《史记》实录所解释的内涵之一，"各因其人之行事而添颊上三毫"。清人认识到如果将人物置入事件之中只是大笔对人物形象的粗笔勾勒，只能使人物性格得到初步展现。只有抓住了人物的"神"，通过细节、心理描写等才能使人物形象、性格得到再次皴染，才能使人物性格凸显，才能使

---

① 吴见思：《史记论文》第七册，吴兴祚参订，中华书局 1936 年排印本，第 43 页。
② 参见汤谐：《史记半解》，康熙慎余堂刻本。

人物形神兼备。清人对《史记》"传神写照"写人艺术和运用细节和心理描写对人物刻画的技法做了大量的探讨。"太史公以秀逸之笔，曲曲传之，不特传其事，而并传其神"的特点，成为清人共同的认识。

中国传统文论讲求"表现"与"写意"，这为写人艺术的"形"与"神"提供了原则与方法。顾恺之"传神写照"与"颊上三毛"的论述强化了人物内在精神对于写人的重要性，谢赫的《画品》完成了中国绘画的"形神"论的构建。"形神"论对中国画论和文论都有着深刻的影响。清人认识到司马迁能够抓住人物的"神"来刻画人物，如在《吕不韦列传》中司马迁抓住了吕不韦商人的本性进行刻画。汤谐认为，太史公抓住了吕不韦的"神"，评论道："通身为'大贾'二字写照。然其播扬秦丑，不遗余力矣！事核辞微，妙处往往不可思议。"① 吴汝纶《桐城先生点勘史记》卷八五进一步分析说：

> 此篇以"贾"字为主。立楚子进美姬，所以贾利；作《吕氏春秋》，所以贾名；进嫪毐，所以贾祸。而贾祸之由，则自进美姬始。
>
> 作《吕览》事颇难入此篇中。文以家僮万人，引起食客三千人，因入宾客著所闻为书，又以悬金市门终之，仍寓贾人伎俩，与前居奇钓奇为一类，此可识文字联络之法。②

吕不韦虽为秦相，但始终未脱商人习气，司马迁在刻画人物时，抓住了人物的本性，吴汝纶赞叹道："不韦相业甚伟，兼能文章，而史公以贾人待之，是其识力闳远处。"③

抓住人物的"神"，还要"以形写神"，细节和心理描写往往最见精神，对此清人多有探索。如对于《李斯列传》，吴见思认为李斯的五次叹息对

---

① 参见汤谐：《史记半解》，康熙慎余堂刻本。

② 杨燕起：《历代名家评〈史记〉》，北京师范大学出版社 1986 年版，第 658 页。

③ 杨燕起：《历代名家评〈史记〉》，北京师范大学出版社 1986 年版，第 622 页。

于人物性格的体现尤为重要，他说："李斯凡五叹，而盛衰贵贱，俱于叹中关合照应，以为文情，令人为之低回。"① 牛运震《史记评注》分析道：

> 《李斯传》凡有五叹。"于是李斯乃叹曰：'人之贤不肖譬如鼠矣……'"云云，此其未得志而叹，不得富贵也。"李斯喟然而叹曰：'嗟乎……'"云云，此其志得意满而叹，其物极将衰也。"斯乃仰天而叹，垂泪太息曰"云云，此为听高而叹，亦以遭乱世，不能舍富贵也。"李斯拘执束缚，居囹圄中，仰天而叹曰：'嗟夫，悲夫！……'"，此为失势被囚而叹，而富贵不能长保矣，"顾谓其中子曰'吾欲与若……'"云云，此其临刑之叹也，而斯遂夷族矣。五叹遥作呼应，层次关目，了了分明，而筋节警策，逐使长篇累幅，不觉其懈，此太史公之妙于用法也。②

李斯的五次叹息都是在他命运的关键时期，司马迁抓住了五次叹息，从细节上刻画了李斯的心理，突出了人物的性格与形象。对此，李晚芳《读史管见》论述得更为全面详尽：

> 太史公之传李斯也，不惟传其事迹，并其结念之隐亦传之，盖斯乃热衷富贵人也。始形于仓鼠一叹，太史肖其神，轻轻描出，令热中者全身俱动，用笔何等超妙！辞师一段议论，千回百转，语语皆从富贵结念中流出，自知其才足以致之，至今犹可想其对师抵掌神情，须眉毕见。其画策为秦并天下，即其专心为己取富贵，及富贵极矣，身为相，子为守，又虑把持富贵不牢，阴若有人呃其吭而攫夺之者，正写其无时无处而不兢兢于此也。惟小人能知小人，早被赵高冷眼看

---

① 吴见思：《史记论文》第七册，吴兴祚参订，中华书局1936年排印本，第40页。
② 牛运震：《史记评注》卷九，空山堂藏板，乾隆五十六年校刊。

透，即以富贵动之，又以失富贵劫之，曰"不得怀通侯之印"，曰"长有封侯"，曰"祸及子孙"，重富贵者，乌能不听。太史一笔结出曰："于是斯乃听高"，仰天一叹，而秦亡矣。究其所以为己保富贵者，即其所以亡人之天下者也。至于上《督责书》，亦为富贵耳。太史公以覆案诮让，点明于前，而曰"恐惧，重爵禄，阿意，欲求容"，竟从斯处心积虑中，曲曲抉出，似毒笔，实真笔也。是后翻翻覆覆，在高掌上愚弄，直至腰斩夷族，无非为重富贵而然。结局一哭，应前三叹，为篇中眼目，其要害不过在"重爵禄"三字，幻出天翻地覆世界。太史以劲笔达之，有余慨焉。尝读《论语·鄙夫》章，圣人前数百年，早为斯辈绘出一副肺肠矣，曰"无所不至"。斯果何所至哉？至亡人天下耳，至具五刑耳，至夷三族而父子腰斩耳，所谓爵禄者安在？故表而出之，为世之患得患失者警，俾知末路不过如此耳，吁！①

李晚芳认为，司马迁不仅抓住了李斯的"神"——"热衷富贵"来刻画人物，而且"不惟传其事迹，并其结念之隐亦传之"，司马迁用细微而具体的细节描写和心理描写刻画了李斯一生的五次叹息，将人物描绘得形神俱备，惟妙惟肖，似乎可以闻其言、听其声。李晚芳将《史记》这种形神兼备、惟妙惟肖的写人方法称之为"真笔"，认为司马迁从人物的"处心积虑中曲曲抉出"是对人物的形象的"实录"。

　　汉魏以来，"实录"成为《史记》史学意义上最重要的概括。清代吴见思、汤谐、李晚芳、牛运震、熊士鹏等研究者，发挥了历代对《史记》"其文直，其事核，不虚美，不隐恶"的"实录"史学认知，认为《史记》以人传事的叙述模式，要达到"实录"的目的，必然要对人物做到生动、传神的"摹写"，进行艺术化的处理。这使得清人扩展了对"实录"的认识，

---

　　① 李晚芳：《读史管见》卷三，[日]陶所池内校订，浪华书林群玉堂制本，安政三年丙辰四月翻刻。

把《史记》人物摹写得生动传神、栩栩如生，每个人物都跃然纸上、呼之欲出，称之为"实录"，丰富发展了"实录"的内涵，准确深入地把握了《史记》写人的艺术特色。

二、清人论《史记》人物塑造的选材

中国传统史学认为，历史以求真、求善为目的，讲求对人物、事件的客观记述。要记述历史人物、历史事件，必然要在众多的史料中择取最客观的材料，这就要求撰述人要有极高的史识，能够辨真伪，辨主次。《史记》作为纪传体体例，以人系事，这里所说的"人物塑造"的选材实则为史学意义的选材，文学为后起意，其在选材上以人物形象的生动传神、故事的曲折、情感的动人为目标。虽然面对的都是选材问题，两者之目标有差异，但由于《史记》是跨越文史的千古经典，表现为史学与文学两者完美的结合，这样史学的选材问题也就与文学选材问题成为一个问题。

司马迁自期为孔子五百年后的名世者，将《史记》看作是继《春秋》之作，如他暗示《史记》是要"上明三王之道，下辨人事之际"，要达到"善善恶恶，贤贤贱不肖"①，故而，在《史记》里，司马迁择取了上古以来到西汉，上自帝王将相，下至游侠倡优各个阶层的人物。这些人物的"善""恶""贤"要在历史的长河里彰显出来，这就涉及到人物材料的选择问题。韩兆琦对司马迁在材料上的取舍，分析论述道："司马迁搜集材料是很辛苦的，但使用材料却不是多多益善，他着力于突出人物的性格，写出那些最有代表性的东西。例如写蔺相如，他抓住了完璧归赵、渑池会、将相和三件事；写魏公子，他突出了请侯嬴和窃符救赵两件事；写田单他只写了火牛阵一件事。这些人并不是没有其他事情可写，例如田单后来当了齐国宰相，还当过赵国的宰相，但是司马迁都没有写，他认为使田

---

① 司马迁：《史记》，中华书局 1959 年版，第 3297 页。

单永垂不朽的是火牛阵，而不是当宰相，他认为要突出这几个人物的性格和精神气质，有这几件事就足够了。"① 作为历史中留名的人物，其一生事件必然众多，不可能事无巨细的一一记载，必须对人物一生繁复的材料进行选择，选取最能代表人物性格，展示人物特性的材料。

明清以来，随着《史记》文学性研究的深化，《史记》人物塑造的选材问题成为一个重要的话题。清代学者对此作出了有力的探索和总结。清代学者对《史记》进行深入分析，认识到了司马迁在刻画人物上能够传神写照与司马迁对材料的运用有重要的关系，陈元椟《史记选序》中云：

> 史公之书，自黄帝讫麟趾，备载历代，而卷帙不及《汉书》，似乎简矣，然简人所不能简，亦详人所不能详。事无论大小，但不铺叙则竟不铺叙，一铺叙则必使其音容笑貌，与夫性情心术，跃跃纸上，至其摹写精神，如东坡所言传神法，但观其意思所在，或在目或在颧颊而已。若此则一二言不为少，千万言不为多也。且独观于意思所在，则其神定如射者目注正鹄，斯可从容命中矣。杜子美咏马诗曰"顾视清高气深稳"，稳即暇之意也，知此，则《史记》之神骏，可得诸牝牡骊黄外矣。②

通过与《汉书》的对比，陈元椟认为，《史记》记述历史长达三千年之久，刻画人物繁多，但在卷帙上比《汉书》少，这是由于司马迁在选材上能够"简人所不能简，亦详人所不能详"，也正是材料运用的高妙，而使《史记》人物"音容笑貌，与夫性情心术，跃跃纸上"。陈元椟用所说的"传神法"来论述《史记》选材之精，认为司马迁能抓住反映人物精神的材料——"在目或在颧颊"，而"从容命中"。对此李晚芳在《读史管见》卷二《廉蔺列

---

① 韩兆琦：《中国传记文学史》，河北教育出版社 1992 年版，第 92 页。
② 陈元椟：《蛟川先正文存》卷一八，光绪八年刻本。

传》中分析说：

> 人徒以完璧归赵、渑池抗秦二事，艳称相如，不知此一才辩之士所能耳，未足以尽相如；惟观其引避廉颇一段议论，只知有国，不知有己，深得古人公尔国尔之意非大学问人，见不到，亦道不出。宜廉将军闻而降心请罪也，人只知廉颇善用兵，能战胜攻取耳，亦未足以尽廉颇，观其与赵王诀如期不还，请立太子以绝秦望之语，深得古人社稷为重之旨，非大胆识，不敢出此言，非大忠勇不敢任此事。钟伯敬谓，二人皆有古大臣风，斯足以知廉蔺者也。篇中写相如智勇，纯是道理烂熟中，其揣量秦王情事，无不切中者，理也。措辞以当秦王，令其无可置喙者，亦理也。卒礼而归之，非前倨而后恭，实理顺而人服耳。观其写持璧睨柱处，须眉毕动；进瓿叱左右处，声色如生。奇事偏得奇文以传之，遂成一段奇话，琅琅于汗青隃糜间，千古凛凛。廉将军居赵，事业甚多，《史》独纪其与主诀及谢如二事而已，非略之也。见此二事，皆非常事，足以概廉将军矣。[1]

李晚芳认为，对于蔺相如完璧归赵、渑池抗秦两件事虽能表现他勇敢机智的一面，但不足以表现人物的全部，所以司马迁又选取了他引避廉颇一段的议论，就抓住了人物的"神"，表现了蔺相如深明大义，以国家集体为重的精神全貌。对于廉颇的刻画与选材，李晚芳认为也别具匠心，史公除刻画他武人的豪爽，又通过选取他的降心请罪以及赵王西入秦时请立太子以绝秦望的建议这些材料，就表现出了他识大体、大智大勇的精神特色。无疑，清人对司马迁在写人艺术中以传神为准则的选材分析是非常中肯的。

---

① 李晚芳：《读史管见》卷二，[日] 陶所池内校订，浪华书林群玉堂制本，安政三年丙辰四月翻刻，第73—74页。

在《史记》的人物选材上，清代学者把扬雄、应劭、刘勰、司马贞、赵匡等对司马迁"爱奇"的评价之说，引入《史记》的具体选材上，认为司马迁选取奇人奇事是《史记》人物选材的重要特点，如郭嵩焘《史记札记》说："凡所叙述，奇离变幻，无踪迹可寻，皆其好奇之征也。"[①] 清人认为，司马迁由于好奇，《史记》在历史人物的选择上往往择取奇人，在人物刻画上则选择奇事，以突出了人物身上的特殊色彩。鹿兴世《史记私笺·留侯世家》中说："老人授子房书于圯上，世人不察，以为鬼物，以其有十三年见我谷城山下之语，故以为可怪。安知老人果有是言乎？马迁好奇，安知非故神其说乎？《留侯世家》一篇，观其文律，盖以黄石公为始终，而中间以辟谷为枢纽，直可作《列仙传》读也。"[②] 他认为，司马迁述奇人奇事意在突出人物形象，《留侯世家》写黄石公的神秘形象意在刻画张良拥有世外高人般的神机妙算和神秘莫测的特点。

对此，蒋彤《上黄南坡太守论志传义例书》亦云：

> 古人称史才，才者，裁也。序事有裁制之为难，其要惟在辨轻重而已。一人有数十事或数百事，一一罗列，何以成文。宋子京《新唐书》自矜为事增文减，而不知其病乃适在此。事欲增而文欲减，不得不以删节为要法，遂使载十事无一事得具首尾。宋元以下，大都坐此。班、马则不然。传一人必择其人尤异之事而叙之，使曲折并到，上下四旁毕奏。如项羽巨鹿之战、垓下之战，韩信井陉之战，霍光废昌邑，陈汤斩郅支，李陵降匈奴，摹写逼真，须毫欲动。惟其脱略多少细处，乃得全力注此文，势为万仞峰峦，必数十里平衍以尽其势。此法惟三史深得其妙。[③]

---

① 郭嵩焘：《史记札记》，商务印书馆 1957 年版，第 58 页。
② 杨燕起：《历代名家评〈史记〉》，北京师范大学出版社 1986 年版，第 521 页。
③ 蒋彤：《丹棱文钞》卷四，道光二十二年刻本。

在对历史著作撰述归纳的基础上，蒋彤认为，历史人物可能值得记述的有几十件事，甚至上百件事，但司马迁"择其人尤异之事"。这些"尤异"事使所刻画的"倜傥非常之人"，"摹写逼真，须毫欲动"。这里的"尤异"应该不仅是特别突出的事，还包括奇事异事。《史记》中项羽、张良、李广、荆轲、屈原、朱家、郭解等等，无不是超越常人的奇人，故其人生之中多有异人之处。

同时，清人还论述了《史记》不仅选择奇才，写他们的奇事，而且从人物一生中概括出其奇遇，作为刻画人物性格、突出人物形象、表现个体命运的手段。这使得人物的形象更具有了社会文化意义，如"敬事而信，节用爱人"的飞将军李广，勇武天下无双，一生忠贞刚烈，但遭际却坎坷不幸。司马迁抓住他一生遭遇之"奇"，所选材料都围绕"数奇不遇时"，牛运震《史记评注》曰："一篇感慨悲愤，全在李广数奇不遇时一事。篇首'而文帝曰：惜乎子不遇时'云云，已伏'数奇'二字，便立一篇之根。后叙广击吴楚，还，赏不行，此一数奇也；马邑诱单于，汉军皆无功，此又一数奇也；为虏生得当斩，赎为庶人，又一数奇也；出定襄而广军无功，又一数奇也；出右北平而广军功自如，无赏，又一数奇也；出东道而失道后，大将军遂引刀自颈，乃以数奇终焉。……传末叙当户早死，李陵生降，曰'李氏陵迟衰微矣'，又曰'李氏名败'云云，总为数奇不遇，余文低徊凄感，此又一篇之主宰，而太史公操笔谋篇时，所为激昂不平者也。"[①] 也正是对这些奇遇材料的选择与组织，使人物性格突出，形象鲜明，生动地刻画出了李广命运的悲剧性。

如果说奇事、奇遇只是从大的方面粗笔勾画了人物的主要性格或者性格的主要方面，那么这时的人物还只是一个粗略的框架，而缺少血肉。人物的生动传神，还需要细部刻画，需要为人物注入精神与灵魂。《史记》

---

① 牛运震：《史记评注》卷十，空山堂藏板，乾隆五十六年校刊，第44—45页。

的写人艺术是通过心理、细节和轶事来为人物注入血肉和灵魂的。清代学者对《史记》写人艺术的心理、细节描写上节已多有论述，这里只探讨清人对《史记》轶事出色的认识。

轶事也就是轶闻琐事，是指人物生平之中除大事件、大作为之外极具生活化的小事。事实上，个体往往在一些大是大非的问题上，在国家、社会、集体的关键时刻，出于道德的、政治的、文化传统的原因，对于价值的认可或选择，会舍弃个人的判断与利益，而选择一种意义世界的取向。关键时刻的人物形象往往会和日常生活中的形象背离或者深化，这种文化意义上的抉择往往遮蔽了人物内心的细部变化，轶闻琐事则补充了细微精神。要选取一些细小的生活琐事或轶闻则能较全面、更细腻地反映出人物的真情至性，以及性格的独特之处。司马迁在对人物的塑造中格外重视人物的轶事，在《管晏列传》中，他说：

> 吾读管氏《牧民》《山高》《乘马》《轻重》《九府》，及《晏子春秋》，详哉其言之也。既见其著书，欲观其行事，故次其传。至其书，世多有之，是以不论，论其轶事。[1]

由此可以看出，司马迁认为对于人们较为熟知的每个历史人物，大的史迹基本都很清楚，应该选择人物的"轶事"从另一个侧面使人物形象更为全面、深刻、突出。

清人对《史记》以轶事写人的特点有着深刻的认识。章学诚《文史通义》有着生动的概括："陈平佐汉，志见社肉，李斯亡秦，兆端厕鼠。推微知著，固相士之玄机；搜间传神，亦文家之妙用也。"（《古文十弊》)[2] 他认为，司马迁对陈平、李斯等传主的刻画，轶事可以推微知著，使人物

---

[1] 司马迁：《史记》，中华书局1959年版，第2136页。

[2] 章学诚：《文史通义校注》，叶瑛校注，中华书局1985年版，第507页。

"传神"。吴见思感叹道："借轶事出色，是史公长伎。"① 姚苎田《史记菁华录》亦云："史公每于小处著神。"② 清人对《史记》以轶事写人的方法进行了深入的分析。吴见思在《史记论文》中多处分析了轶事对于刻画人物的"出色"之处，他评论对苏秦张仪的刻画时说："《苏传》有妻嫂一段，《张传》有苏秦激之入秦一段，极致尽妍，以为出色。"③ 并分析《高祖本纪》说：

> 《高纪》一篇，俱纪实事，不及写其英雄气概。只于篇首写之，如慢易吏处，斩白蛇处，篇后写之，如未央上寿处，沛中留饮处，病时却医处，写其豁达本色，语语入神。④

李晚芳对此也有评论，云：

> 《高纪》字字是写帝王气象，豁达大度，涵盖一切，前虚写，后实写。前如慢易诸吏，丰西纵徒，斩蛇，沛中多附，后如南宫置酒，未央上寿，沛中留饮，处处画出豁达大度。病甚却医，至死亦不失本色，语语入神。⑤

汉高祖刘邦起于草莽而坐拥天下，其一生大事无数，大战无数，权谋机变无数，若只写这些必然过程化，虽能反映出其叱咤风云的一面，而缺

———————————

① 吴见思：《史记论文》第六册，吴兴祚参订，中华书局 1936 年排印本，第 64 页b 面。

② 姚苎田：《史记菁华录》，中华书局 2010 年版，第 56 页。

③ 吴见思：《史记论文》第五册，吴兴祚参订，中华书局 1936 年排印本，第 47 页a—b 面。

④ 吴见思：《史记论文》第一册，吴兴祚参订，中华书局 1936 年排印本，第 79 页b 面。

⑤ 李晚芳：《读史管见》卷一，（日）陶所池内校订，浪华书林群玉堂制本，安政三年丙辰四月翻刻，第 36 页 b 面。

少了其个性的昭示。通过对刘邦轶事的刻画，如慢易诸侯、南宫置酒、未央上寿、沛中留饮、病时却医等琐事，将一个草莽英雄的散漫、豪气、豁达、谲诈等个性特色写得有血有肉，栩栩如生。

轶事虽然是生活中的小事，是人物不经意间的表现，但却反映出了人物性格最为真实的一面，起到了强化人物性格的作用。同时，也由于这种不经意、不遮掩也就反映出了人物性格的复杂性。汤谐在《史记半解·曹相国世家》中对曹参的后半生的刻画论述说：

> 然既是清净简易，无所作为，则更无可称述形容之事业，于是就其玩世不恭处摹写之，纯以饮酒作波澜，一则曰日夜饮醇酒，再则曰饮欲有言者以醇酒，三则曰复饮之酒，四则曰吏舍日饮歌呼，五则曰取酒张坐饮亦歌呼相应和，反写得极扰攘热闹，而清净简易之意已飞动于楮墨间。极质直之文，遂发无限风神，异样出色矣，岂非化境。①

西汉定鼎之后，功臣都面临"狡兔死，走狗烹"的形势，虽然曹参和萧何都是最早逾城投奔刘邦打天下，立下了汗马功劳，但是面对韩信族灭，萧何囚禁的局面，曹参也只能以相国之位高调修道，无所为。对其后半生，司马迁则以轶事写之，刻画了人物形象的变化与复杂性，这种处理方式是深有寓意。

另外，清代学者还探讨了司马迁采撷文章入传，"以文传人"的方法。章学诚说："马、班二史，于相如、扬雄诸家之著赋，俱详著于列传，自刘知几以还，从而抵排非笑者，盖不胜其纷纷矣，要皆不为知言也。盖为后世文苑之权舆，而文苑必致文采之实迹，以视范史而下，标文苑而止叙文人行略者，为远胜也。然而汉廷之赋，实非苟作，长篇录入于全传，足

---

① 参见汤谐：《史记半解》，康熙慎余堂刻本。

见其人之极思，殆与贾疏董策，为用不同，而同主于以文传人也。"(《诗教》)①由于文人与其他行当的差异，文章为文人之主业，同时文章中所包含的情感与见识、思想最能反映人物的个性与情感。对于"以文传人"，牛运震的认识是客观的，他说："《史记》列传于诸人之文多不滥载，屈、贾文辞之士，只载其《骚》词数篇，贾生《治安》一疏，犹从割爱，则他可知已，独于司马之文采录最多，连篇累牍，极繁不厌，可谓心折长卿之至，而编载有法，真不可及。"②当然，对于"以文传人"由于史学意义要大于文学意义，这里只是提到，不具体展开。

总而言之，清代学者认识到了《史记》在刻画人物上能够传神写照与司马迁对材料的运用有重要的关系，认识到司马迁能够选取反映人物内在精神的材料，写奇人、奇事以及奇遇，并通过轶事为人物注入灵魂与性格。清人还谈到了《史记》的"以文传人"，但其史学意义要大于文学意义。

第四节　清代《史记》评点中史学叙事的文学转向

一、中国传统叙事与《史记》史学叙事、文学叙事研究的分途

历史从撰述的角度上说其实质就是叙事。《史记》以其独创的叙事方式打破了以纪年、国别为体系的跨年、跨国破碎历史大事的记述体系，而改为以人为中心，将历史创造与承接的历史人物作为叙事的主体，把他们植入"本纪""世家""列传"大的历史框架中，具有整体性、条理性，这样每一个人物又是一个完整叙事单元，生动地再现了历史真实画面，使历史既具有纵深感，又具有了厚重感。这些都源于《史记》高超的叙事艺术。

---

① 章学诚：《文史通义校注》，叶瑛校注，中华书局1985年版，第80页。

② 牛运震：《史记评注》卷十一，空山堂藏板，乾隆五十六年校刊，第22页。

诚然如此，对《史记》叙事艺术的探索经历了漫长的历史。汉魏六朝是《史记》叙事艺术的初步探讨时期。西汉末，扬雄从史学意义上对《史记》的叙事进行评述，认为"实录"为其最重要的特征，并批评司马迁"爱奇"，云："或问《周官》，曰：'立事'；《左氏》，曰：'品藻'；《太史迁》，曰：'实录'。""多爱不忍，子长也。仲尼多爱，爱义也；子长多爱，爱奇也。"扬雄用"实录"概括了《史记》以史为实的叙事特点，并以孔子"爱义"批评司马迁"爱奇"，但他的"爱奇"之论，不仅"揭示了《史记》叙事风格形成的创作主体因素"①，而且也概括了《史记》叙事风格与材料的选择特点。扬雄对《史记》叙事"实录""爱奇"的评价对历代评论有着重要影响。

东汉时，班彪、班固父子对《史记》的叙事艺术进行比较深入的概括，主要从结构、叙事特色、叙事原则三个方面进行归纳。班彪认为《史记》有本纪、世家、列传、书、表的五种结构体例，"司马迁序帝王则曰本纪，公侯传国则曰世家，卿士特起则曰列传。"②班氏父子认为《史记》叙事的特点是"服其善叙事理，辨而不华，质而不俚，其文直，其事核，不虚美，不隐恶，故谓之实录"③。班彪并以"杀史见极，平易正直，《春秋》之义也"高度评价《史记》，认为《史记》能删繁就简，达到平易正直，并且有《春秋》义法在其中。同时，班彪肯定了《史记》详近略远的叙事原则，云："迁之所记，从汉元至武以绝，则其功也。"④另外，班彪还认为《史记》在叙事中存在许多缺点，他说：

> 至于采经摭传，分散百家之事，甚多疏略，不如其本，务欲以多闻广载为功，论议浅而不笃。其论术学，则崇黄老而薄《五经》；序货殖，则轻仁义而羞贫穷；道游侠，则贱守节而贵俗功：此其大敝伤

---

① 刘宁：《史记叙事学研究》，中国社会科学出版社 2008 年版，第 2 页。
② 范晔：《后汉书》，中华书局 1973 年版，第 1327 页。
③ 班固：《汉书》，中华书局 1962 年版，第 2738 页。
④ 范晔：《后汉书》，中华书局 1973 年版，第 1325 页。

道，所以遇极刑之咎也。

　　……又进项羽、陈涉而黜淮南、衡山，细意委曲，条例不经。若迁之著作，采获古今，贯穿经传，至广博也。一人之精，文重思烦，故其书刊落不尽，尚有盈辞，多不齐一。若序司马相如，举郡县，著其字，至萧、曹、陈平之属，及董仲舒并时之人，不记其字，或县而不郡者，盖不暇也。今此后篇，慎核其事，整齐其文，不为世家，唯纪、传而已。传曰："杀史见极，平易正直，《春秋》之义也。"①

　　一般谈到班彪对《史记》的指瑕都注意"崇黄老而薄《五经》；序货殖，则轻仁义而羞贫穷；道游侠，则贱守节而贵俗功"一句，但仔细分析这段话还有两点要注意：一是班彪的评论将《史记》与司马迁"极刑之咎"联系起来；二是对《史记》叙事"甚多疏略""浅而不笃""条例不经""多不齐一"的批评。显然，班氏是从正统儒家思想对《史记》进行批评，他认为这三者之间，"崇黄老而薄《五经》；序货殖，则轻仁义而羞贫穷；道游侠，则贱守节而贵俗功"是司马迁思想不纯的表现，并导致了司马迁"极刑之咎"，也导致了《史记》叙事的缺陷。

　　班氏父子对《史记》的批评奠定了历代以来《史记》研究的基础。由于其对《史记》叙事结构、叙事原则和叙事特点"实录"进行肯定，认为《史记》继承了孔子撰"《春秋》之义"，同时，又认为司马迁"薄《五经》""轻仁义"，这种悖论所造成的张力，使后代在此基础上的《史记》研究具有极大的阐述空间。诸家或翻案或支持或引申，引起很大的争议，因而，《史记》研究也几乎成为一门专门的学问，这种现象一直到明清时期依然如此。

　　六朝时期，对《史记》进行评论的两个重要人物是晋代的张辅和南北朝时的刘勰。据《晋书·张辅传》，张辅对《史记》《汉书》叙事进行

---

① 范晔：《后汉书》，中华书局1973年版，第1326—1327页。

了比较研究，首开班马异同之论。^① 经过比较，张氏认为司马迁有良史之才，并总结《史记》在叙事上能从大处落笔，叙事简练，富有文采、辞藻华靡，对人物事件评价公允、真实可信。^② 刘勰在《文心雕龙·史传》中对《史记》叙事的结构体例进行了分析，云："故本纪以述皇王，列传以总侯伯，八书以铺政体，十表以谱年爵，晏殊古式，而得事序焉。"^③ 并充分肯定了《史记》"实录无隐"的叙事特点。显然，张辅、刘勰对《史记》的叙事批评依然是班氏父子"实录"与"善叙事理"评价的引申和具体化。

唐宋时期是《史记》叙事艺术研究的重要时期。这一时期最为重要的是，随着古文运动的兴起，《史记》史学研究与文学研究逐渐分流。但从对叙事艺术的诸多论述来看，两者依然表现得胶着不清，这里以刘知几的《史通》和苏洵"互见法"的相关论述可见一斑。

刘知几的《史通》是著名的史学著作，它对历代历史记述进行了评论，总结了史书体例、编撰方法、史籍源流以及前人修史之得失，是唐代史学高度发达的标志。同时，在某种程度上，《史通》也可视为一部文章学著作，书中就史书编撰的方法技巧问题进行了大量的探讨。刘知几在《史通·杂述》中将《志怪》《搜神》《幽明》等叙事特点鲜明的小说类称之为"偏记小说"^④，归入到史籍类探讨，这固然是传统史学话语对小说的笼罩，但也反映出他对叙事文共性的初步感知。也正是在这样的基

---

① 房玄龄：《晋书》，中华书局1974年版，第1639页。《张辅传》云："迁之著述，辞约而事举，叙三千年事唯五十万言；班固叙二百年事乃八十万言，烦省不同，不如迁一也。良史述事，善足以奖劝，恶足以监诫，人道之常。中流小事，亦无取焉，而班皆书之，不如二也。毁贬晁错，伤忠臣之道，不如三也。迁既造创，固又因循，难易益不同矣。又迁为苏秦、张仪、范雎、蔡泽作传，逞辞流离，亦足以明其大才。故述辩士则辞藻华靡，叙实录则隐核名检，此所以迁称良史也。"

② 参见刘宁：《史记叙事学研究》，中国社会科学出版社2008年版，第3页。

③ 范文澜：《文心雕龙注》，人民文学出版社1958年版，第284页。

④ 刘知几：《史通》，浦起龙通释，上海古籍出版社1978年版，第253页。

础上，刘知几对《史记》的叙事艺术予以一定的肯定。他同班氏父子一样，认为司马迁有良史之才，认为"夫载笔立言，名流今古，如马迁《史记》，能成一家"①，并将司马迁和左丘明、董狐、南史等著名史家并称。②刘知几对《史记》叙事上做了以下三个方面的肯定。第一，首先对于《史记》的五体表示肯定，云："《史记》者，纪以包举大端，传以委曲细事，表以谱列年爵，志以总括遗漏，逮于天文、地理、国典、朝章，显隐必该，洪纤靡失。"③此论显然比班氏、刘勰认识更为深刻。同时，刘知几"求名责实"，认为《史记》的体制多"乖谬"之处④，如项羽不当列入本纪、陈涉不当编入世家。第二，刘知几对于《史记》合传叙事的方法也有肯定。他在《品藻》中说："盖闻方以类聚，物以群分，熏莸不同器，枭鸾不比翼。若乃商臣、冒顿，南蛮、北狄，万里之殊也；伊尹、霍光，殷年汉日，千载之隔也。而世之称悖逆则云商、冒，论忠顺则曰伊、霍者，何哉？盖厥迹相符，则虽隔越为偶，奚必差肩接武，方称连类者乎？"⑤第三，刘知几将叙事作为文章重要的一面，他反复强调："夫史之称美者，以叙事为先。"⑥"夫国史之美者，以叙事为工，而叙事之工者，以简要为主。"⑦他认为，《史记》是"继圣而作"⑧，对《史记》叙事给予肯定，择出其中部分传记进行了肯定，云："若《史记》之《苏》《张》《蔡泽》等传，是其美者。"⑨从总体上看，刘知几偏重于《汉书》，虽然有屈马扬班的趋

---

① 刘知几：《史通》，浦起龙通释，上海古籍出版社 1978 年版，第 530 页。

② 刘知几：《史通》，浦起龙通释，上海古籍出版社 1978 年版，第 590 页。刘知几《史通·忤时》云："古之国史，皆出自一家，如鲁、汉之丘明、子长，晋、齐之董狐、南史，咸能立言不朽，藏之名山。"

③ 刘知几：《史通》，浦起龙通释，上海古籍出版社 1978 年版，第 28 页。

④ 刘知几：《史通》，浦起龙通释，上海古籍出版社 1978 年版，第 37 页。

⑤ 刘知几：《史通》，浦起龙通释，上海古籍出版社 1978 年版，第 185 页。

⑥ 刘知几：《史通》，浦起龙通释，上海古籍出版社 1978 年版，第 165 页。

⑦ 刘知几：《史通》，浦起龙通释，上海古籍出版社 1978 年版，第 168 页。

⑧ 刘知几：《史通》，浦起龙通释，上海古籍出版社 1978 年版，第 165 页。

⑨ 刘知几：《史通》，浦起龙通释，上海古籍出版社 1978 年版，第 166 页。

向，但对《史记》叙事的结构、方法、叙事特点的认识要比班固要更为细腻和深入。

宋代是中国传统叙事研究的重要时期，宋人对"叙事"有了更为明晰的认识。真德秀的《文章正宗》将文章明确分为"辞命""议论""叙事"和"诗赋"四类。不论这种分类方法是否正确、是否科学，仅将"叙事"单列为一个大类，就可见宋人叙事观念已经形成。对《史记》研究和《史记》叙事研究而言，宋代在唐人研究的基础上更加深入，其中最能说明问题的一点是苏洵对《史记》"互见法"的发现。苏洵认识到司马迁在对人物材料和处理上，往往将体现人物个性、正面的材料集中在本传中，而将对人物精神次要或弱点方面在他传中表现，云：

> 迁之传廉颇也，议救阏与之失载焉，见之《赵奢传》；传郦食其也，谋挠楚权之缪不载焉，见之《留侯传》。夫颇、食其皆功十而过一者也，苟列一以疵十，后之庸人必曰："智如廉颇，辩如郦食其，而十功不能赎一过。"则将苦其难而怠矣。是故本传晦之，而他传发之，则其与善也，不亦隐而彰乎！①

苏洵概括了"互见法"的实质，"本传晦之，而他传发之，则其与善也，不亦隐而彰乎"，这种处理就达到了"有似两手分书，一喉异曲，则又莫不同条共贯，科以心学性理，犁然有当"②。从更深层次来看，"互见法"不仅是一种表现方法，还是叙事方法。"互见法"是一种表现方法，能集中刻画人物的主要精神品质，也能从多层面反映人物个性全貌。同时，"互见法"作为一种叙事方法，李笠《史记订补》云："史臣叙事，有缺于本传而详于他传者，是曰'互见'。史公则以属辞比事而互见焉。以避

---

① 杨燕起：《历代名家评〈史记〉》，北京师范大学出版社 1986 年版，第 10 页。
② 钱钟书：《管锥编》，中华书局 1979 年版，第 275 页。

讳与嫉恶，不敢明言其非，不忍隐蔽其事，而互见焉。"(《叙例·互见例》)① 近人靳德峻《史记释例》总结说："一事所系数人，一人有关数事，若各为详载，则繁复不堪，详此略彼，详彼略此，则互文相足尚焉。"② 即"互见法"有使叙事明晰凝炼的作用。苏洵"互见法"对《史记》叙事艺术的发掘以及《史记》研究的意义重大，足以代表宋代《史记》的研究成就。

明代是中国传统叙事研究的高潮阶段。传统的诗歌评点、散文评点、后来居上的小说评点，再加之科举八股文法研究的兴盛，汇成对诗文规律探索的大潮。这些研究相互影响、相互发明，形成了研究的"互文性"，丰富了对文章之学研究的视野和方法。就叙事而言，虽然"文章之法"与"叙事之法"有着一定的差别③，但文章之法的范围中涵盖了叙事之法。明代《史记》叙事艺术的探讨突出了以下三个特点：第一，由于《史记》与小说深刻的历史血脉关系，这二者之间在研究上"互文性"更加强烈，出现了小说借《史记》攀附经典，以取得文化地位，《史记》借助于小说叙事研究强化了《史记》叙事艺术。如李开先《词谑》所云："崔后渠、熊南沙、唐荆川、王遵岩、陈后冈谓：《水浒传》委曲详尽，血脉贯通，《史记》而下，便是此书。且古来更无有一事而二十册者。倘以奸盗诈伪病之，不知叙事之法、史学之妙者也。"④ 这显然为清代《史记》与小说比较研究奠定了基

---

① 李笠：《史记补订》，瑞安李氏横经室 1924 年木刻本，第 3 页。

② 靳德峻：《史记释例》，商务印书馆 1933 年版，第 14 页。

③ 周建渝《从〈史记评林〉看明代文人的叙事观》认为："所谓'文章之法'与'叙事之法'，前者主要指作品如何遣辞用句，后者主要指作品如何构成叙事。两者在涵义上，或许有部分的相互重叠之处，例如，当人们提及某个作品的'叙事之法'，有时可能意指作品在叙事过程中的遣辞用句，甚至篇章结构。然而，两者的差异性却是明显的，也是主要的：前者涉及的对象，既包括议论文，又涵盖叙事文；后者则主要涉及叙事文。"参见《复旦学报》（社会科学版）2010 年第 3 期。

④ 中国戏曲研究院：《中国古典戏曲论著集成》，中国戏剧出版社 1959 年版，第386 页。

础。同时要看到这种比较是《史记》文学性更加明晰的重要环节，也是小说冲破经史话语的关键一步。第二，明代对《史记》叙事认识更加强化，叙事探讨更加明晰，如《史记评林》所载杨慎对《陈涉世家》叙事的评价，云："既叙陈涉发难之颠末，又原其所以败之故而申言之，叙事之法也。"① 凌约言对《宋微子世家》的评论："既详叙宣公立弟颠末，而又设为君子之言以结之，此左氏法也。"② 这些探讨已是完全意义上叙事方法的探讨。第三，明人对《史记》的叙事艺术做出高度的评价。王维桢认为《史记》叙事艺术之妙，至不可言，云："迁史之文，或由本以之末，或操末以续颠，或繁条而约言，或一传而数事，或从中变，或自旁入，意到笔随，思余语止，若此类不可毛举，竟不得其要领。"③ 茅坤则云：

> 读太史公传记，如与其人从游而深交之者。此等处须痛自理会，方能识得真景。且太史公所擅秦汉以来文章之宗者何？惟以独得其解云耳。每读其二三千言之文，如堪舆之家、千里来龙到头只求一穴；读其小论或断言只简之文，如蜉蝣蟪蝼之生，种种形神无所不备。读前段，便可识后段结按处，读后段，便可追前断起按处。于中欲损益一句一字处，便如于疋练中抽一缕，自难下手。此皆太史公所独得其至，非后人所及。风调之逸逸，摹写之玲珑，神髓之融液，情事之悲愤，则又千年以来所绝无者，即如班掾便多崖堑矣。魏晋唐宋以下，独欧阳永叔得其十之一二，虽韩昌黎之雄，亦由自开门户，到叙事变化处，不能入其堂奥，惟《毛颖传》则庶几耳。予于此不能无感。④

---

① 凌稚隆：《史记评林》（增订）卷四十八，[日本] 大乡穆，伊地知贞馨点，明治十四年大阪修道馆刊行，第 5 页。

② 茅坤：《史记钞》卷之首，明万历三年自刻本。

③ 凌稚隆：《史记评林》（增订）卷首坤，[日本] 大乡穆，伊地知贞馨点，明治十四年大阪修道馆刊行，第 15 页。

④ 凌稚隆：《史记评林》（增订）卷首坤，[日本] 大乡穆，伊地知贞馨点，明治十四年大阪修道馆刊行，第 17 页。

和其他明代学者一样，茅坤对《史记》的叙事艺术高度赞赏，"风调之逸逸，摹写之玲珑，神髓之融液，情事之悲愤，则又千年以来所绝无者"的评价，即代表了明人对其评价之高，认识之深刻。

概而言之，在历代以来对《史记》叙事艺术的阐释中，中国传统叙事的研究终得以展开并丰富起来。同时，《史记》作为跨越文史的经典，《史记》叙事艺术探讨的过程是从对叙事整体感知到文本细读深入的过程，而且这一过程深刻地反映了史学叙事向文学叙事演化的轨迹。这些研究为清代《史记》叙事艺术的研究与深化奠定了基础。

二、"于序事中寓论断"与清代《史记》叙事艺术的阐释

清代学术是在对明代空疏学风的反拨中展开的。顾炎武以"明学术，正人心，拨乱世，以兴太平之事"（《先生初刻〈日知录〉自序》）[1] 为目的，强调学术应当经世致用，应该"有益于天下，有益于将来"。他认为"自一身以至于天下国家，皆学之事也；自子臣弟友以至出入、往来、辞受、取与之间，皆有耻之事也"（顾炎武《与友人论学书》）[2]，把"博学于文""行己有耻"作为通达圣人之道的途径。正因为如此，顾炎武博览群书，多闻强志，"笃志经史"（顾炎武《与人书二十五》）[3]，认为"圣贤六经之指，国家治乱之源，生民根本之计渐有所窥"（顾炎武《亭林文集辑补·与黄太冲书》）[4]，所以，在学术上，他"凡经义、史学、官方、吏治、财赋、典礼、舆地、艺文之属，一一疏通其源流，考正其谬误"（顾炎武《潘耒

---

① 顾炎武：《日知录集释》，黄汝成集释，栾保群等校点，上海古籍出版社 2006 年版，第 1 页。

② 顾炎武：《顾亭林诗文集》，华忱之点校，中华书局 1983 年版，第 41 页。

③ 顾炎武：《顾亭林诗文集》，华忱之点校，中华书局 1983 年版，第 98 页。

④ 顾炎武：《顾亭林诗文集》，华忱之点校，中华书局 1983 年版，第 238 页。

原序》）①，开清代朴学风气。

顾炎武虽然没有《史记》方面的专门著作，但在《日知录》中，处处提到《史记》，或对《史记》所涉及的名物、典章、制度进行考证，或以《史记》为据对有关问题进行辩驳论证。更为重要的是，他对《史记》叙事艺术进行了探讨，做出了重要的概括。对《史记》的叙事高超，顾炎武认为，这首先得力于司马迁胸怀天下大势，云：

> 秦楚之际，兵所出入之途，曲折变化，唯太史公序之如指掌。以山川郡国不易明，故曰东、曰西、曰南、曰北，一言之下，而形势了然。以关塞江河为一方界限，故于项羽则曰"梁乃以八千人渡江而西"，曰"羽乃悉引兵渡河"，曰"羽将诸侯兵三十余万，行略地至河南"，曰"羽渡淮"，曰"羽遂引东欲渡乌江"；于高帝则曰："出成皋玉门北渡河"，曰"引兵渡河，复取成皋"。盖自古史书兵事地形之详，未有过此者。太史公胸中固有一天下大势，非后代书生之所能几也。（顾炎武《史记通鉴兵事》）②

从此条可以看出，顾炎武注重山川地理、风土人情的考察，认为多闻博学是史书撰述者的必备条件。从叙事而言，他将历史叙事与撰述者的学识结合起来，认为"太史公胸中固有一天下大势"才使《史记》能够达到"一言之下，而形势了然"的叙事之妙。同时，顾炎武还认为，这种叙事技艺的高超是史家的内在学识修养的外化，几乎达到不可更易的程度。他在《日知录》卷二十六云：

---

① 顾炎武：《日知录集释》，黄汝成集释，栾保群等校点，上海古籍出版社 2006 年版，第 2 页。

② 顾炎武：《日知录集释》，黄汝成集释，栾保群等校点，上海古籍出版社 2006 年版，第 1428 页。

《史记·万石君列传》："庆尝为太仆御出。上问车中几马,庆以策数马毕,举手曰:'六马。'庆于诸子中最为简易矣,然犹如此。"太史公之意,谓庆虽简易,而犹敬谨,不敢率尔即对。其言"简易",正以起下文之意也。《通鉴》去"然犹如此"一句,殊失本指。(顾炎武《通鉴》)①

这里所探讨不只是史书叙事的繁简问题。顾炎武以《万石君列传》中叙事为例,旨在说明《史记》叙事技法的严谨高妙。他通过和《通鉴》比较,认为即使数字之易,便失去了太史公的本意。

顾炎武对《史记》研究影响最为深远的是"《史记》于序事中寓论断"结论的得出。这一结论是对《史记》叙事特点精准的概括,对清代《史记》史学、文学意义的发掘有着重要影响。当代学者侯外庐、白寿彝等学者的研究都受其深刻的影响。顾炎武《日知录》"史记于序事中寓论断"条云:

古人作史,有不待论断而于序事之中即见其指者,惟太史公能之。《平准书》末载卜式语,《王翦传》末载客语,《荆轲传》末载鲁句践语,《晁错传》末载邓公与景帝语,《武安侯田蚡传》末载武帝语,皆史家于序事中寓论断法也。后人知此法者鲜矣,惟班孟坚间一有之,如《霍光传》载任宣与霍禹语,见光多作威福,《黄霸传》载张敞奏见祥瑞,多不以实,通传皆褒,独此寓贬,可谓得太史公之法者矣。②

顾炎武认为《史记》叙事的特点在于"于序事之中即见其指者",他以《平

---

① 顾炎武:《日知录集释》,黄汝成集释,栾保群等校点,上海古籍出版社2006年版,第1479—1480页。

② 顾炎武:《日知录集释》,黄汝成集释,栾保群等校点,上海古籍出版社2006年版,第1429页。

准书》《王翦传》《荆轲传》《袁盎晁错列传》《武安侯列传》为例①，揭示出司马迁能摒弃主观对历史人物的评价，以客观的历史记述态度，把对人物的臧否，放入历史之中，由历史人物作以判断。这种"于序事中寓论断"不仅呈现出一种客观记述历史事实的史学态度，而且表现为一种叙事方法。

对于这一命题，最早应滥觞于唐代刘知几《史通》"事溢于句外"②之说。到了宋代，学者开始对《史记》叙事与写人方法进行评论，但宋人仅限于点出《史记》有深意、有论断，而未深入研究并进行方法意义的概括。苏洵对《史记》叙事四个特点的总结："其一曰隐而彰，其二曰直而宽，其三曰简而明，其四曰微而切。"③黄履翁认为《史记》之文："措辞深，寄兴远，抑扬去取，自成一家，如天马骏足，步骤不凡，不肯少就于笼络。"（《表之上·班史之表不及迁》）④程颐说："子长著作微情妙旨，寄之文字蹊径以外，孟坚之文，情旨尽露于文字蹊径之中。读子长文，必越浮言者始得其意，超文字者乃解其宗"⑤。可见，宋人已对《史记》在叙事上，辞深兴远和"微情妙旨寄之文字蹊径以外"的特点，达成普遍共识。明代何乔新、黄佐、茅坤、陈子龙等，对于《史记》的寄托多有论述，其中陈子龙更为集中。陈子龙在《史记测议序》中说："其（司马迁）卓识远见，微

① 《史记·平准书》末卜式："县官当食租衣税而已，今弘羊令吏坐市列肆，贩物求利。亨（烹）弘羊，天乃雨。"《王翦传》末客语："失为将三世者必败。必败者，何也以其所杀伐多矣，其后受其不祥。"《荆轲传》末鲁句践的话："嗟乎，惜哉其不讲于刺剑之术也！甚矣吾不知人也！曩者吾叱之，彼乃以我为非人也！"《袁盎晁错列传》末载邓公："夫晁错患诸侯强大不可制，故请削地以尊京师，万世之利也。计划始行，卒受大戮，内杜忠臣之中，外为诸侯报仇，臣窃为陛下不取也。"《武安侯列传》末武帝："上曰：'使武安侯在者，族矣。'"

② 刘知几：《史通》，浦起龙通释，上海古籍出版社1978年版，第173页。

③ 苏洵：《嘉祐集笺注》卷九，曾枣庄、金成礼笺注，上海古籍出版社1993年版，第232页。

④ 黄履翁：《古今源流至论·别集》卷五，文渊阁四库全书本，第1页。

⑤ 焦竑：《焦氏笔乘》，李剑雄点校，上海古籍出版社1986年版，第50页。

言晦志，不拘牵于世俗之论，而自抒发其意，亦有得《春秋》之一端者。"
并认为："太史公之书，每不立正辞，往往见于抑扬之中。疑似之说，自
非博学不能深知其意，徒信其诡激宏肆之辨，溺其旨矣。""夫史公之文，
学者多能言之，每乐其骏爽横轶，谓可以一览而得。若其鸿衍之义、奥质
之辞，错节断章，虽大雅之家，未能尽详也。"（陈子龙《史记测议序》）①
陈子龙指出，《史记》包含着司马迁的卓识远见、微言晦志，学者对《史记》
的文章之法能指出究竟，但对其鸿衍大义的叙事之法，即使大雅之家也未
必说得清楚。由此来看，明人虽对《史记》之文与司马迁的寄托认识得比
宋代更为深入，但依然驻足于《史记》整体的认知，在文本细读上达不到
清人笃实深入，未如顾炎武那样进行深入而仔细的文本细读，将认识深入
到叙事层面，从方法上进行归纳总结。

　　顾炎武"于序事中寓论断"的命题，首先表现为一种客观记述历史
事实的史学精神和叙事方法。一直以来，有学者将"于序事中寓论断"
常与"春秋笔法"联系在一起，认为《史记》"于序事中寓论断"是对"春
秋笔法"的继承。明清学者依然如此，对《史记》意义的探索也多与
《春秋》比附。这种影响一直持续到当代，如侯外庐先生《中国思想通
史》就称之为"寓论断于序事的春秋笔法"②。但从顾炎武的史学思想来
看，他以"经学即理学""六经皆史"为起点，反对空谈性礼，他的史
学观念与其经世济俗的思想是一致的。在历史撰述上，顾炎武强调求真
求实，著史应该以客观的态度，"夫镜情伪，屏盗言，君子之道，兴王
之事，莫先乎此"，历史能够"镜情伪，屏盗言"，并举反面历史说："有
王莽之篡弑，则必有扬雄之《美新》；有曹操之禅代，则必有潘勖之《九
锡》。是故乱之所由生也，犯上者为之魁，巧言者为之辅。"正因为如
此，在顾炎武所开辟的清代笃实学风里，他认为《春秋》的特点在于"辞

---

①　陈子龙：《陈子龙全集》，王志英编撰校点，人民文学出版社 2011 年版，第
777 页。

②　侯外庐：《中国思想通史》第二卷，人民出版社 1957 年版，第 152 页。

达而已矣"，只是一味寻求史籍所谓的"微言大义"会导致学风的空疏。在对《新唐书》的批评中，他指出，只是机械地模仿《春秋》"微而显，志而晦，婉而成章，尽而不污，惩恶而劝善"①的笔法，会导致"好简略其辞，故其事多郁而不明"（《文章繁简》）②，"遗其神理而得其皮毛"（《文人摹仿之病》）③。顾炎武"于序事中寓论断"的提出，其实质是对《史记》实录精神的进一步解读，他将《史记》的实录精神转化为一种叙事策略与方法。顾炎武继承了刘知几《史通·叙事》叙事繁简显晦之论。刘知几说："显也者，烦词缛说，理尽于篇中。晦也者，省字约文，事溢于句外。""夫能略小存大，举重明轻，一言而巨细咸该，片语而洪纤靡漏，此皆用晦之道也"。④但顾炎武对之进行了修正，繁简当以"实录"为旨归，认为"辞主乎达，不论其繁与简也，繁简之论兴，而文亡矣，《史记》之繁处必胜于《汉书》之简处，《新唐书》之简也，不简于事而简于文，其所以病也。"（《文章繁简》）⑤顾炎武以《史记》与《汉书》《新唐书》比较，强调"辞主乎达"，历史撰述不应该以辞文为重，而应该以客观的态度，让辞文"达"于历史事实。他认为，司马迁在《史记》撰述上摒弃主观批评，能够"善善恶恶"，让人物在历史语境里的言行自然的彰显，这种方法便是"于序事中寓论断"。考自于《太史公自序》，司马迁云："余所谓述故事，整齐其世传，非所谓作也"，"我欲载之空言，不如见之行事之深切著明也"等论述，所表明的《史记》撰述原则显然与顾炎武的理解是一致的。顾炎武对《史记》"于序事中寓论断"的认识

---

① 杨伯峻：《春秋左传注》，中华书局 1990 年版，第 870 页。

② 顾炎武：《日知录集释》，黄汝成集释，栾保群等校点，上海古籍出版社 2006 年版，第 1100 页。

③ 顾炎武：《日知录集释》，黄汝成集释，栾保群等校点，上海古籍出版社 2006 年版，第 1097 页。

④ 刘知几：《史通》，浦起龙通释，上海古籍出版社 1978 年版。

⑤ 顾炎武：《日知录集释》，黄汝成集释，栾保群等校点，上海古籍出版社 2006 年版，第 1100 页。

最为准确地揭橥了《史记》著史的实录精神与叙事特点。

顾炎武《史记》"于序事中寓论断"特点的总结，对清代《史记》阐释的理论与方法有着深刻的影响。"于序事中寓论断"作为"史公笔法"贯穿于思想表现为文赅事实的客观精神，贯穿于方法则体现为叙事艺术的高超和人物刻画、布局安排的技巧的精妙。这对桐城派"义法"论的提出、丰富有着重要意义，对清代《史记》叙事艺术的发掘尤为重要。方苞、吴见思、李晚芳、牛运震、邵晋涵等人对《史记》叙事艺术的探索正是沿着这条思路进行了更为深入细致的文本细读。

直到当代，经过白寿彝等学者的进一步挖掘，《史记》"于序事中寓论断"的命题研究更加全面深入，成为《史记》叙事的最为重要的特点之一。白寿彝《司马迁寓论断于序事》一文认为："司马迁'于序事中寓论断'的最好的例子，不一定是放在篇末，而往往是在篇中；不只是借着一个人的话语来评论，而有时是借着好几个人来评论，不一定用正面的话，也用侧面的或反面的话；不是光用别人的话，更重要的是联系典型的事例。"并认为司马迁："他吸收的这些评论或反映都是记述历史事实发展过程中不可分割的部分，它们本身也反映了历史事实。这样写来，落墨不多，而生动、深刻。作者并没有勉强人家接受他的论点，但他的论点却通过这样的表达形式给人以有力的感染。"他进一步揭示出司马迁不仅仅是将对历史人物的评价借用当时人物的语言来表达，"更多的时候是在历史叙述的过程中就已把观点表达出来了。"① 不仅如此，他还对论题的具体方法做了开拓性的论述。显然，白寿彝先生在顾炎武的基础上对《史记》"于序事中寓论断"的阐述更加广博、深入、具体，寓论断于序事成为《史记》叙事最具代表性的特点。这也说明顾炎武之《史记》"于序事中寓论断"命题的揭示在清代《史记》史学与文学阐释中的重要意义。

① 白寿彝：《司马迁寓论断于序事》，《北京师范大学学报》（社会科学版）1961年第4期。

三、义法论与清代《史记》叙事艺术的阐释

义法论是清代《史记》研究的另一个重要理论发明，它来自于对史学叙事方法的归纳，对清代《史记》研究有着重要的影响。日本学者内藤湖南《中国史学史》中说："直到清代才逐渐出现了对《史记》能够做出精密评论的人物。例如在古文家之中有方苞（望溪）的评论，虽说他做的还只是对各个局部的评论，但却是相当透彻的评论。"① 显然，内藤湖南是指桐城义法论对清代《史记》的重要贡献，认为义法论使清代对《史记》的研究达到了前所未有的高峰。事实的确如此，虽然方苞所提出的义法论多是局部的论述，但对《史记》的整体研究依然有着启发意义。这里要强调的是，义法论从其发端来看，它应该首先是一个史学意义较强的概念，用指史学叙事安排，也指读史者把握作者思想倾向的方法，后经桐城派不断发挥，成为一个偏向文章学的概念。这里仅谈其在《史记》叙事艺术上的重要意义，探讨清人运用义法论对《史记》叙事表象下深层含义的挖掘。

虽然明代归有光、清代戴名世等也有对《史记》的义法理论较早的论述，但这一概念毕竟是由方苞提出，并做了较完整的论述。方苞在《书五代史安重诲传后》说：

> 记事之文，惟《左传》《史记》各有义法，一篇之中，脉相灌输，而不可增损。然其前后相应，或隐或显，或偏或全，变化随宜，不主一道。（方苞《书五代史安重诲传后》）②

在《又书货殖传后》又云：

---

① 内藤湖南：《中国史学史》，马彪译，上海古籍出版社 2008 年版，第 80 页。
② 方苞：《方苞集》，刘季高校点，上海古籍出版社 1983 年版，第 64 页。

> 《春秋》之制义法，自太史公发之，而后之深于文者亦具焉。义即《易》之所谓"言有物"也，法即《易》之所谓"言有序"也。义以为经而法纬之，然后为成体之文。（方苞《又书货殖传后》）①

方氏认为，叙事文必有义法，《左传》《史记》是其代表，"义"贯通全文，表现为"法"的照应、隐显、变化，并将"义"解释为"言有物"，"法"解释为"言有序"。考之方苞所标榜的"学行继程朱之后，文章介韩欧之间"（王兆符《望溪文集序》）的学术与文章的目标，"义"之"言有物"是以儒家思想为主导，但并不是抽象简单的空言义理，而将之表现为言之有序的叙事方式。显然，方苞所说的"义法"关系即传统的文道关系，文道容易二分，他进一步统之于一体，云："法以义起而不可易者"（《史记评语》），"夫法之变，盖其义有不得然者"（《书五代史安重诲传后》）②，认为"法"为用，"义"为体，"法"随"义"变，所以他强调"义"，也强调"法"，因为"法"是"义"的集中体现。清人刘熙载亦云："论事叙事，皆以穷尽事理为先。事理尽后，斯可再讲笔法。不然，离有物以求有章，曾足以'适用'而不朽乎？"（刘熙载《文概》）③ 他的意思明显是事理为"有物"，章法为"有序"。这种对文法或叙事之法的重视显然与明清以来对文章之法的强调是一致的。可以看出，方苞的义法论对叙事之法、文章之法的要求包含着材料的取舍、叙事的详略、叙事的结构以及语言运用等方面。他在《与孙以宁书》中说：

> 古之晰于文律者，所载之事，必与其人之规模相称。太史公传陆贾，其分奴婢装资、琐琐者皆载焉。若萧曹《世家》而条举其治绩，则文字虽增十倍，不可得而备矣。故尝见义于《留侯世家》曰："留

---

① 方苞：《方苞集》，刘季高校点，上海古籍出版社 1983 年版，第 58 页。
② 方苞：《方苞集》，刘季高校点，上海古籍出版社 1983 年版，第 64 页。
③ 刘熙载：《艺概注稿》，袁津琥校注，中华书局 2009 年版，第 168 页。

侯所从容与上言天下事甚众，非天下所以存亡，故不著。"此明示后世缀文之士以虚实详略之权度也。①

方苞以《萧曹世家》《留侯世家》为例阐释了司马迁在材料的取舍、叙事的详略上都以"义"来定法的特点。同时，还深入发掘了《史记》叙事之"义"，他在《书老子传后》云：

> 太史公传老子，著其国焉，著其邑焉，著其乡焉，著其里焉，外此无有也；著其氏焉，著其名焉，著其字焉，著其谥焉，著其官守焉，外此无有也；著其子焉，著其孙焉，著其孙之玄来焉；于其子孙玄来，仍著其爵焉，著其封焉，著其仕之时与国焉，著其家之地焉，外此无有也。盖世传老子，多幻奇荒怪之迹；故特详之，以见其生也有国邑、乡里、名字，其仕也有官守，其终有谥，其身虽隐而子孙世有封爵、里居，则众说之诞，不辨而自熄矣。
>
> 世传所以多幻怪者，盖因老子见周之衰而隐去，莫知所终，故不详其年寿所极，而同时有老莱子，言道家之用；后百余年有周太史儋号为能前知；儋聃同音，故其传与老子相混，"世莫知其然否？"列序及此，然后正言以断之曰："老子，隐君子也。"则非有幻怪明矣。终之曰："李耳无为自化，清静自正。"则著书言道德者乃李耳，而儋与老莱子别为二人明矣。②

方氏通过对叙事方式的挖掘，从叙事之"法"的研究中探索出史公之"义"。刘知几《史通》认为叙事应该："言近而旨远，辞浅而义深，虽发语已殚，而含意未尽。使夫读者望表而知里，扪毛而辨骨，睹一事于句中，反三隅

---

① 方苞：《方苞集》，刘季高校点，上海古籍出版社1983年版，第136页。
② 方苞：《方苞集》，刘季高校点，上海古籍出版社1983年版，第51页。

于字外。晦之时义，不亦大哉！"①方苞的叙事认识显然和刘知几是一致的。方苞将从史公叙事笔法中求《史记》内在意蕴的方法，视为《史记》解读的必然途径，深刻地揭示出司马迁寓叙事中之义，如对《封禅书》分析道：

> 子长作《封禅书》，著武帝愚迷，而序其父之死，则曰："是岁，天子方建汉家之封，而太史公留滞周南，不得与从事，故发愤且卒。"又记其言曰："今天子接千岁之统，封泰山，而余不得从行，命也夫！"余少读而疑焉，及读《封禅书》，至"群儒不能辨明封禅事"，然后得其意。盖封禅用事虽希旷，其礼仪不可得而详，然以是为"合不死之名，致怪物，接仙人蓬莱士"之术，则夫人而知其妄矣。子长恨群儒不能辨明，为天下笑，故寓其意于《自序》，以明其父未尝与此；而所为发愤以死者，盖以天子建汉家之封，接千岁之统，乃重为方士所愚迷，恨己不得从行，而辨明其事也。
>
> ……
>
> 子长之言曰："非好学深思，心知其意，难为浅见寡闻者道。"然则读子长之书者，不求其所以云之意可乎？（方苞《书太史公自序后》)②

通过"好学深思"，方苞从司马迁的叙事之法中得到史公之"意"，并总结说："夫纪事之文，成体者莫如左氏，又其后，则昌黎韩子，然其义法皆显然可寻，惟太史公《礼》《乐》《封禅》三书，及《货殖》《儒林传》，则于其言之乱杂而无章者寓焉，岂所谓'定哀之际多微辞'者邪。"他以"义法"之论对《史记》内在精神的把握显然是客观的，也符合司马迁著史原意。可以说，义法是清代学者对《史记》最重要的贡献，是《史记》研究

---

① 刘知几：《史通》，浦起龙通释，上海古籍出版社1978年版，第174页。
② 方苞：《方苞集》，刘季高校点，上海古籍出版社1983年版，第59—60页。

史上最为重要的环节之一。

方苞从"义法"出发，总结出《史记》在叙事文风与叙事语言上"雅洁"的特点。他在《书萧相国世家后》中说："柳子厚称太史公书曰洁，非谓辞无芜累也，盖明于体要，而所载之事不杂，其气体最为洁耳。以固之才识，犹未足与于此，故韩、柳列数文章家，皆不及班氏。"又在《史记评语·绛侯周勃世家》表达了同样的意思："子厚以洁称太史，非独辞无芜类也，明于义法，而所载之事不杂，故其气体最洁也。此意惟退之得之，欧曾以下，不能与于斯矣。"又说："文未有繁而能工者，如煎金锡，粗矿去，然后黑浊气竭而光润生。"（《与程若韩书》）这些论述都概括了《史记》体例明晰，每体之内所叙之事集中、详略得当，辞无芜类。他的"义法"论以义统法，以法显义，以法求义，对《史记》的叙事风格和语言进行归纳，认为《史记》表现为一种典雅、古朴、简约的叙事风格，落实在语言上则表现为凝练简洁、自然平易、不造作、不设色叙事的语言特点。

方苞作为桐城派的缔造者，其"义法"论在清代有着深远的影响。刘大櫆发挥了"法"在文章叙事中的作用，他说："当日唐、虞纪载，必待史臣。孔门贤杰甚众，而文学独称子游、子夏。可见自古文字相传，另有个能事在。"[1]刘氏以"能事"代"法"，强调了作文叙事之法，并对此展开论述：

> 义理、书卷、经济者，行文之实，若行文自另是一事。譬如大匠操斤，无土木材料，纵有成风尽垩手段，何处设施？然即土木材料，而不善设施者甚多，终不可为大匠。故文人者，大匠也；义理、书卷、经济者，匠人之材料也。[2]

刘大櫆将作文叙事之法视为"匠人之能事"的"行文之道"，显然是强调

---

① 刘大櫆：《论文偶记》，人民文学出版社 1998 年版，第 4 页。
② 刘大櫆：《论文偶记》，人民文学出版社 1998 年版，第 3 页。

了文章叙事之学的独立性。由此，他以《史记》为例归纳出叙事文必须具备的叙事特点"奇""大""远""疏""变"等。不仅如此，刘大櫆还给文章的解读之法提出实践性操作方法："积字成句，积句成章，积章成篇，合而读之，音节见矣；歌而咏之，神气出矣。"① 这些认识与清代对《史记》文本细读、深入挖掘的研究思路是一致。

姚鼐也发挥了义法论，虽然他强调"义法"论的义理方向②，认为："天文者，艺也。道与艺合，天与人一，则为文之至。"（姚鼐《敦拙堂诗集序》）③ 又云："吾尝以谓文章之原，本乎天地；天地之道，阴阳刚柔而已。苟有得乎阴阳刚柔之精，皆可以为文章之美。"（姚鼐《海愚诗钞序》）④ 他将文章之美归结于道体，试图找到文章本源与文章之美的同一性，但他同时强调文与法，他在《古文辞类纂·序言》中说：

> 凡文之体类十三，而所以为文者八：日神、理、气、味、格、律、声、色。神、理、气、味者，文之精也；格、律、声、色，文之粗也。然苟舍其粗，则精者亦胡以寓焉？学者之于古人，必始而遇其粗，中而遇其精，终而御其精者而遗其粗者。⑤

"文之粗"即文章的结构、章法、修辞等外在表现，"文之精"即神韵、思理、气势、韵味等文章内在精神与叙事风格，他将对文章的外在形式作为解读、把握内在意义的门径。由此来看，姚鼐将方苞的"义法论"在刘大櫆的论述基础上建构得更为系统、完备，但也可以看出，到姚鼐时，"义

---

① 刘大櫆：《论文偶记》，人民文学出版社1998年版，第6页。
② 郭绍虞认为："义理，是方、姚文论的中心，而在海峰论文则并不如此。"见郭绍虞《中国文学批评史》上海古籍出版社1979年版，第611页。
③ 姚鼐：《惜抱轩全集》，中国书店1991年版，第36页。
④ 姚鼐：《惜抱轩全集》，中国书店1991年版，第35页。
⑤ 姚鼐、王先谦：《正续古文辞类纂》，浙江古籍出版社1998年版，第10页。

法论"更多地偏向了文章学意义。

方东树是桐城后起之秀，他对"义法"进行了拓展。他进一步认为"义"与"法"具有同一性，说："义者法也；古人不可及，只是文法高妙，无定而有定，不可执著，不可告语，妙运从心，随手多变，有法则体成，无法则伦荒。率尔操觚，纵有佳意佳语，而安置布放不得其所，退之所以讥六朝人为乱杂无章也。"（《卷一•二零》）① 方东树以法释义，并对"法"做了详尽具体的论述。他的《昭昧詹言》虽以论诗为主，但作为整体文学理论的论述也很多，现摘录几条如下：

> 若又不解文法变化精神措注之妙，非不达意，即成语录腐谈。是谓言之无文无序。若夫有物有序矣，而德非其人，又不免鹦鹉、猩猩之诮。②

> 章法有见于起处，有见于中间，有见于末收。或以二句顿上起下，或以二句横截。然此皆粗浅之迹，如大谢如此。若汉、魏、陶公，上及《风》《骚》，无不变化入妙，不可执著。鲍及小谢，若有若无；间有之，亦甚短浅，然自成章。齐、梁以下，有句无章。（"有句无章"下抄有"韩公斥为乱离"。）迨于杜、韩，乃以《史》《汉》为之，几与《六经》同工。欧、苏、黄、王，章法尤显。此所以为复古也。（"复古也"下抄有"明以来渐不讲，近世作者全不知法"。）③

> 汉、魏人大抵皆草蛇灰线，神化不测，不令人见。苟寻绎而通之，无不血脉贯注生气，天成如铸，不容分毫移动。昔人譬之无缝天衣，又曰："美人细意熨贴平，裁缝灭尽针线迹。"此非解读《六经》及秦、汉人文法，不能悟入。④

---

① 方东树：《昭昧詹言》，汪绍楹点校，人民文学出版社 1961 年版，第 8 页。

② 方东树：《昭昧詹言》，汪绍楹点校，人民文学出版社 1961 年版，第 2—3 页。

③ 方东树：《昭昧詹言》，汪绍楹点校，人民文学出版社 1961 年版，第 11 页。

④ 方东树：《昭昧詹言》，汪绍楹点校，人民文学出版社 1961 年版，第 27 页。

古人文法之妙，一言以蔽之曰："语不接而意接"。血脉贯续，词语高简，《六经》之文皆是也。①

可见，方东树将方苞、刘大櫆、姚鼐还较为框架性的义法论发展得更加具体精微，总结为具体的叙事章法、文法。他总结文学历史，以杜、韩为例，认为他们以《史记》《汉书》为权准，所作的文章"几与《六经》同工"，并强调"非解读《六经》及秦、汉人文法，不能悟入"，并多论章法结构，叙事文法的虚实、伸缩、顿挫、宾主等叙事方法。

桐城派作为清代影响最广、时间最长的学术派别，其余绪一直延至清末民初。"义法"论也未断绝，桐城后续依然以此立论，如姚永朴的《文学研究法》说："文章必有义法，而记载门尤重。无论所录者，或关一代，或系一人，而事必有首尾，人必有精神。倘不知所剪裁，何由首尾昭融、精神发越乎？"②张之洞亦云："古今言有物、言有序、言有章三语为作文之法。"（张之洞《大学堂章程》）③

义法论是清人在《史记》阐释中最为重要的理论发明，是对《史记》叙事艺术的概括，同时也是解读《史记》叙事文本背后作者寓意的重要方法。义法论是清代对《史记》叙事艺术特点的概括，桐城诸人逐渐将之转化为一种文章之法，这种《史记》学术性探讨极为重要。牛运震、徐与乔、吴见思、李晚芳等人对《史记》叙事艺术的探讨都可视为这一理论的实践。

本章小结

清代学术是建立在明清易祚的特殊背景下，遗民学者通过对明代灭亡

---

① 方东树：《昭昧詹言》，汪绍楹点校，人民文学出版社 1961 年版，第 28 页。

② 姚永朴：《文学研究法》，时代文艺出版社 2009 年版，第 55 页。

③ 王学珍、郭建荣：《北京大学史料》第 1 卷，北京大学出版社 2000 年版，第 107 页。

的思索，反对空疏学风，号召"汲古返经"，认为学术要"有益于天下，有益于将来"。在亡国之痛中，遗民学者将史学视为文化相继的标志，认为"国可灭，史不可灭"，为亡明著史成为遗民学者毕生的心愿。民间学术与官方开四库馆、开明史馆的文化笼络合流，使清人开始了传统文化典籍的清理与总结。也正是在这样的基础上，清代形成了"经世之务，莫备于史"的思想，清初《明史》撰述、乾嘉时期的历史考据学、清后期边疆志、西方史都说明了清代史学兴盛。而《史记》作为第一部通史，是最具汉族文化意义的历史抒写，是汉族历史上的辉煌记忆，《史记》研究被空前的重视，形成了清代《史记》经典化的社会与文化语境。

清人在对历代以来《史记》研究的基础上进行了总结，肯定了《史记》体例上的创制之功，他们以先秦典籍《尚书》《左传》《国语》《战国策》等文献互证，并参以金石学、音韵学、训诂学为佐证，考证司马迁生平、《史记》书名与断限、考订文字文本、考征名物制度、考证版本异同与三家注正谬，考证和补充史实。同时《史记》广阔开放的史学思想在清代各个时期的史学中都能找到影迹。

清代《史记》史学经典化为《史记》文学经典化阐释奠定了基础。清人在对历代以来《史记》文学阐释的基础上，继承了以《史记》为价值坐标，对文学品质、地位与价值的判断体系，并对《史记》的文学性进行了深入的研究。他们细读文本，深入地把握了《史记》高超的写人艺术、精湛的叙事艺术以及语言特色，通过与小说等文学体裁的比较深化了《史记》的文学特性。清人的《史记》文学性研究与史学研究共同构成了清代《史记》的经典化。

在此过程中，极具史学意义的名词与命题，如实录、选材、"于序事中寓论断""义法"等达成了文学意义的转换。清人发挥了历代对《史记》"其文直，其事核，不虚美，不隐恶"的"实录"史学认知，将之引入到文学研究中，把《史记》人物摹写生动传神、栩栩如生，每个人物都跃然纸上、呼之欲出，称之为"实录"，丰富发展了"实录"的内涵，准确深入地把握了《史记》写人的艺术特色。在材料选择中，清人认识到司马迁能够选取反映人物内在精神的材料，写奇人、奇事以及奇遇，并通过轶事为人物注入灵魂与性格，明显地将史学选材的概念转化为文学选材。

顾炎武对《史记》"于序事中寓论断"最为准确地揭橥了《史记》著史的实录精神与叙事特点。他认为司马迁在《史记》撰述上摒弃了主观批评，能够"善善恶恶"，让人物在历史语境里的言行自然的彰显。这体现为布局安排的技巧和叙事艺术的高超。另一个是"义法"理论，方苞认为叙事文必有义法，将"义"解释为"言有物"，"法"解释为"言有序"，认为《左传》《史记》是其代表，"义"贯通全文表现为"法"的照应、隐显、变化，反对"离有物以求有章"。方苞的"义法"论是清人对《史记》叙事原则探寻的结果，同时也是解读《史记》叙事文本背后作者寓意的重要方法。"于序事中寓论断"和"义法"论是对《史记》叙事特点的概括，是从《史记》中概括出的读史、著史的方法，它首先是史学意义的理论概括，然后达成了文学（文章学）意义的转换。

第五章　清代文章学与《史记》文学阐释

古代文章学是一个复杂的体系，涉及修养、文道、创作、流变、技法、风格等方面。王水照《历代文话序》说："以文评著作为主要载体之我国古代文章学，内涵丰富复杂，却自成体系，最具民族文化之特点。"[1] 宋明以后，以举业为推进，文章学迅猛发展，产生了众多的文章学著作，如《文章薪火》《文章指南》《论文偶记》《制义丛话》《艺舟双楫》等。明清以来，文章学进一步发展，明清学人将《史记》视为为文章正宗、文章范例，达成了文章学与《史记》文学阐释的互动。

发愤著书说、文气说是与《史记》相关的重要的文章学理论，清人以之作为解读《史记》的理论，全面而深入地探索了《史记》的文学特质，也丰富、发展了这些理论，并进行了历史性总结。同时，清代重视《史记》章法结构的研究，考察了《史记》材料的秩序、变化、联贯和统一性的安排。另一个重要方面是对《史记》叙事技法的探讨。明清时期文章技法成为普遍的知识，对《史记》叙事技法的研究是清人对《史记》文学阐释最重要的形式和特点。

---

[1]　王水照：《历代文话》第 1 册，复旦大学出版社 2007 年版，第 5 页。

第一节　清代文章学理论与《史记》的文学阐释

一、清代发愤著书说与《史记》的文学阐释

文学与人类的精神相依相存，文学自然成为人喜怒哀乐的载体，并包含着人类对生命及其意义终极的探索与把握。孔颖达《毛诗正义》云："言悦豫之志则和乐兴而颂声作，忧愁之志则哀伤起而怨刺生。"①然"悦豫"之于怨愤是片刻的、短暂的，人生"不如意事常八九，可与语人无二三"（方岳《别子才子令》)②，所以，怨愤之情更为人之常情。进一步而言，怨愤之情不仅是花前月下的感时伤春、幽居怀人，更是时代、社会、民族等原因而造成的公平与正义的缺失，客体以无形的压力、破坏的手段对主体压抑与损害而造成主体郁结于心的不平之气。这种郁乎于心、久久不去的不平与愤懑使个体在孤独中重新审视意义的世界，因而也就更具有深刻性。

司马迁正是在对孔子"诗，可以怨"、屈原"发愤以抒情"的认识和对历史文化总结的基础上，提出发愤著书说，他说：

> 七年而太史公遭李陵之祸，幽于缧绁。乃喟然而叹曰："是余之罪也夫！是余之罪也夫！身毁不用矣。"退而深惟曰："夫《诗》《书》隐约者，欲遂其志之思也。昔西伯拘羑里，演《周易》；孔子厄陈、蔡，作《春秋》；屈原放逐，著《离骚》；左丘失明，厥有《国语》；孙子膑脚，而论《兵法》；不韦迁蜀，世传《吕览》；韩非囚秦，《说难》《孤愤》。《诗》三百篇，大抵贤圣发愤之所为作也。此人皆意有所郁结，不得通其道也。故述往事，思来者。③

---

① 孔颖达：《毛诗正义》，北京大学出版社1999年版，第6页。
② 钱钟书：《宋诗选注》，人民文学出版社2000年版，第255页。
③ 司马迁：《史记》，中华书局1959年版，第3300页。

司马迁从自身的切实感受出发，总结出古今名著"大抵贤圣发愤"之作，他著《史记》是"及如左丘明无目，孙子断足，终不可用，退论书策以舒其愤，思垂空文以自见"，舒其愤懑成为其著史的动力。在《报任安书》中，他说得更为明晰："所以隐忍苟活，函粪土之中而不辞者，恨私心有所不尽，鄙没世而文采不表于后也。"①隐忍舒愤成为这一问题的核心内容。由此以后，"发愤著书"说成为中国古代文论中最为重要的理论命题之一，长远地影响了中国古代文学的创作，如钱钟书所说，古代许多诗文"莫不滥觞于马迁'《诗》三百篇大抵发愤所作'一语"②。事实的确如此，"发愤著书"说对中国古代文学创作和文学理论影响之深可以说是绝无仅有的。

首先对司马迁"发愤著书说"进行发挥的是南北朝时期的钟嵘和刘勰。钟嵘《诗品序》说："嘉会寄诗以亲，离群托诗以怨。至于楚臣去境，汉妾辞宫或骨横朔野，魂逐飞蓬或负戈外戍，杀气雄边，塞客衣单，孀闺泪尽或士有解佩出朝，一去忘返，女有扬娥入宠，再盼倾国。凡斯种种，感荡心灵，非陈诗何以展其义非长歌何以骋其情。"③他认为个体的种种遭遇，感荡于心，发而为诗。重要的是，钟嵘将司马迁论述的亲怨之情具体到了文学创作的心理机制上。此后，刘勰《文心雕龙·时序》中云："幽厉昏而板荡怒，平王微而黍离哀。"又云："良由世积乱离，风衰俗怨，并志深而笔长，故梗概而多气。"④他认为文学的产生、文风的形成是政治不平、社会动荡在主体内心反映的结果。唐宋时期，韩愈的"不平则鸣"说、欧阳修的"穷而后工"说影响很大。韩愈自幼生活艰辛，为官后多遇不平，他在《送孟东野序》中"大凡物不得其平则鸣"之论，是有着切身体会的结论。其后，欧阳修又作了发挥，认为"内有忧患感愤之郁积，其兴于怨刺，以道羁臣寡妇之所叹，而写人情之难言。盖愈穷则愈工，然则非诗之

---

① 班固：《汉书》，中华书局 1962 年版，第 2733 页。
② 钱钟书：《管锥编》，中华书局 1979 年版，第 937 页。
③ 钟嵘：《诗品》，陈延杰注，人民文学出版社 1980 年版，第 2—3 页。
④ 刘勰：《文心雕龙注》，范文澜注，人民文学出版社 1958 年版，第 671 页。

能穷人，殆穷者而后工也"（欧阳修《梅圣俞诗集序》）①，深化了司马迁"发愤著书说"在诗文方面的影响。

发愤著书说在明代进一步得到发展。随着城市文化的发展，明代的小说创作、阅读、评点逐渐兴盛，发愤著书理论也从诗歌、散文的阐述被引入小说创作与评论之中。明代用"发愤著书"理论对小说进行阐述的代表人物是李贽，他在《忠义水浒传序》中云：

> 太史公曰："《说难》《孤愤》，贤圣发愤之所作也。"由此观之，古之贤圣，不愤则不作矣。不愤而作，譬如不寒而颤，不病而呻吟也，虽作，何观乎？《水浒传》者，发愤之所作也。盖自宋室不竞，冠屦倒施，大贤处下，不肖处上。驯致夷狄处上，中原处下，一时君相犹然处堂燕鹊，纳币称臣，甘心屈膝于犬羊已矣。施、罗二公身在元，心在宋；虽生元日，实愤宋事。是故愤二帝之北狩，则称大破辽以泄其愤；愤南渡之苟安，则称灭方腊以泄其愤。（李贽《焚书·忠义水浒传序》）②

李贽认为古今圣贤不愤不作，小说和经史一样不愤而作必然是无病呻吟之作。他"《水浒传》者，发愤之作也"的论述，直接影响了清代小说理论。

如第一章所述，清代政权建立，满清贵族一方面争夺道统，一方面编制文网压制汉族知识分子，汉民族包括处于高层的士人阶层都受到不同程度的防猜与排斥。康熙中后期，随着明末遗老的逐渐谢世，加之满清贵族政权的各项笼络人心的政策，满汉民族对立趋于平和，但民族歧视、民族压迫的现状并未改变。汉族及汉族知识分子的被排斥、被压抑的地位并未改变，科场失意、仕途蹭蹬是极普遍的现象。正是清代特定的政治、社会

① 欧阳修：《欧阳修全集》，中华书局2001年版，第612页。
② 李贽：《李贽文集》第一卷，社会科学文献出版社2000年版，第102页。

环境，为发愤著书理论提供生活基础。因而，有清一代是"发愤著书"理论的普及与深化时期，士人对发愤而作有着极普遍、极深刻的感受。其中以黄宗羲的论述最为典型，他在《谢皋羽年谱游录注序》中说：

> 夫文章，天地之元气也。元气之在平时，昆仑旁薄，和声顺气，发自廊庙，而畅郁浃于幽遐，无所见奇；逮夫厄运危时，天地闭塞，元气鼓荡而出，拥勇郁遏，坌愤激讦，而后至文生焉。①

"坌愤激讦，而后至文生焉"之论代表了清初遗老，感于时事，对于文章产生、风格、审美方面的深刻认识。同时，顾炎武、王夫之、陈子龙等人对之都有较为相近的认识。其他如归庄也对这一论题进行了思考，他说：

> 故自古诗人之传者，率多逐臣骚客，不遇于世之士。吾以为一身之遭逢，其小者也，盖亦视国家之运焉。诗家前称七子，后称杜陵，后世无其伦比。使七子不当建安之多难，杜陵不遭天宝以后之乱……未必其能寄托深远，感动人心，使读者流连不已如此也。然则士虽才，必小不幸而身处厄穷，大不幸而际危乱之世，然后其诗乃工也。"（《吴余常诗稿序》）②

归庄对"发愤"产生的原因分析得更为具体，认为"小不幸""大不幸"与诗之工与不工有很大的关系。同时，清人对"发愤著书"理论有了更深刻的认识，更深一层地进行了发掘。曾国藩《云浆山人诗序代季师作》一文论述道：

---

① 黄宗羲：《黄宗羲全集》（南雷诗文集上），浙江古籍出版社 1993 年版，第 32 页。
② 归庄：《归庄集》，上海古籍出版社 1984 年版，第 182—183 页。

自韩愈氏有言"欢愉之词难工，穷苦之音易好。"欧阳公效之，亦称"诗必穷而后工"。后之论者，大率祖述其说，以谓宫音和温，难于耸听；商声凄厉，易以感人。故盛世之巨公，其诗歌往往不及衰世之孤臣逐客；而庙堂卿相，例不能与穷巷憔悴专一之士角文艺之短长。数十年来，人人相与持是说而不变，所从来久已。

芝昌尝究观诗教之终始，窃独以为未必然也。……然世所称为四唐者，虽愚者亦知有初、盛而贬中、晚。盖声音之道，与政相通。国家鼎隆之日，太和充塞，庶物恬愉，故文人之气盈而声亦上腾，反是，则其气歉而声亦从而下杀。达者之气盈矣，而志能敛而之内，则其声可以薄无际而感鬼神；穷者之气既歉，而志不克划然而自申，则瓮牖穷老而不得一篇之工，亦常有之。然则谓盛世之诗不敌衰季，卿相不敌穷巷之士，是二者，殆皆未为笃论已。①

显然，对于这一问题，曾国藩的认识是深刻的，他认为许多持"发愤著书"之论者只是"祖述其说"。通过对文学创作及文学史的归纳，他认为"瓮牖穷老而不得一篇之工亦常有之"，并得出"盛世之诗不敌衰季，卿相不敌穷巷之士，是二者殆皆未为笃论已"的结论。他的认识纠正了"发愤著书"理论的片面极端的发展。其实，在曾国藩前后也有清人对垒愤等于至文、穷等于工以及类似"愤怒出诗人"之类的极端"发愤"理论进行修正。沈德潜在《说诗晬语》中说：

事难显陈，理难言罄，每托物连类以形之。郁情欲舒，天机随触，每借物引怀以抒之。比兴互陈，反复唱叹，而中藏之欢愉惨戚，隐跃欲传，其言浅，其情深也。②

---

① 曾国藩：《曾国藩全集》，岳麓书社 1985 年版，第 227 页。
② 沈德潜：《说诗晬语》，霍松林校注，人民文学出版社 1979 年版，第 186 页。

陈廷焯《白雨斋词话》亦云：

> 写怨夫思妇之怀，寓孽子孤臣之感。凡交情之冷淡，身世之飘零，皆可于一草一木发之。而发之又必若隐若见，欲露不露，反复缠绵，终不许一语道破。①

沈、陈两家较为客观、理性地对发愤著书理论从创作层面进行归纳。实际上，文学创作中"发愤"只是创作主体创作的内驱力，它不等同于作品，具体到写作上还要靠创作主体的艺术修养和艺术技巧，要借助于艺术手法，做到"中藏之欢愉惨戚"，"其言浅，其情深也"，"达到若隐若见，欲露不露，反复缠绵，终不许一语道破"的审美境界。这实质是清人崇尚古雅，追求"圆而神"的审美趣味在文学、文论中的体现。这又深化、发展了司马迁的"发愤著书"说，使之在理论上更加体系化、更加全面。

对清代《史记》文学阐释而言，清人一方面以"发愤著书"为理论，对《史记》的文学性进行探索；另一方面则以《史记》为价值判断，对小说展开了评述。

清人在清代特定的政治、社会现实下，对"发愤著书"有着更为深刻的体悟，也有着具体全面的研究，这不仅体现在理论的分析上，而且将之作为《史记》阐释的重要依据，深入地阐释了《史记》的文学艺术特性。袁文典《读史记》认为，司马迁将个体的体悟融入《史记》之中，《史记》与《太史公自序》中的情感是统一的，他说："余读《太史公自序》而知《史记》一书，实发愤之所为作。""读史至《史记》，读《史记》至此，有不为之拍案叫绝废书而三叹也哉！"（袁文典《读史记》）② 黄淳耀《史记论略·淮阴侯列传》对之也有深刻的认识，云：

---

① 陈廷焯：《白雨斋词话》，杜维沫校点，人民文学出版社 1959 年版，第 5 页。

② 袁文典：《袁陶村文集》，清光绪间刻本，第 19、20 页。

大抵太史公于英雄贫困失路无门之日，皆极力摹写，发其孤愤，如苏秦、张仪皆见笑于其妻，陈涉见笑于耕者，陈平见笑于其嫂，黥布见笑于时人，此类甚多。至漂母饭信而不望报，是以信为沟壑也，其意益深，痛不忍读矣。（黄淳耀《史记论略》）①

黄淳耀认为，司马迁着力刻画英雄困窘塞塞、失路无门是书写他心中的愤懑。姚永概《慎宜轩笔记》卷四亦云：

《史记》每于愤惋不平处，又难以明言，往往归之天命，其文最为狡狯深婉。如《项羽本纪》曰"此天之亡我，非战之罪也。"《六国表序》云"盖若天所助焉。"《秦楚之际月表》云"岂非天哉！岂非天哉！"《李将军传》云"大将军又徙广部行回远而又迷惑失道，岂非天哉！"皆是也。②

又，刘熙载《文概》云：

太史公文，悲世之意多，愤世之意少，是以立身常在高处。③

从以上简要列举可以看出，清代学者对于《史记》文本的解读，多以"发愤著书"理论为引导，认识到了司马迁寓抒情于叙事的特点、《史记》在构思上的精妙、《史记》的文学手法，以及《史记》文本的深层意义。无疑，这些认识和结论是客观的，是符合司马迁创作的原意的，这对《史记》的文化意义和文学意义是不无裨益的。

　　另一方面，清人以"发愤著书"说为起点的小说评点，既提升了小说

---

① 黄淳耀：《陶庵集》卷七，知服斋丛书、清光绪十八年顺德龙氏刻本，第 33 页。
② 张舜徽：《清人笔记条辨》，中华书局 1986 年版，第 413—414 页。
③ 刘熙载：《艺概注稿》，袁津琥校注，中华书局 2009 年版，第 65 页。

的文学地位，又突出了小说与社会的关系。从另一个角度来看，以《史记》为坐标的判断，实质上也强化了《史记》的文学特性。这可以从金圣叹、张竹坡、蒲松龄、孔广德、刘鹗等小说家、小说评论家的论述中得到印证。金圣叹将《史记》《庄子》《离骚》《杜诗》《水浒传》《西厢记》并列，称为"六才子书"，他以"发愤著书"理论评点六才子书。他认为《水浒传》也是发愤之作，他评点道："发愤作书之故，其号耐庵不虚也。"（《贯华堂第五才子书水浒传》第六回批语）① 并对第十八回阮小二骂何观察、林冲骂王伦总结道："此回前半幅借阮氏口痛骂官吏，后半幅借林冲口痛骂秀才，其言愤激，殊伤雅道。然怨毒著书，史迁不免，于秤官又奚责焉！"（《贯华堂第五才子书水浒传》）② 清代另一位小说评论家张竹坡也以此对《金瓶梅》展开评论，他说：

> 盖作者必于世，亦有大不得已之事，如史公之下蚕室，孙子之刖双足，乃一腔愤闷而作此书。言身已辱矣，惟存此牢骚不平之言于世，以为后有知心，当悲我之辱身屈志，而负才沦落于污泥也。③（第七回总评）

张竹坡从作家创作的自我心理感受出发，认为文章当为抒写悲愤之情，如蒲松龄《聊斋志异》中所说："集腋成裘，妄续《幽冥》之录；浮白载笔，仅成《孤愤》之书：寄托如此，亦足悲矣！"④ 结合蒲松龄的生平可以探知，他的自志确为其心声，《聊斋志异》也确为深有寄托的"孤愤之书"。清代另外一位作家刘鹗结合自身的体验与创作实践，说："《离骚》为屈大夫之哭泣，《庄子》为蒙叟之哭泣，《史记》为太史公之哭泣；《草堂诗集》为

---

① 金圣叹：《金圣叹全集》（一），江苏古籍出版社 1985 年版，第 137 页。
② 金圣叹：《金圣叹全集》（一），江苏古籍出版社 1985 年版，第 283 页。
③ 张竹坡：《第一奇书金瓶梅》，康熙三十四年序刊本，玩花书屋藏板。
④ 朱一玄：《聊斋志异资料汇编》，中州古籍出版社 1985 年版，第 332 页。

杜工部之哭泣；李后主以词哭，八大山人以画哭；王实甫寄哭泣于《西厢》，曹雪芹寄哭泣于《红楼梦》。"（《自叙》）① 刘鹗将《史记》与诗文、美术、戏曲和小说并列，进一步表明清人对《史记》文学性的探知。

总结以上，司马迁的"发愤著书"说经历代的发展，在清代特定的社会政治氛围里，在"古雅""圆而神"的审美趣味观照下，进入全面的总结清理时期。"发愤著书"说更加全面，更加系统。清人一方面以"发愤著书"为理论对《史记》的文学性进行探索；另一方面则以《史记》为价值判断，对小说展开了评述。这些认识表现出在西方文学艺术概念尚未进入中国时期，清代学人对《史记》文学特性的认识。

二、清代文气说与《史记》的文学阐释

"文气"说是典型的、具有中国特点的文论范畴，它深刻地反映了中国传统的思维模式和审美标准。自其诞生以来，对中国古代文学、艺术的创作、品评以及文学创作主体的人格建构都有深远的影响。

"气"原为一个较为复杂、抽象的哲学概念，用指宇宙生生不息的特征，是宇宙本体"道"运动的一个标志，以此来代表万事万物的生成与发展。古代气的概念也指世间万物的共同特性，它涵盖了自然、社会、人生的方方面面。关于文气说作为文学批评的范畴的源头说法不一，有人以孟子的"知言养气"之论为滥觞，但多以曹丕《典论·论文》中把"气"的概念引入文学批评为源头，他说：

> 文以气为主，气之清浊有体，不可力强而致。譬诸音乐，曲度虽均，节奏同检；至于引气不齐，巧拙有素，虽在父兄，不能以遗

---

①　刘鹗：《老残游记》，陈翔鹤校，戴洪森注，人民文学出版社 1998 年版，第 1 页。

子弟。①

曹丕在汉魏人物品评的风气里，把人物品评与文学创作结合起来，实属首创。他以此来对"建安七子"的创作进行评论。这里的"气"的概念比较含混，既指创作主体的天赋，也指主体的精神气度、性格，还可能指这种"气"在作品中的反映。刘勰在《文心雕龙》里对于"气"的论述更加具体，也相当广泛。

到唐宋时期，以文气说来进行诗文批评更为广泛，如唐代的陈子昂、柳冕、韩愈、刘禹锡、李德裕，宋代的吕南公、王柏、苏辙、朱熹等都不同程度地谈到"文"与"气"的关系，其中韩愈的"气盛言宜"说和苏辙的"文气"论影响更大，最值得重视。韩愈在《答李翊书》中云：

> 气，水也；言，浮物也。水大而物之浮者大小毕浮，气之与言犹是也，气盛则言之短长与声之高下者皆宜。②

韩愈认为"气"与"言"之关系密切，要"气盛"，必须"养其根而俟其实，加其膏而希其光。根之茂者其实遂，膏之沃者其光晔，仁义之人，其言蔼如也。"即"行之乎仁义之途，游之乎诗书之源"（《答李翊书》）③，他把个体的文学、文化与道德修养作为养气的重要途径，只是在这里重点谈的是主体的文学、文化修养。

宋代"文气"说最为典型的是苏辙在《上枢密韩太尉书》中的论述，他说：

---

① 曹丕：《魏文帝集》，岳麓书社 1992 年版，第 178 页。

② 韩愈：《韩昌黎文集校注》，马其昶校注，上海古籍出版社 1986 年版，第 171 页。

③ 韩愈：《韩昌黎文集校注》，马其昶校注，上海古籍出版社 1986 年版，第 169—170 页。

辙生好为文，思之至深，以为文者，气之所形，然文不可以学而
能，气可以养而致。孟子曰："我善养吾浩然之气。"今观其文章，宽
厚宏博，充乎天地之间，称其气之小大。太史公行天下，周览四海名
山大川，与燕、赵间豪俊交游，故其文疏荡，颇有奇气。此二子者，
岂尝执笔学为如此之文哉？其气充乎其中而溢乎其貌，动乎其言而见
乎其文，而不自知也。①

苏辙认为"文不可以学而能，气可以养而致"，并把日常生活实践与经历
纳入养气之途，使养气的内容更加全面，包括了孟子所倡导的精神修养、
韩愈的文学修养以及生活实践等方面。苏辙"文气"说更为重要的意义是，
他第一次将《史记》其文疏荡、有奇气和司马迁的"养气"结合起来，拓
展了《史记》文风研究的新方向。

　　明代"文气"说继续得到了发展，归有光、唐顺之等人的议论更具
代表性，为清代"文气"说的繁荣奠定了基础。"文气说"是清代使用
最为广泛的诗文批评的理论，钱谦益、黄宗羲、贺贻孙、沈德潜、唐
彪、魏禧、何绍基、魏际瑞、邵长蘅、方苞、刘大櫆、姚鼐、朱廷珍、
章学诚、包世臣、曾国藩、刘熙载、张裕钊、林纾等清代学者，品评
诗文无不以"文气说"为框架展开评论。在尚古雅、崇实学和"圆而神"
的审美趣味的观照下，清人崇尚文气十足的诗文，通过对历代创作实
践与文学理论的总结，清代的文气说从理论上更加丰富、从操作上更
加具体。

　　一方面，清人在对历代文气说中有关创作主体的内在精神的内容上进
行发挥，使之更加深入、具体，尤其是遗民文人感于时势，其意旨更为明
晰，钱谦益《纯师集序》云：

---

① 苏辙：《苏辙集》，陈宏天、高秀芳点校，中华书局 1990 年版，第 381 页。

夫文章者，天地之元气也。忠臣志士之文章，与日月争光，与天地俱磨灭。然其出也，往往在阳九百六、沦亡颠覆之时。宇宙偏沴之运，与人心愤盈之气，相与轧磨薄射，而忠臣志士之文章出焉。①

黄宗羲《谢皋羽年谱游录注序》云：

夫文章，天地之元气也。元气之在平时，昆仑旁薄，和声顺气，发自廊庙，而磅洑于幽遐，无所见奇。逮夫厄运危时，天地闭塞，元气鼓荡而出，拥勇郁遏，坌愤激讦，而后至文生焉。故文章之盛，莫盛于亡宋之日，而皋羽其尤也。然而世之知之者鲜矣。②

这里，钱谦益和黄宗羲都认为文章是天地之气所化，由于愤懑激讦而鼓荡澎湃而出，化而为文，是先天之气在主体精神上的反映。以后学者文人所谈的气已经偏重于主体之气，强调养气之功，但多了文学意味。刘大櫆的《海门初集序》中的气已经变成了"人之心气"，他说：

文章者，人之心气也。天偶以是气畀之其人以为心，则其为文也，必有辉然之光，历万古而不可堕坏。③

章学诚《文史通义·史德》云：

凡文不足以动人，所以动人者，气也。凡文不足以入人，所以入

---

①　钱谦益：《牧斋初学集》，上海古籍出版社 1985 年版，第 1085 页。
②　黄宗羲：《黄宗羲全集》（南雷诗文集上），浙江古籍出版社 1993 年版，第 32 页。
③　刘大櫆：《刘大櫆集》卷二，上海古籍出版社 1990 年版，第 59 页。

人者，情也。气积而文昌，情深而文挚；气昌而情挚，天下之至文也。①

曾国藩《谕纪泽纪鸿》家书中云：

> 有气则有势，有识则有度，有情则有韵，有趣则有味，古人绝好
> 文字，大约于此四者之中必有一长。②

章学诚和曾国藩所谈的"气"显然是指文章的风格气韵，及其打动人的力量，是一种总体气势。这是所谈的气已经由人心之气逐渐演化为文气，演化为文章的气势与情势。

另一方面，清人将文气论具体化到文章的所谓的文法之中，使抽象的"文气"体现在字法、句法、章法结构、节奏与音律之中，尤其桐城派在这一方面做了不遗余力的研究。桐城鼻祖方苞已经强调"理明""辞畅"，辞畅实为内在精神所外化之气。刘大櫆的《论文偶记》论述较为具体，云：

> 神气者，文之最精处也；音节者，文之稍粗处也；字句者，文之最粗处也。然论文而至于字句，则文之能事尽矣。盖音节者，神气之迹也；字句者，音节之矩也。神气不可见，于音节见之；音节无可准，以字句准之。
>
> 音节高则神气必高，音节下则神气必下，故音节为神气之迹。一句之中，或多一字，或少一字；一字之中，或用平声，或用仄声；同一平字仄字，或用阴平、阳平、上声、去声、入声，则音节迥异，故字句为音节之矩。积字成句，积句成章，积章成篇，合而读之，音节

---

① 章学诚：《文史通义校注》，叶瑛校注，中华书局 1985 年版，第 220 页。
② 曾国藩：《曾国藩全集》，岳麓书社 1985 年版，第 1198 页。

见矣；歌而咏之，神气出矣。①

刘氏把历代所探讨的创作主体的养气，即精神之气、文化之气、社会之气合称之为"神"，把文章中通过字句、音律表现出来作家精神气质与情感的称之为"气"，这使得原来抽象的概念有了具体的形式。姚鼐《古文辞类纂序目》云：

> 凡文之体类十三，而所以为文者八：曰神、理、气、味、格、律、声、色。神、理、气、味者，文之精也；格、律、声、色者，文之粗也。然苟舍其粗，则精者亦胡以寓焉？学者之于古人，必始而遇其粗，中而遇其精，终则御其精者而遗其粗者。②

桐城派诸子及后起之秀多有此论，只是论述的角度不一样。曾国藩在《致刘蓉》的书信中强调说：

> 古之知道者，未有不明于文字者也。能文而不能知道者，或有矣，乌有知道而不明文字者乎？……今日欲明先王之道，不得不以精研文字为要务。③

张裕钊《答吴至甫书》亦云：

> 吾所求于古人者，由气而通其意以及其辞与法，而喻乎其深。及吾所自为文，则一以意为主，而辞气与法胥从之矣。④

---

① 刘大櫆：《论文偶记》，人民文学出版社 1998 年版，第 6 页。
② 姚鼐、王先谦：《正续古文辞类纂》，浙江古籍出版社 1998 年版，第 10 页。
③ 曾国藩：《曾国藩全集》，岳麓书社 1985 年版，第 5—6 页。
④ 张裕钊：《濂亭文集》，清光绪八年查氏木渐斋苏州刻本，第 32—33 页。

刘大櫆、姚鼐所谓的"文之精""文之粗"是对"文气"说的具体化，文气转化为文法，就使抽象的概念具象化，这使学作文的人能有所依。曾国藩、张裕钊更重视文辞的重要性，这是和桐城派考据、义理、辞章的宗旨相符的。经桐城诸子的努力，文气说在清代既具有比较完备的体系和一定的理论高度，又包含了具体可操作性的文法，所以在清代文学创作与批评中是影响较大的一支。

清人对"文气"说阐释的一个重要特点，就是将《史记》作为文章正宗和文章范例，来阐释作家养气与"气"在《史记》中的体现，这从另一个侧面体现了清人对《史记》文学性的认识进一步深入。

清人继归有光等唐宋派的认识，认为《史记》是文章之典范，司马迁为文宗。在钱谦益所列的榜单中，司马迁为一代文宗，曾国藩也有同样的认识，他说：

> 自汉以来，为文者，莫善于司马迁。迁之文，其积句也皆奇，而义必相辅，气不孤伸，彼有偶焉者存焉。其他善者，班固则毗于用偶，韩愈则毗于用奇。蔡邕、范蔚宗以下，如潘、陆、沈、任等比者，皆师班氏者也。茅坤所称八家，皆师韩氏者也。传相祖述，源远而流益分，判然若白黑之不类。（曾国藩《送周荇农南归序》）①

曾国藩认为"为文者，莫善于司马迁"，对历史上古文创作进行归纳，强化了司马迁文宗的地位，指出《史记》"积句也皆奇，而义必相辅，气不孤伸，彼有偶焉者存焉"的特点。他以文气对司马迁之文的解读，与清代诸位大家的认识是一致的。方苞说："古文气体，所贵清澄无滓。澄清之极，自然而发为光精，则《左传》《史记》之瑰丽浓郁是也。"（方苞《古

---

① 曾国藩：《曾国藩全集》，岳麓书社 1985 年版，第 162 页。

文约选序例》)① 刘大櫆《论文偶记》亦云:"文贵大:道理博大,气脉洪大,丘壑远大;丘壑中,必峰峦高大,波澜阔大,乃可谓之远大。古文之大者莫如史迁。震川论《史记》,谓为'大手笔'。"② 方、刘都认为《史记》的澄清、瑰丽浓郁与远大是司马迁善养气所至。

清人在司马迁的"养气"方面,继续发挥了苏辙的论述,如顾炎武说:

> 秦楚之际,兵所出入之途,曲折变化,唯太史公序之如指掌。以山川郡国不易明,故曰东、曰西、曰南、曰北,一言之下,而形势了然。……盖自古史书兵事地形之详,未有过此者。太史公胸中固有一天下大势,非后代书生之所能几也。③(《卷二十六·史记通鉴兵事》)

顾炎武之论虽近于史学叙述的要求,但"太史公胸中有一天下大势,非后代书生之所能几也"的认识,在说司马迁才识绝人,才能使《史记》叙述清晰,变化于无形,这些论述显然幽通于"文气"之论。

清代以养气说对《史记》阐释最得力者,当属清初兰溪人唐彪。唐彪曾求学于黄宗羲、毛奇龄之门,其最为著名的是《读书作文谱》。对于司马迁的养气,唐彪云:

> 司马子长之文,为古今第一者,以其天资高迈,博记群书,又得师传心性之功,常收视反听,使天君湛然,故光明焕发。文章佳境出自性天,其言曰:"内视之谓明,反听之谓聪。"非虚语也。又,遍历宇内,凡天地间奇山异水,草木禽兽,人情风俗,可惊、可怪、可喜、可思者,悉取以助吾之生意。又父子相继为史官,有往昔当时之

---

① 方苞:《方苞集》,刘季高校点,上海古籍出版社1983年版,第614页。
② 刘大櫆:《论文偶记》,人民文学出版社1998年版,第7页。
③ 顾炎武:《日知录集释》,黄汝成集释,栾保群等校点,上海古籍出版社2006年版,第1428页。

秘书史册，可以资探讨，又与燕赵贤豪交游，有以助耳目闻见所不
及。又有藉信、荆、聂、平、尝、无忌诸公，足以供描写，有封禅、
开河、征蕃、黩货、严刑诸事足以畅发挥。又，上古地名、官名、服
饰、器用、宫殿之名多驯雅，点入文中多可爱。故其发为文章，立例
广，寄情深，或分或合，或略或详，随意所发，无不曲当。当大篇包
罗众有，则如千岩竞秀，万壑争流，其微辞旁见侧出，寓意于叙事之
外，则如天马行空，不可踪迹，可谓化工之巧，非人力所能仿佛矣。
虽其纪载往事附会讹误，亦时有之，然以文论，则无美不臻，大成之
名不得不归之也。①

　　唐彪认为，司马迁的文章能够成为古今第一，除了太史公天资高，博览群
书，又得师传的心性、心法这些原因外，和其日常实践相关。他共总结
了五个方面：第一，司马迁遍历宇内，各种奇山异水，草木禽兽，人情风
俗，拓广了他的见识和情志，成为《史记》撰写的文化基础；第二，司马
谈、司马迁父子相继为史官，可以便览金匮石室的典籍，知道古今秘闻，
并进行探讨，这成为其撰述《史记》的历史基础；第三，司马迁交游广泛，
多与燕赵豪杰来往，多闻异闻奇事，为其撰述《史记》准备了材料；第四，
唐彪认为，《史记》所撰述的人物都是古今奇人，如韩信、荆轲、聂政等
千古奇人，记述的是古今奇事封禅、开河、征蕃等，这些奇人奇事为其撰
述提供了发挥的空间。第五，唐彪还认为上古地名、官名、服饰、器用、
宫殿之名多驯雅，增加了文章的生机。
　　唐彪所论述的五个方面，涉及主体养气的是前四点。这些内容可以归
结为主体的精神之气、文化之气、时代之气三个方面，深入地探析了司马
迁创作《史记》的内在精神世界的建构，为《史记》的阐释作出了有力的
探索。同时，这些探析丰富了文气说，对创作主体的精神修养、文学修养

---

① 唐彪：《读书作文谱》卷十，清康熙三十八年（1699）刻本。

都有着开拓和总结。

正因为如此，清代每位古文大家都熟读《史记》，以之为神足气完的习文规矩，并探索其文气规律。其中最为典型的当属曾国藩，他说："十三经外，所最宜熟读者莫如《史记》《汉书》《庄子》韩文四种。余生平好此四书，嗜之成癖，恨未能一一诂释笺疏，穷力讨治。"（曾国藩《谕纪泽》）① 并认为：

> 欲着字之古，宜研究《尔雅》《说文》、小学、训诂之书，故尝好观近人王氏、段氏之说；欲造句之古，宜仿效《汉书》《文选》，而后可砭俗而裁伪；欲分段之古，宜熟读班、马、韩、欧之作，审其行气之短长，自然之节奏；欲谋篇之古，则群经诸子以至近世名家，莫不各有匠心，以成章法。如人之有肢体，室之有结构，衣之有要领。大抵以力去陈言、戛戛独造为始事，以声调铿锵，包蕴不尽为终事。（曾国藩《复许振祎》）②

曾国藩将《史记》作为学习"行气之短长，自然之节奏"的模范，常常习读《史记》，在日记中多有《史记》相关论述，如："温杜诗五古，观其笔陈伸缩吐茹之际，绝似《史记》，忆古人有谓杜少陵似太史公者，不记是东坡之言乎？抑他人之言乎？"③ 正是因为曾国藩注重对《史记》文气的探索，所以他在清代古文的创造上成就非凡，成为一代文宗。近人李详在《论桐城派》中说："文正之文，虽从姬传入手，后益探源扬、马，专宗退之，奇偶错综，而偶多于奇，复字单义，杂厕相间，厚集其气，使声采炳焕，而戛焉有声。"④ 显然，他对曾国藩对于《史记》文气的接受与学习的

---

① 曾国藩：《曾国藩全集》，岳麓书社 1985 年版，第 430 页。
② 曾国藩：《曾国藩全集》，岳麓书社 1985 年版，第 1971 页。
③ 曾国藩：《曾国藩全集》，岳麓书社 1985 年版，第 1636 页。
④ 舒芜：《近代文论选》，人民文学出版社 1959 年版，第 734 页。

评价是正确的、客观的。

这里只是以曾国藩为例来说明清代学者对《史记》的热爱。清人将《史记》视为文章正宗、文章范例，以"文气"说为阐释工具，既丰富发展了作为文学理论的"气"的内涵，使之成为可以准确把握、操作的理论，这与清代《史记》评点的风气是遥相呼应的，同时，又深入地挖掘了《史记》的文学特性。清人运用"文气"说对《史记》进行的文学阐释，对近现代及当代的《史记》文学的研究有着积极意义。

第二节　清代学者论《史记》的章法结构

一、清人论《史记》章法结构的秩序

秩序感是人类社会的最基本的准则。中国传统文化从天人关系中树立了社会与个体的秩序感，董仲舒说："明于天性，知自贵于物；知自贵于物，然后知仁谊；知仁谊，然后重礼节；重礼节，然后安处善；安处善，然后乐循理；乐循理，然后谓之君子。"[1] 儒家以"重礼""循理"对秩序建构的思想指导着传统文化、社会、人生的方方面面。可以说，人类文化无不在秩序中，那么文章作为万物之化，其秩序感是必然的。就文章的写作而言，如果说文章是主体意识与情感的寄托形式，那么章法结构就是主体内在逻辑的表现形式。这种形式必须"循理"做出安排，使文章所用材料、各部分有条理地、有组织地构成一个统一体。这正如亚里士多德在《形而上学》中所说："美的最高形式是秩序、对称和确定性。"[2] 由此来看，文章

---

① 班固:《汉书》，中华书局 1962 年版，第 2516 页。

② [古希腊] 亚里士多德:《形而上学》，苗力田译，中国人民大学出版社 2003 年版，第 270 页。

章法结构①"言之有序"的秩序感，其实质就是对美的规律追寻。

清代学者对《史记》叙事结构有着很高的评价，认为《史记》材料运用精慎，条理清晰，结构严谨，形成了极有秩序感的叙事架构。邱逢年以十二篇本纪为例论述道：

> 《史记》全书为人之一身，但其脉络贯通之法，与《左传》又不同耳。《左传》编年体也，《史记》纪传体也，当于不贯中求其贯，五代三王四纪只如一纪。《五帝纪》末云："自黄帝至舜、禹，皆同姓而异其国号，以章明德。故黄帝为有熊，帝颛顼为高阳，帝喾为高辛，帝尧为陶唐，帝舜为有虞。帝禹为夏后[而别]氏，姓姚氏。契为商，姓子氏。弃为周，姓姬氏。"此一节上结五帝下起三王，为下三篇过脉；"明德"二字尤为五帝三王总断。《殷纪》即承此，屡揭"德"字为主脑，禹以祗德兴，孔甲以德衰失诸侯，桀以不德亡，而汤又以修德兴。《夏纪》结尾即《殷纪》伏根，殷家兴衰数番更迭，故即以"兴衰"二字为眼目，其兴衰之本全在君德之修废，节节关锁，总与《五帝纪》"明德"二字，《夏纪》"汤修德"三字一脉相承。而西伯修德行善云云，《殷纪》结尾又为《周纪》伏根。……而周亡于秦，《周纪》结尾又为

① 台湾师范大学国文系教授陈满铭对文章章法归纳为四个规律：秩序、变化、联贯（局部）、统一（整体）。他说："'秩序'、'变化'、'联贯'（局部）和'统一'（整体），是章法之四大律。其中'秩序''变化'与'联贯'三者，主要著重于个别材料（景与事）之布置，以梳理各种章法结构，重在分析思维；而'统一'则主要著眼于情、理或统合材料，凝成主旨或纲领，以贯穿全篇，重在综合思维。"并且说："其中'秩序''变化'与'联贯'三者，主要是就材料之运用来说的，重在分析；而'统一'，则主要是就情意之表出来说的，重在通贯。"（见陈满铭《章法结构及其哲学义涵》，《浙江师范大学学报》（社会科学版）2004年第2期）陈满铭教授对传统名目繁多的叙事章法规律的把握有"牢笼相当周遍"之谓，并与传统近四十种章法类型分类相对，形成了较完备的文章学理论体系。由于本文仅为清代《史记》文学研究方向，故只取秩序、变化、联贯（局部）、统一（整体）四个大类来归纳清代学者对《史记》叙事艺术的论述，以图求得清人对《史记》叙事研究的整体认识。

《秦纪》生根。三代得天下皆以德，秦独以力，为生民以来一大变局。又起于襄公，章于文穆，献孝之后，稍以蚕食六国，至始皇乃能并冠带之伦，极力写其得之难与后失之易，相形作炯鉴。结将始皇二世一齐摄起，《始皇纪》乃紧接详叙。二篇本是一篇，其分而为二之未安，又当别论。始皇、项羽，一以惨急并天下，一以强暴霸诸侯，与三代修德人心自附者迥别，故总不过为圣王之驱除。高祖宽仁，与嬴项相反，故人心日附而帝业成。惜乎孝惠仁柔太□，吕后纯乎刚毅，二者相值，酿成吕氏之难。讵知文帝仁贤，天命所归，吕氏之难，适所以启之。此十纪之脉络也。①

邱逢年通过与《左传》的比较，认为《史记》在"不贯中求其贯"，使五代三王四纪贯通为一体，《史记》全书也脉络贯通，为一身统一的整体。这显然与司马迁"二十八宿环北辰，三十辐共一毂，运行无穷，辅拂股肱之臣配焉"的叙事策划，"厥协六经异传，整齐百家杂语"的叙事原则是一致的。现代著名学者曹聚仁也进行了深入的论述，他说："在他本身是一部极贯串连络的著作，本纪、年表是一个纵的系统，世家、列传是一个横的系统，再加以以事为中心的'书'，包含着纪传、编年、纪事本末三种体裁。可惜后来史家，只知偏重'政治'及'英雄'，把史的意义丧失掉了！"② 由此足见清人对《史记》整体结构的认识颇有见地。

《史记》不仅整体上叙事的章法结构严谨完满，具有秩序感，而且在局部、传记之中也条理清晰，叙事分明，如巨鹿之战是规模最大，大小战役次数频繁，战斗忽东忽西，牵连诸侯广、参战人数最多的战争，又是亡秦战争中最重要的一战，如何将风云变幻的历史清晰明了地叙述出来，叙

① 杨燕起：《历代名家评〈史记〉》，北京师范大学出版社 1986 年版，第 113—114 页。

② 曹聚仁：《中国史学 ABC》，世界书局 ABC 丛书社 1930 年版，第 22 页。

事的秩序就显得尤为关键。对之，郭嵩焘《史记札记》分析道：

> 史公于此云："陈馀为将，张耳为相，皆走入巨鹿城。"又云："陈馀为将，将卒数万人军巨鹿之北。"又特提云："此所谓河北之军也。"而后叙项羽战功云："遣当阳君、蒲将军渡河。"云："项羽悉引兵渡河。"则皆在河北也，并无有河南之军与陈馀为乡应者，疑此等所叙都未分明。及观《陈馀传》言："陈馀乃北收常山兵，得数万人，军巨鹿之北。"又言："张敖亦北收代兵，得万人，与燕、齐兵救赵者皆壁馀旁。"则是秦围赵巨鹿，陈馀度力不能支，乃北收常山兵而军巨鹿之北；于此不言者，已见《陈馀传》，而于此利害非所系也。其云"河北之军"者，陈馀北收常山一军，张敖北收代一军，及燕、齐兵皆在巨鹿北，项羽独军漳南，与秦兵相拒。《陈馀传》云："项羽军数绝章邯甬道，王离军乏食，项羽乃悉引兵渡河，破章邯军。章邯引兵解，诸侯兵乃敢击围巨鹿秦军。"是项羽战功全在漳南。盖章邯军棘原而筑甬道属之河以饷王离军，河南、北甬道必设重兵。《陈馀传》所云："项羽数绝秦甬道者"，漳南之甬道也，渡河破章邯军，即此所谓；"九战绝其甬道"，又河北之甬道也。史公极意写巨鹿之功，故于漳南战功无一语及之，而于《陈馀传》著其略。其于陈馀一军特云"此所谓河北之军也"，以明巨鹿之战得力处，全在绝秦甬道，项羽实独任之，与河北之军无涉。史公自具神识，于此分析言之，荆川以为"是断文法"，何从窥见史公一副胸襟眼界？①

繁复历史进程的关键时刻的叙事必须抓住要点，有所侧重。郭嵩焘认为，司马迁抓住了"利害所系"，寓论断于叙事，"极意写巨鹿之功"，强调"巨鹿之战得力处，全在绝秦甬道，项羽实独任之"。更为重要的是，他将这

---

① 郭嵩焘：《史记札记》，商务印书馆 1957 年版，第 49—50 页。

种叙事能力归结为史公的胸襟眼界，这实质上与顾炎武"太史公胸中固有一天下大势"的感叹和认识是统一的。不仅在大的章法结构，就是小到章节、段落，清人都注意到《史记》叙事文法的严密与秩序。对此，金圣叹、汤谐、吴见思、李晚芳、牛运震、郭嵩焘等研究家无不做出精彩的评论。如吴见思《史记论文》评《吴王濞列传》云：

> 一篇文字，必有全副精神，故左右前后，驱遣如意。此文写吴王谋反，先写其谋反之相，谋反之谶、以铜盐为谋反之资，提杀太子为谋反之因。然后，出一吴使以解之，乃又出一晁错以促之，曲曲写来，情事如见。然后，口报胶西，约六国，下反书，气势蓬勃，当直泻下，又出一袁盎，出一邓都尉，又出一田禄伯，出一桓将军，出一周丘，多少事蘩杂而来，不妨一齐插入，实只为谋反一事，四面点凑，无隔碍迂塞之病，岂非至文！①

正是司马迁"驱遣如意"，复杂的事情写得井然有序，"当直泻下"，"无隔碍迂塞之病"。这里再以金圣叹的两个评论为例，他对《酷吏列传序》评曰：

> 短幅，却作三段文字。第一段，引孔、老本论，以"信哉是言"结；第二段，痛亡秦密网，以"非虚言也"结；第三段，颂汉兴尚宽，以"由是观之"结。笔态奇特之甚。（《天下才子必读书》卷五）②

又如他对《屈原贾生列传赞》评点说：

---

① 吴见思：《史记论文》第七册，吴兴祚参订，中华书局1936年排印本，第37页。
② 金圣叹：《金圣叹全集》（三），江苏古籍出版社1985年版，第475页。

先是倾倒其文章，次是痛悼其遭遇，次是叹诧其执拗，末是拜服其邈旷。凡作四折文字，折折都是幽宵、萧瑟、挺动、扶疏。所谓化他二人生平，作我一片眼泪。更不可分，何句是赞屈，何句是赞贾。（《天下才子必读书》卷五）①

《酷吏传序》和《屈原贾生列传赞》都为极小的短副，但依然文法密集，秩序俨然。金圣叹虽称《史记》才子书，但由于精力主要在《水浒》《西厢》的评点，还未及全面而深入《史记》评点，但仅就他对《史记》个别篇章和部分论赞的细读、分析，可以看出《史记》在叙事的章法结构上的严密的逻辑性与良好的秩序感，这也是《史记》"百代而不能易其法"的文宗地位不可撼动的原因。

二、清人论《史记》章法结构的变化

清代学者凡论述到《史记》，无不涉及其变化之妙。中国古代文化对"变化"有着深刻而丰富的认识。《易经·乾卦》云："乾道变化，各正性命。"孔颖达疏曰："变，谓后来改前；以渐移改，谓之变也。化，谓一有一无；忽然而改，谓之为化。"可见，变化是事物渐变发展的过程，这种过程将孕育新的气象或景象，给人以心灵的刺激或重新唤醒。中国传统美学讲求"和实生物，同则不继"②，讲求"和而不同"。《左传·昭公二十年》晏婴曰："和如羹焉。水火醯醢盐梅以烹鱼肉，燀之以薪。宰夫和之，齐之以味，济其不及，以泄其过。""声亦如味。一气，二体，三类，四物，五声，六律，七音，八风，九歌，以相成也。清浊，小大，短长，疾徐，哀乐，刚柔，迟速，高下，出入，周疏，以相济也。"③晏婴的意思是众味才

---

① 金圣叹：《金圣叹全集》（三），江苏古籍出版社 1985 年版，第 461 页。
② 徐元诰：《国语集解》，王树民、沈长云点校，中华书局 2002 年版，第 470 页。
③ 孔颖达：《春秋左传正义》，北京大学出版社 1999 年版，第 1405 页。

能有味，众音才能有音。更为重要的是，"和而不同"的差异性能够打破板滞，打破单一，造成一种参差的变化之美。音乐如此，文学亦如此。作为叙事文来说，单一的叙事章法结构导致呆板、单调、枯燥之感，只有在秩序中将材料参差安排，注重虚与实、主与宾、顺与逆的变化，才能获得美感。这种秩序与变化的顺逆交错，是在秩序中追求延续与变化，以形成自由、动感、活泼的态势。这种变化多端的叙事方式，使阅读者有了惊奇感，从而唤起读者探索的愿望，并在阅读之后顿悟真相，获得一种精神上的愉悦。

　　清人对《史记》章法结构变化的认识更为丰富，认为其变化是多维的。他们认为，《史记》章法的变化不只是由甲到乙二维的方向，而是一种立体的多维的艺术概括，如刘大櫆《论文偶记》中所谓的文章"十二贵"无一不涉及变化，这里只选与叙事、叙事结构相关的"文贵奇""文贵大""文贵远""文贵疏"四个方面作以分析。刘大櫆认为"文贵奇"是《史记》的重要特点，表现为"有奇在字句者，有奇在意思者，有奇在笔者，有奇在丘壑者，有奇在气者，有奇在神者。字句之奇不足为奇；气奇则真奇矣，神奇则古来亦不多见"。就奇气在文章中的表现和行气的方法上，他指出："奇气最难识：大约忽起忽落，其来无端，其去无迹。读古人文，于起灭转接之间，觉有不可测识，便是奇气。奇，正与平相对。"① 他这里所论述的"忽起忽落，其落无端，其去无迹"，显然是指在秩序中的叙事章法结构上的变化与不可捉摸。刘大櫆所说的"文贵大"显然是对《史记》特点的概括，他认为"古文之大者莫如史迁"。然后，他对《史记》的大做了说明，"道理博大，气脉洪大，丘壑远大；丘壑中，必峰峦高大，波澜阔大，乃可谓之远大"②。毋庸置疑，"峰峦高大，波澜阔大"自然是变化之象。刘大櫆说："文贵远，远必含蓄。或句上有句，或句下有句，或

---

　　① 刘大櫆：《论文偶记》，人民文学出版社1998年版，第7页。

　　② 刘大櫆：《论文偶记》，人民文学出版社1998年版，第6页。

句中有句，或句外有句，说出者少，不说出者多，乃可谓远。""昔人谓子长文字，微情妙旨，寄之笔墨蹊径之外"，"意到处言不到，言尽处意不尽，自太史公后，惟韩、欧得其一二。"① 言尽意不尽自然与史公笔法相关，也和叙事结构相关。他对《史记》的"远"解释为"句上有句""句下有句""句中有句""句外有句"，无不是说其变化之妙。对于"文贵疏"，刘大櫆认为"太史公文，疏与密皆诣其极"，并解释道："凡文力大则疏；气疏则纵，密则拘；神疏则逸，密则劳；疏则生，密则死。"② 疏与密的变化其实质是受制于章法结构的安排。当然，刘大櫆的"神气"论涉及创作的方方面面，这里仅探讨和叙事结构论述的相关内容，"奇""大""远""疏"正是他对《史记》叙事变化之妙的概括。由此也不难看出，清代学者对《史记》叙事的章法结构特点把握得非常准确，认识得较为深刻。

如果说刘大櫆对《史记》叙事的章法结构是一种整体的、理论上的探讨，那么邱逢年、吴见思、牛运震、李晚芳、姚苎田等则是从文本细读入手，翔实地揭示了《史记》叙事在章法结构上的具体变化。清人在"义法"论的影响下，认为"法"为求"义"之道，特别重视《史记》章法结构的变化。可以说，清人凡涉及文章章法结构时无不谈及《史记》，涉及《史记》时无不谈及文章的章法结构。这里仅选部分论述以管窥全貌。吴见思在《五帝本纪》总评云：

> 《史记》一书，以参差错落，穿插变化为奇，而笔法句法，绝无一律。乃开卷第一篇，纯用庄重整练，隐其神奇，故排句学《国语》，而秀句用子书。尧、舜二纪，又采《尚书》古奥，觉另是一种笔墨。盖因作五帝之纪，遂成五帝之文，亦有纯气守中也。③

① 刘大櫆：《论文偶记》，人民文学出版社 1998 年版，第 7—8 页。
② 刘大櫆：《论文偶记》，人民文学出版社 1998 年版，第 8 页。
③ 吴见思：《史记论文》第一册，吴兴祚参订，中华书局 1936 年排印本，第 6 页。

吴见思概括出《史记》"参差错落，穿插变化"的特点，他以司马迁因"五帝之纪"而成"五帝之文"为例，说明《史记》叙事风格、章法结构多变，因人因事而不同。对《齐悼惠王世家》，吴见思所作评论如下：

> 此是齐世家，因悼惠王始封，遂以名篇耳。故悼惠王数行即了。后插入朱虚侯事、东牟侯事、琅邪王事、与诸吕事，一起一伏，或合或分，招作一团，层层包裹，其妙不可言喻。
>
> 此文是两半篇体，前半篇序齐琅琊朱虚、东牟；后半篇序齐胶东、胶西、菑川、济北，而中间作小结，以分上下。而后复附城阳六传作余波，以终齐事。
>
> 百忙之中，插入闲事，以为衬贴，以为姿致，是史公妙处。此前半插入一魏勃，后半插入一路中大夫，闲闲相对，以为章法。
>
> 太后嫁女一段，纪太后语、徐甲语、汉太后语，语虽不多，极模拟之妙。①

这里所选的几则评论有总评，有段批，涉及整篇章法、段内结构。这些评论的共同特点是始终都紧扣《史记》章法结构变幻莫测来展开的，如牛运震在《天官书》中所说："《天官》，星气禨祥之书，本以理数为主，不必以文为工。然或文不能妙，将使人苦其艰晦而弃之。故凡文章记叙，理幽赜者，必使疏朗分明，诵其文者，一一有针路可寻，了然于心。典制象数繁重者，必使灵活生动。又有章法结构，整齐错落，各尽其致，方免板滞叠砌之病。"②疏朗分明，灵活生动即是对其章法变化的概括。这种秩序之中的变化使文章就避免了"板滞叠砌"之病。

牛运震《史记评注》对《史记》章法结构依然是抓住"错综变换之

---

① 吴见思：《史记论文》第四册，吴兴祚参订，中华书局 1936 年排印本，第 46 页。
② 牛运震：《史记评注》卷四，空山堂藏板，乾隆五十六年校刊，第 24 页。

妙"进行阐发的。在对《秦始皇本纪》的批评中，他说："叙秦世次、生卒、年岁、居葬处所，又杂以记事，极简极质、极整极暇，中间回顾倒述，又极错综变换之妙，真记状高手。"① 在《外戚世家》评曰："'夫妇之际'二句，顶《易》《诗》《书》《春秋》；'阴阳之变'二句，顶《礼》《乐》；'可不慎钦'，总戒之。分合变换，亦化板为活法。若历引《易》《诗》《书》《春秋》《礼》《乐》，而总收以'夫妇之际''阴阳之变'等语，便有堆排之病矣。"② 在《张释之冯唐列传》中评曰："文帝问李齐，唐对以廉颇、李牧；及承帝问，又言李牧、李齐而不及廉颇；上说而搏髀，又言廉颇、李牧而不及李齐，正以参差错互见笔法自然处。"③ 这里"错综变换""分合变换""参差错互"，成为他概括《史记》叙事章法结构变化的核心词，体现了《史记》章法的变换之妙。这种关于《史记》结构变化之妙的论述，不仅充斥于吴见思、牛运震的点评之中，而且几乎是清代学者《史记》文法评论的重点。可以看出，清人对《史记》章法结构的变化的把握较为精准，这对探析《史记》文本内在意蕴有重要意义。

另外，清人除过对章法结构的直接评论外，受小说评点的影响，还以读法的形式，揭示了阅读过程与阅读方法，展示了《史记》叙事结构的变化特点，如对《封禅书》，吴见思《史记论文》云："予言文章诗画，总属一理，必于一笔之中，各具四面；一句之内，必分数层，所谓横看成岭，侧看成峰也。若止得正面一层，则画如死灰，诗如嚼蜡，一过而已，岂堪再三！如《封禅书》初看叙事平直，再看则各有关合。细心读之，则一句一字之中，嬉笑怒骂，无所不有，正如大云一雨，大根小茎，各得其滋润。究竟我见有尽，意义无穷。吾愿善读书者，必细心读之，再三读之，莫轻易放过，幸甚幸甚。"④ 这里，吴见思以"横看成岭侧成峰"来概括《史

---

① 牛运震：《史记评注》卷一，空山堂藏板，乾隆五十六年校刊，第39页。

② 牛运震：《史记评注》卷六，空山堂藏板，乾隆五十六年校刊，第4页。

③ 牛运震：《史记评注》卷十，空山堂藏板，乾隆五十六年校刊，第16页。

④ 吴见思：《史记论文》第二册，吴兴祚参订，中华书局1936年排印本，第69页。

记》章法的变化。姚苎田的《史记菁华录》则分析得更为深刻，云：

> 《封禅书》，千古奇文，而读者不能明其中之逐段自成结构，只是通长看去。又因其文甚长，眼光不定，遂如入迷楼者，只知千门万户，复道交通，终不能举其要领所在，未免矮人观场之诮。今特用摘截之法，单就精神团结、筋脉联贯处，细为批摘，而安枝布叶之精，斗角钩心之巧，豁然呈露。且逐段界乙，眼光易注，固读古文之一捷法也。如欲观其全局，则线装充栋，岂限上智之批寻哉？附识于此。○文中云："三神山不远，舟欲近，风辄引之去。"读此篇者，当作如是观。此即史公自状其文也。①

姚苎田以"如入迷楼"概括《史记》章法之变化，体现出"安枝布叶之精，斗角钩心之巧"的匠心。由此可见，清人对《史记》的解读正是从细读文本入手，解读出《史记》叙事艺术的高超。同时，对《史记》叙事结构的变换之妙，清人则从司马迁的内在精神修养予以总结。汤谐《史汉半解》云：

> 《史记》一书，长江大河洞庭彭蠡之胜备矣，到此自叙，要意理包括得完，更要气象笼罩得住，方称万壑朝宗境界。然可也是难。看此文系则追溯皇初，学则融贯诸家，则遍周宇旬，志则根柢忠孝，绪则渊源周孔，道则统承列圣，用则才配六经。鸿裁伟论，拔地倚天，而文气深沦深厚，浩荡杳冥，正如大海容纳众流，茫无涯际，其中百怪变幻，都归一片鸿蒙，宜乎二千年来，学士文人惟有为之望洋向若而叹也。②

---

① 姚苎田：《史记菁华录》，中华书局 2010 年版，第 29 页。
② 汤谐：《史记半解》，康熙慎余堂刻本。

显然，汤谐对《史记》叙事风格、结构章法变化原因的探索是准确的。文章作为内在思想和逻辑的外化，个体的内在精神、修养起着决定性的作用。司马迁熔铸六经，周游天下，其独视千古之气，"取而为文章，是以变化出没，如万象供四时而无穷"是对其最恰当的概括。

三、清人论《史记》章法结构的联贯

叙事文首先要讲求条理清晰，叙事分明，让人读后一目了然，对事件的来龙去脉分明于心。尤其是对于复杂的事件，由于牵连的人物多，头绪多，相互交叉，乱如麻绳，叙事的秩序与条理就显得更为重要。然而，过分的秩序与条理却会使叙述割裂事件，也会使叙事板滞，缺少生气。怎样才能使繁复纷杂的事件叙述在变化之中而有条不紊、条清理析，叙事章法结构的连贯性就尤为重要。

中国古人将写作视为与生命同律，认为创作如同"日月叠璧，以垂丽天之象；山川焕绮，以铺理地之形"的"天文""地文"一样，是人之文，而且还是"天地之心"①。这种观念也使创作成为生命的书写，王夫之在《古诗评选》说："以追光蹑景之笔，写通天尽人之怀。"②石涛的《苦瓜和尚画语录》也论述道："天地，变通之大法也，山川形势之精英也，古今造物之陶冶也，阴阳气度之流行也。借笔墨以写天地万物而陶泳乎我也。"（石涛《变化章第三》）③正是基于这样的认识，古人重视文章之法，重视文章的变化。交错、顺逆、虚实、宾主、因果、收纵，成为达成文章变化重要的手段。但是，在秩序与变化之间如果没有必要的承接过渡、交代呼应等就会使文章交代不清，成为一团麻绳、一盘散沙。就是说，固然文章结构

① 刘勰：《文心雕龙注》，范文澜注，人民文学出版社 1958 年版，第 1 页。

② 王夫之：《船山全书》第十四册，船山全书编辑委员会编校，岳麓书社 1996 年版，第 681 页。

③ 石涛：《画谱》，清康熙大涤堂刻本，第 4 页。

要讲求秩序与变化，但同时要重视这种秩序与变化之间的联贯性。

　　章法结构的联贯可以分为局部之间的"调和""对比"两种情况。陈满铭《章法结构及其哲学义涵》认为："所谓'联贯'，是就材料先后的衔接或呼应来说的，也称为'衔接'。无论是哪一种章法，都可以由局部的'调和'与'对比'，形成衔接或呼应，而达到联贯的效果。"[①] 显然，每篇文章必然是有机的整体，这就需要将各部分衔接起来。文章各局部之间的联贯，无非是看似没有任何痕迹、有机融为一体的联结，这即为"调和"关系。另一类"对比"关系则为有意的强调，在对比中形成一种联结与统一。

　　清人对《史记》章法结构的研究中，特别重视结构上的调和性联贯。实质上，这种衔接联贯，有有意的衔接，也有大而化之、了无痕迹的自然连接。特别是后者，清人最为看重。诸多研究者都重视章法结构的贯穿探索，这涉及了文气贯穿的问题，尤其以牛运震和吴见思为然。牛运震把"错综浑妙无痕迹处"的衔接视为联贯的最高境界，他在《五帝本纪》评论说：

　　　　记舜崩、葬舜事，备悉无遗矣，篇末附掇三大段，……点次结构，妙在有意无意之间，而"帝禹为夏后"云云，连及三代氏姓，已为夏、殷、周三本纪根地，又似不专意收结五帝者，此大手笔经营，错综浑妙无痕迹处。[②]

这种浑妙无痕迹，使文章结构在变化中成为有机的一体，牛运震称之为"错综浑妙无痕迹"。此外，清人多有此论述。如吴见思对《西南夷列传》的评论正是从这一点进行肯定："挈纲分纬，入手提清，下乃逐节写来，

---

　　① 　陈满铭：《章法结构及其哲学义涵》，《浙江师范大学学报》（社会科学版）2004年第 2 期。

　　② 　牛运震：《史记评注》卷一，空山堂藏板，乾隆五十六年校刊，第 8 页 a—b 面。

便不复费手矣。且前列十数太多，至篇末也总算一盘，归到百数，仍提出滇、夜郎结，有首有尾，彻始彻终，篇如一节，节如一句，无衅可乘，无暇可击，文章之精密者也。"①这种自然的绾结使文章成为精密的一体，用于人物合传则如一人之传，在《张丞相列传》中他论述道：

> 张苍丞相也，其初为御史大夫，前乎苍为御史大夫者，周苛、周昌、赵尧、任敖、曹窋也！后乎苍为丞相者，申屠嘉也！传以张苍为主，以丞相、御史大夫为眼目线索，开首叙苍出身，至为御史大夫，却追溯先为御史大夫者，叙周昌并及周苛，次赵尧，次任敖，又带入曹窋，仍收转张苍，此以御史大夫为联络者也；中间叙苍为丞相，因连及后之为丞相者，已结张苍，因叙申屠嘉并附及陶青、刘舍、许昌、薛泽等辈，此以丞相为联络者也。条次分明，穿插变化，合数人为一传，而如一人传者，此又传之变例也。②

吴见思特别重视《史记》衔接联贯上的照应与贯通。他在《五帝本纪》总评中说："史公作文，虽序许多人，其实只是一篇文字，中间自有神理贯串，线索通联如《五帝》一纪，大者止天地、山川、岁时、日月、礼乐、制度、设官、分职、有衍为数百言者，有缩为数字者，节节照应，处处融通，而互相映发处，机神尤浃，结处一总，收尽通篇，彻尾彻首，并无间断也。"③吴见思认为，神理线索是文章结构的关键，它起到了照应、融通的作用。在《佞幸列传》的总评中，他说：

---

① 吴见思：《史记论文》第七册，吴兴祚参订，中华书局1936年排印本，第2页a面。

② 牛运震：《史记评注》卷九，空山堂藏板，乾隆五十六年校刊，第50页b面—51页a面。

③ 吴见思：《史记论文》第一册，吴兴祚参订，中华书局1936年排印本，第6页a面。

中间列许多人，有整序者、散序者、实序者、虚点者、又段段牵挽，处处回合，通篇一气，直贯到底，绝无一毫涩滞，止有清空灵气，点化运旋，文章至此，可云灵化矣。①

他的这种认识与牛运震是一致的，但他强调照应与融通。在对《萧相国世家》的评论中，吴见思有同样的认识："此篇亦顺序、平序之文，中间以高帝作经，诸事作纬，前后起伏照应，贯串联络，其神采全在两论功、三说客，及高帝两大喜、一大悦、一大怒、一不怿，照应点缀，而浩然神气，行乎其中。"②显然，吴见思"段段牵挽，处处回合，通篇一气"是把照应、融通视为文章结构上联贯灵化的关键。

清人认为，《史记》结构上"调和"关系的联贯衔接，不仅使文章结构处于一有机之体，而且也使文章达到一种了然无痕的鬼神之接。这种不绝如缕的意接文不接的妙境，以照应、融通形成结构联贯灵化。而对于"对比"性关系，清人也有较为深刻的认识。对比组成部分之间表示补充或强化，在对比中强调结构的整体性，因而就形成了衔接关系，如在叙事结构中，对于补叙、插叙、分叙等方法所引起的变化，则要点明、强调。因为补叙、插叙的内容是和主要事件或所叙主线内容相关，为了帮助主线说清问题，这种穿插须提掇清楚，才有助于叙事脉络。吴见思在《项羽本纪》的评论中说："当时四海鼎沸，时事纷纭。乃操三寸之管，以一手独运，岂非难事！他于分封以前，如召平、如陈婴、如秦嘉、如范增、如田荣、如章邯请事，逐段另起一头，合到项氏，百川之归海也；分封以后，如田荣反齐、如陈余反赵、如周吕侯居下邑、如周苛杀魏豹、如彭越下梁、如淮阴侯举河北，逐段追序前事，合到本文，千山之起伏也。而中间总提处、间接处遥接处多用'于是时''当是时'等字，神理一片。"③牛

---

① 吴见思：《史记论文》第八册，吴兴祚参订，中华书局 1936 年排印本，第 55 页。
② 吴见思：《史记论文》第四册，吴兴祚参订，中华书局 1936 年排印本，第 49 页。
③ 吴见思：《史记论文》第一册，吴兴祚参订，中华书局 1936 年排印本，第 66 页。

运震在《吴王刘濞列传》亦云："吴王传只叙吴楚七国反一事，而首尾贯串，分合有法，顺叙、追叙，错综尽致，《史记》长篇最佳文字。""一篇多用遥接、追叙之法，如'七国之发也''吴王之初发也''初，吴王之度淮''吴王之弃其军亡也''三王之围齐临菑也'，提掇处，眼目分明。"①《史记》中"初""于是时""当是时"都是补叙内容，从章法结构来看，是所谓的对比关系。清人把提掇作为文章结构衔接联贯的重要方法，它也使文章眼目分明、神理一片。

总结以上，清人对《史记》章法结构的研究中，特别重视文章结构上的衔接联贯，这些分析大致对应了"调和"关系与"对比"关系两方面，调和是了无痕迹的贯通，对比是对差异与补充中整体合一的强调。这些深刻地反映了清人对《史记》章法结构贯通的认识。

四、清人论《史记》章法结构的统一

陈满铭认为，章法结构的"统一"，"是就材料情意的通贯来说的"。②在他看来，章法结构的秩序、变化与联贯侧重于对篇章或段内的内容、材料形成一有机之体，尤其是联贯的技法使篇章、段、节内容成为一个大的板块。在这一过程中，虽涉及作者的主旨、立意、情感等问题，但不是主导。文章作者的主旨、立意、情感问题则由章法结构统一的方向来衡量。故而，他说：

> 要达成内容的"统一"，则非诉诸主旨（情意）与纲领（大都为材料的统合）不可。而纲领既有单轨、双轨或多轨的差别，就是主旨（含纲领）也有置于篇首、篇腹、篇末与篇外的不同，这就必须主要

---

① 牛运震：《史记评注》卷十，空山堂藏板，乾隆五十六年校刊，第28页。

② 陈满铭：《章法结构及其哲学义涵》，《浙江师范大学学报》（社会科学版）2004年第2期。

由"逻辑思维"而辅以"形象思维"来加以完成。一篇辞章，无论是何种类型，都可以由此"一以贯之"，以呈现其特殊条理。①

由以上分析可以看出，显然章法结构的统一是指作者的主旨、立意或事物的情理与材料所达成的冥合，是内容与形式、情理与结构完美的契合，也即清人所归纳的"法"与"义"的统一。

中国传统文章学重视章法结构的统一，重视文章命意与材料的关系。范晔在《狱中与诸甥侄书以自序》云："常谓情志所托，故当以意为主，以文传意。以意为主，则其旨必显，以文传意，则其词不流；然后抽其芬芳，探其金石耳。""以意为主"概括了传统文章学对文章统一的认识。袁枚《续诗品·崇意》亦云："意似主人，辞如奴婢。主弱奴强，呼之不至。穿贯无绳，散钱委地。开千枝花，一本所系。"（袁枚《小仓山房诗集》）②意为文章之统帅，否则只是一盘散沙。在文章之"法"和作者之"意"之间，"法"为"意"的表现形式，对此宋代陈骙《文则》云："辞以意为主，故文辞有缓，有急，有轻，有重，皆生乎意也。"刘熙载《艺概·经义概》则概括说："凡作一篇文，其用意俱要可以一言蔽之。扩之则为千万言，约之则为一言，所谓主脑者是也。……主脑既得，则制动以静，治烦以简，一线到底，百变而不离其宗，如兵，非将不御；射，非鹄不志也。"③意即文章之主脑，这些论述都强调文章主脑是灵魂、统帅，决定了文章的结构。文章的结构秩序、变化、联贯无不统其中。

清代学者重视《史记》叙事章法结构统一的研究，注重史公笔法背后意义的探索。王又朴云："史公盖多恢宏谲诡之词，不肯显言正论，又时以他事闲文自掩其笔墨之迹，且文辞浩瀚，读之者目眩神骇。"（《项羽本

① 陈满铭：《章法结构及其哲学义涵》，《浙江师范大学学报》（社会科学版）2004年第2期。
② 袁枚：《袁枚全集》，王英志点校，江苏古籍出版社1993年版，第415页。
③ 刘熙载：《艺概注稿》，袁津琥校注，中华书局2009年版，第819页。

纪读法题词》)① 也正是《史记》这种恢宏谲诡的叙事方式，使对司马迁叙事主旨、情感的把握始终是《史记》史学、文学研究的核心。清代"义法"论则成为解决这一问题最有效的理论，成为《史记》内在意蕴探索方法的正解。清人以"法"解"义"，对《史记》研究无不及之章法结构的统一，重视"一以贯之"的线索，重视司马迁叙事主旨、情感的探究。清人认为司马迁在主意与材料上达到章法结构的统一。惠栋《九曜斋笔记》云："《史记》长篇之妙，千百言如一句，由其线索在手，举重若轻也。识得此法，便目无全牛。"（惠栋《砚溪先生论文遗语》)② 这里的线索显然是指贯穿传记所述内容的主旨。汤谐在《史记半解·杂述》对此从文意与文法的关系进行论述，曰：

> 文章之有法度也，非自法始也，必先有其意而后法以运之。意者一篇之主宰而文之所由生。意不高，虽有良法无所附丽。然意立而法不密，则无以达意而文失之疏；法不浑，则又无以藏意而文失之浅。会斯意者，可与读《史记》矣！《史记》之文，一篇自有一法，或一篇兼具数法。烟云缭绕处，几于勺水不漏，而寄托遥深，迷离变幻，使人莫可端倪。一片惨澹经营之意匠，皆藏于浑浑沦沦浩浩荡荡之中，所以为微密之至，而其貌反似阔疏也。学者不加体察，见旧人有班密不如马疏之论，喜其说之高而便于卤莽，遂群奉疏之一字以概《史记》之文，而法度直置之弗论，……此一大错哉！

汤谐认为，文章的立意决定了文法，"意不高，虽有良法无所附丽。然意立而法不密，则无以达意而文失之疏；法不浑，则又无以藏意而文失之

---

① 王又朴：《史记七篇读法》，康熙十九年诗礼堂刻本。
② 惠栋：《九曜斋笔记》卷二，聚学轩丛书，第38页。

浅"。文法过疏过密都不能使文章立意得到恰当的表达，并得出"《史记》之文，一篇自有一法，或一篇兼具数法"，而且"寄托遥深，迷离变幻"，达到了法与意的紧密结合，体现了《史记》章法结构的统一性。对此，邱逢年《史记阐要》中也说：

> 太史公凡纪表书传世家，每作一篇，必综会其世其帝其国其人其事之始终曲折，审其孰重孰轻，炯若观火，然后即其重者以立主意，复执此以制一切详略虚实之宜。而主意之或用正揭，或用侧出，或全不见，或一见再见以至数见，亦各随机以适变。①

以主意经略一切，必然删略了杂芜，而成统一之体。吴见思的《史记论文》、牛运震的《史记评注》多对《史记》的章法结构的统一进行评点，认为文意作为文章之脉络，在文中表现为线索，成为文章整体性、统一性的关键。吴见思对《陈涉世家》分析道：

> 陈胜首事，是极匆匆之时。千端百绪，各处纷来，一时已难支应。况时止六月，事有六月中毕者；有六月不能即序完者；有一时并起，一笔不能双写者；倏忽之间，如何收合？他却逐件齐入，即随手放倒，如蜃楼海市，忽有忽无，而中有线索贯串，不见其堆垛，不见其杂沓，笔法绝人。②

陈胜吴广起义，事起仓促，一时并起，头绪百端，其整体统一性只能从众头绪中找出主线，作为贯穿前后的线索。这就使琐碎的内容统一为一体。牛运震分析《李将军列传》，曰：

---

① 杨燕起：《历代名家评〈史记〉》，北京师范大学出版社 1986 年版，第 210 页。

② 吴见思：《史记论文》第四册，吴兴祚参订，中华书局 1936 年排印本，第 32 页。

　　一篇精神，在射法一事。以广所长在射也。开端"广世世受射"，便契一传之纲领，以后叙射匈奴、射雕、射白马将、射追骑、射猎南山中、射石、射虎、射阔狭以饮、射猛兽、射裨将，皆叙广善射之事实。"广为人长，猿臂，其善射亦天性也"云云，又"其射，见敌急，非在数十步之内，度不中不发"云云。正写广善射之神骨，末附李陵善射、教射，正与篇首"世世受射"句收应。此以广射法为线索贯串者也。①

李广一生事件众多，唯有抓住"善射"，就概括了所有，整篇也就结为一体。又如分析《陈丞相世家》，曰：

　　"奇计""阴谋"，是陈平一生功业本领，篇中屡屡点出，如"臣进奇谋之士""用其奇计策，卒灭楚""吾用先生谋计，战胜克敌""高帝用陈平奇计""其计秘，世莫得闻""凡六出奇计，辄益邑，凡六益封""奇计或颇秘，世莫能闻也""平与太尉勃合谋，卒诛诸吕，立孝文皇帝，陈平本谋也"，眼目点逗，不一而足。篇末又借陈平口中结出"阴谋"二字，而于赞语总收之，曰："非智谋孰能当此者乎"，章法贯串，才是一篇文字。②

他们认为，文章结构的统一体现在对头绪多而纷繁事件的整合，线索是达成统一的关键，而这些线索自然是由作家之意所统领。可以从吴、牛二人对《外戚世家》《商君传》的分析作一比较，吴见思分析《外戚世家》道：

　　齐家治国，王道大端。故陈三代之得失，归本于六经，而反复感

---

① 牛运震：《史记评注》卷十，空山堂藏板、乾隆五十六年校刊，第44页。
② 牛运震：《史记评注》卷六，空山堂藏板、乾隆五十六年校刊，第28页。

叹，以天命终焉。一论已冒定通篇，通篇虽列五家，中间隐隐以天命二字挑剔照应，而神情自成一片，与有意挽合者，觉更进一层。①

牛运震认为：

> 篇中拈一"命"字为主，或叙或断，皆见之。如云"吕太后以重亲故，欲其生子万方，终无子"，又云"欲连固根本牢甚，然无益也"，又如窦太后欲置赵籍中，"宦者忘之，误置代籍中"，"陈皇后求子，与医钱凡九千万，然竟无子"，皆隐隐含一"命"字，是其针线密细、眼目分明处。②

司马迁著《史记》就是要"稽其成败兴坏之理"，就是要"究天人之际，通古今之变"，对于"天命""命"的探讨遍及全书的每个部分，实质是统摄全书的命脉所在。牛运震和吴见思都认为，《外戚世家》中以"命"为意，或叙或断，将通篇聚合成一个统一整体。对于《商君列传》，他们都有评论，牛运震分析说：

> 《商君传》以"法"字作骨，开端"鞅少好刑名之学"，中间云"鞅欲变法"，又曰"卒定变法之令"，而末段于商君语中结之曰"为法之弊一至此哉"，首尾血脉贯串，笔法断制巉削，总成一篇满纸阴惨文字。③

吴见思对此篇也分析道：

---

① 吴见思：《史记论文》第四册，吴兴祚参订，中华书局 1936 年排印本，第 38 页。
② 牛运震：《史记评注》卷六，空山堂藏板，乾隆五十六年校刊，第 718 页。
③ 牛运震：《史记评注》卷七，空山堂藏板，乾隆五十六年校刊，第 14—15 页。

商君用秦，纯于任法，先提刑名之学一句作主后，下乃以"法"字符串，故欲变法、定变法、太子犯法、民议令、公子犯约、终之以"为法之弊"一语，以见法不足恃，徒足以杀其躯而已，所以古人愿为鸾凤也。①

吴见思、牛运震代表了清代《史记》文本细读和分析的较高水平，对《史记》叙事艺术的挖掘有着巨大贡献。由他们的分析可以看出，清人对《史记》叙事的艺术结构有着较为统一的认识。同时，这种分析强化了《史记》文学性的认识，如吴见思以"意在作文"来评论《史记》，认为《史记》是司马迁有意为文之作，他说："《史记》虽序事，而意在作文，其中许多人、许多事，不过供我作文之料耳。故或前或后、或散或合、或花分、或挦捥、极我文章之妙，而其事已传矣，非必一人还他一篇。"② 这和姚苎田《史记菁华录》所提出的"《史记》之文，文也，不必以其事也"③ 的观点一致，代表了清人对《史记》独立文学性的认识。

第三节　清代学者对《史记》的叙事技法的阐释

一、清人《史记》文学阐释的重要形式与特点——叙事技法的探讨

清代对《史记》叙事艺术的阐释，除大的章法结构的研究外，另一个重要方面是对《史记》叙事技法的探讨。章法结构是指在作者的主旨、立意或事物的情理的指导下，对材料进行秩序、变化、联贯和统一性的安

---

① 吴见思：《史记论文》第五册，吴兴祚参订，中华书局 1936 年排印本，第 27 页。
② 吴见思：《史记论文》第八册，吴兴祚参订，中华书局 1936 年排印本，第 42 页。
③ 姚苎田：《史记菁华录》，中华书局 2010 年版，第 76 页。

排，是思维逻辑的外化。这不仅是对全篇、章节、甚至还涉及到段落的统筹安排。这种以秩序、变化、联贯和统一为指导的统筹安排，在具体落实的过程中，又体现为各种叙事技法的运用。对《史记》叙事技法的研究，是清人对《史记》文学阐释最重要的形式和特点。

宋明以来，以举业为推进，文章学迅猛发展。宋代出现了一些著名的文章学著作，如吕祖谦的《古文关键》、楼昉的《崇古文诀》等。明代则有武之望的《举业卮言》、归有光的《文章指南》、董其昌的《文诀九则》。清代则有魏际瑞的《伯子论文》、刘大櫆的《论文偶记》、梁章钜的《制艺丛话》、包世臣的《艺舟双楫》等等。文章学的发展反映出了古人对文章理论的把握，对文章技法的总结。明清两代的"八股取士"更促进了读书人对文法的探求。于是，文章技法成为普遍的知识，其研究方法也渗入戏曲、小说、散文的研究，成为小说、戏曲、散文评点的工具。文章学阐释方法也就成为解读一切文章的基本方法。林纾《春觉斋论文》引吕祖谦对文章的解读之法阐述了研究文章的一般思路，云：

> 教人作文：第一看大概主张；第二看文势规模；第三看纲目关键，如何是主意首尾相应，如何是一篇铺叙，如何是抑扬开合处；第四看警策句法，如何是一篇警策，如何是下字下句处，有力处，如何是起头换头佳处，如何是缴结有力处，如何是融化屈折剪裁有力处，如何是实体贴题目处。①

林纾所谈的文章解读之法，可以看作是清人对文章研究方法的总结。"纲目关键""首尾呼应""抑扬开合"等显然是文法内容。清代文章学的发展与桐城派致力于辞章关系很大。桐城派号为古文正宗，方苞极称"义法最精者，莫如《左传》《史记》"，并说："学者能切究于此，而以求

---

① 林纾：《春觉斋论文》，人民文学出版社1959年版，第100页。

《左》《史》《公》《榖》《语》《策》之义法，则触类而通，用为制举之文，敷陈论、策，绰有余裕矣。"（方苞《古文约选序例》）① 方苞作为一代文宗，他以古文济时文的倡导，无疑促进了对作为文宗的《史记》的文法探讨。

正因为如此，清代《史记》的文法研究在明代探索的基础上更为精深，尤其是叙事技法的探讨上。《文则》曰："文之作也，以载事为难；事之载也，以蓄意为工。"② 文章叙事的结构章法属于大的方面、宏观的可以整体设计安排，但落实在具体的操作中，要达到化工之妙，就必须有一定的技巧方法。这里有必要辨析一下文法与叙事技法两个名词的关系。文法是中国传统文章学的概念，指文章法度、规则的意思，包括常说的字法、句法、章法等方面。技法或叙事技法是章法的深化、具体化，表现为叙事过程中具体的安排技巧，如伏应、断续、顺逆、虚实、繁复等具体方法。这些方法有时又表现为一种特殊的称谓，如由小说评点所引入的一些特殊术语，如"草蛇灰线""急脉缓受"等。要强调的是，由于评点的私人化，评点者将自己的创作阅读感悟、生命体验融入到评点中，进行创造与发挥，往往在术语上表现出一定的个体差异性，但在整体来看还是倾向于统一。《史记》叙事技法的研究是清代《史记》叙事艺术阐释的重点之一。清人通过深入精慎地文本细读，注重思考首尾相应、铺叙、抑扬开合、缴结有力等问题，将散落在各处的叙事技法点示出来，揭示出《史记》叙事艺术的高超。

清代学者对《史记》叙事技法阐释的形式，除个人文集、文论中的例证外，主要有两种：一类是评点的方式，如吴见思的《史记论文》，还有一些选本如吴楚材、吴调侯的《古文观止》、姚苎田的《史记菁华录》等。另外一类则已经没有原文，只有分析评论，如方苞的《史记评语》、郭嵩

① 方苞：《方苞集》，刘季高校点，上海古籍出版社1983年版，第613页。
② 陈骙：《文则》，人民文学出版社1960年版，第7页。

焘的《史记札记》等。前一类在篇首或篇目的总批里主要提示大的结构章
法或本篇微言大义，而在文中的夹批和眉批中重点揭示主要叙事技法及其
他。后一类则各有特点，如方苞的《史记评语》对《史记》叙事方法和"义"
的探索结合极为紧密；牛运震的《史记评注》突出文章的章法结构、叙事
方法；郭嵩焘的《史记札记》则体现为考据、叙事方法与"义"结合，体
现"法"为"义"显的特征。这些著述虽然特点各异，但共同特征是都重
视叙事技法。

　　方苞的弟子王又朴的《史记》研究在清代独具特色，他认为"千古细
心善读书人固未有如金氏者也"（《项羽本纪读法题词》）①，仿照金圣叹的
小说读法的形式详批了《项羽本纪》《外戚世家》等篇目，写成了《史记
七篇读法》。王又朴对《史记》叙事研究可以代表清代《史记》叙事技法
的研究水平。

二、清代对《史记》叙事技法的阐释

　　文章学的发展，促进了清人在诗文写作与阐释中重视技法的探索。清
代学者反对"不通文法，平铺直叙，惊人之事，反弃去之"②，认为文法对
于叙事至关重要，平铺直叙只会使文章板滞无味。同样，在阅读中，只有
把握住叙事技法，才能感受叙事之妙。冯镇峦《读聊斋杂说》云：

　　　　不会看书人，将古人书混看过去，不知古人书中有得意处，有不
　　得意；有转笔处，有难转笔处，趁水生波处，翻空出奇处，不得不补
　　处，不得不省处，顺添在后处，倒插在前处。无数方法，无数筋节。
　　当以正法眼观之，不得第以事视，而不寻文章妙处。

---

①　王又朴：《史记七篇读法》，康熙十九年诗礼堂刻本。
②　朱一玄：《明清小说资料汇编》，齐鲁书社1989年版，第85页。

可见，清人将文章阅读、阐释视为一种审美再创造的过程，认为在阅读中不能只是驻足于所叙述事件的内容上，而是从文章的叙事方法、技巧中获得美感。所以，始终将叙事艺术作为阐释的重点之一。这也使清人对《史记》阐释的方法在方法论上更为明晰。

对于文章的行文之法，清人包世臣的论述有很大影响，他在《艺舟双楫》中说："行文之法，又有奇偶、疾徐、垫拽、繁复、顺逆、集散。不明此六者，则于古人之文，无以测其意之所至。"（包世臣《书谱》）[1] 他所总结的六种方法，基本概括了文章的行文之法，代表了清代对叙事方法的认识。对于《史记》叙事技法的阐释，由于研究者的阐释带有个体性、发挥性的特点，在术语上往往又表现为创造性，这使《史记》的叙事技法在名称上繁复难辨、五花八门。这里将清人在《史记》叙事技法的阐释中使用频繁几种术语做了简单的归纳，将联系较为紧密或相关的合为一组，这样大致就有三类：伏笔与照应，断续与张弛，繁复、宾主和虚实。

先看清人对《史记》伏笔与照应的阐释。伏笔是在叙事过程中，前文为后段文字作埋伏，对下文起到暗示的作用，伏笔应该"须在人不著意处"[2]。有伏必应，照应是对前文伏笔的揭示和呼应。伏应实质也充当线索，使文章显得严密、紧凑。伏笔和照应是清人《史记》叙事技法阐释最普遍的一点，往往在文中的总批、眉批中加以说明，或点出哪是伏笔，哪是照应，如吴见思在《萧相国世家》总评曰：

> 此篇亦顺序、平序之文，中间以高帝作经，诸事作纬，前后起伏照应，贯串联络，其神采全在两论功、三说客及高帝两大喜、一大悦、一大怒、一不怿，照应点缀，而浩然神气，行乎其中。[3]

---

[1] 包世臣：《艺舟双楫》卷一，清道光二十六年白门倦游阁木活字印安吴四种本，第1页。

[2] 林纾：《春觉斋论文》，人民文学出版社1959年版，第117页。

[3] 吴见思：《史记论文》第四册，吴兴祚参订，中华书局1936年排印本，第49页。

吴见思指出了伏应在文章表述上以及对文章气势上的作用。又如《项羽本纪》："汉王则引兵渡河，复取成皋，军光武，就敖仓食。"姚苎田批点曰："楚之败，以乏食。看其隐隐隆隆，由渐写来。此烧积聚，彼食敖仓，成败之机，已伏于此。"对原文"是时，汉兵盛食多，项王兵罢食绝"句评点说："成败大关目提出，大有笔力。"后对"项王军壁垓下，兵少食尽"句，姚氏眉批道："'兵罢食尽'之语，凡三提之。正与项王'天亡我'之言呼应。史公力为项王占地步，其不肯以成败论英雄如此。皆所谓一篇之中，三致意焉者也。"① 这些评论既点出伏笔与照应，又揭橥其在文章中线索的作用，也点出对表情达意的作用。

值得强调的是，伏应之法与草蛇灰线法的联系和区别。草蛇灰线是由小说批点引入的技法术语，有伏笔照应的关系，如《萧相国世家》："高祖为布衣时，何数以吏事护高祖。高祖为亭长，常左右之。……吏皆送奉钱三，何独以五。……秦御史欲入言征何，何固请，得毋行。"② 姚苎田对这段评点曰：

> 酂侯为汉元功第一。于其始，默识高祖于稠人之中处，用"常"字、"独"字、"数"字，草蛇灰线，历落叙来，而以"固请得毋行"一语表其深心高识，便为第一注脚。③

由姚氏所注来看，伏应与草蛇灰线所指相同，但侧重点不一样。草蛇灰线虽然也有前后照应的意义，但更侧重于整体的认识方面，突出线索脉络；而伏应则侧重于前后的对照，两者在使用目的上有些差异。

再来看断续与张弛。断续也叫开合，金圣叹解释说："只为文字太长了，便恐累坠，故从半腰间暂时闪出，以间隔之。"(《贯华堂第五才子书

---

① 姚苎田：《史记菁华录》，中华书局 2010 年版，第 12 页。
② 司马迁：《史记》，中华书局 1959 年版，第 2013—2014 页。
③ 姚苎田：《史记菁华录》，中华书局 2010 年版，第 47 页。

水浒传·读法》)① 指在叙事过程中，为了使叙事生动曲折而将所叙的事件暂时停止，而插入其他事情，暂时隔断了文脉，等插入话题结束后再接叙原来话题。断续是行文一种重要的方法，能够使叙事具有变化之妙，但要能"断"，还要能"续"。刘熙载《艺概·文概》云："章法不难于续而难于断。先秦文善断，所以高不易攀。然'抛针掷线'，全靠眼光不走；'注坡蓦涧'，全仗缰辔在手。明断正取暗续也。"② 如《淮阴侯列传》中，在"信乃令军中毋杀广武君，有能生得者购千金……师事之。"和"于是信问广武君"中断开，加入韩信与诸将对话一段。牛运震评道：

> 此文妙在以师事广武君叙在前，而中间以效首虏论兵法间之，乃以信问广武君遥接之，安顿得宜，错综有法，《左》《史》叙事之良，往往如此。③

断的自然，接的巧妙，这样就使叙事曲折生动。不仅如此，断续还讲求"意属而文断"的衔接，牛运震对《五帝本纪》的论赞格外称道：

> 五帝纪赞，妙在意多而文简，尤妙在意属而文断，用笔灵活处往往意到而笔不到，词了而意不了，叙中夹断，承中带转，正有吞吐离合，若断若续之妙。吴澄硬分为九节，此章句训诂之见，不足以测太史公之文也。④

他将意属文断、意到而笔不到，若断若续的断续妙法视为史公笔法的高妙之处。

---

① 金圣叹：《金圣叹全集》（一），江苏古籍出版社 1985 年版，第 24 页。
② 刘熙载：《艺概注稿》，袁津琥校注，中华书局 2009 年版，第 183 页。
③ 牛运震：《史记评注》卷九，空山堂藏板，乾隆五十六年校刊，第 38—39 页。
④ 牛运震：《史记评注》卷一，空山堂藏板，乾隆五十六年校刊，第 9 页。

清人对《史记》叙事技法的论述中，往往还有倒插法、提掇法、夹叙等术语，这些也可以归入断续，但是略有差别。夹叙也指叙述中断而叙述其他事情，但它是从叙事顺序的角度而言的，应与顺序、倒叙是一类。倒插法、提掇法也都指中断现有叙述而开始叙述他事，但着眼点是插入的内容，如《项羽本纪》的"当是时，项羽兵四十万，在新丰鸿门，沛公兵十万，在霸上"句，牛运震认为是提掇之法，他说"此提掇最妙，不惟见项羽、沛公兵力不敌，要在将鸿门、霸上点次明白，正便后文照应演叙也。此史法安顿之妙。"① 同时，倒插、提掇法还有为下文做伏笔的功能。

张弛是指在叙事中加快或放慢叙述节奏。小说评点中，金圣叹、张竹坡又称之冷热法。王又朴引归有光的话对其解释说："《史记》往往于叙事热闹中间，忽插入闲字闲话，极有味。所谓有味者，谓与前后大旨，妙有关会，故有味耳。……"（《项羽本纪读法》）② 与之有关的所谓急脉缓受法、缓脉急遁（递）法等方法，将在第四节中具体分析，兹不赘述。

最后看繁复、宾主与虚实。所谓繁复，包世臣解释说："繁复者，与垫拽相需而成，而为用尤广。比之诗人，则长言咏叹之流也。文家之所以极情尽意，茂豫发越也。"（《书谱》）③ 可见，繁复是指在叙事过程中，对所涉及的人、物、事反复强调，多次叙写，以达强调或抒情的目的，同时也使行文生动变化。如《吕后本纪》对诸吕心理重复摹写，吴见思评论说："诸吕心事前已序过一遍，此再序一遍，写其惶惑不定无策可施。"④ 又如《项羽本纪》："于是项王大呼驰下，汉军皆披靡，遂斩汉一将。是时，赤泉侯为骑将，追项王，项王瞋目而叱之，赤泉侯人马俱惊，辟

---

① 牛运震：《史记评注》卷二，空山堂藏板，乾隆五十六年校刊，第617页。

② 王又朴：《史记七篇读法》，康熙十九年诗礼堂刻本。

③ 包世臣：《艺舟双楫》卷一，清道光二十六年白门倦游阁木活字印安吴四种本，第5—6页。

④ 吴见思：《史记论文》第一册，吴兴祚参订，中华书局1936年排印本，第84页。

易数里。"① 姚苎田评点说:"于斩将之后,又加一叱退之将,所谓余勇可贾也。皆加倍写法。"② 这里的"加倍写法"也就是繁复。牛运震认为繁复笔法是《史记》叙事的重要特点,他概括说:

> 他史之妙,妙在能简,《史记》之妙,妙在能复。盖他史只是书事,而《史记》兼能写情。情与事并,故极往复缠绵、长言不厌之致。不知者以为冗繁,则非也。一部《史记》,佳处正在此,故特于舜纪指其端。③

可以看出,繁复就是对人物或事件进行详尽的描写,反复勾勒、渲染,以求得重点突出。另外,王又朴所说的零星点次法也应归入这类。

宾主是清人对《史记》文章技法阐释的另一个重要术语,指在叙事中以次要人物或事件对主要人物、事件进行陪衬映衬的方法。如吴见思评《伯夷列传》云:"序伯夷处,全以孔子作主,由光颜渊作陪客,组织贯申,照映前后,极其奇肆,又极其纯密,是史公得意之笔。"④ 他认为,在《伯夷列传》中,伯夷为主,孔子为宾;孔子为主,子路、颜渊为宾,这样孔子就为"主中宾""宾中主",形成了以宾衬主,通过层层映衬来映衬伯夷。郭嵩焘《史记札记》评《秦本纪》:"史公叙事参差,互文见义,而于此先叙费氏,次叙赵氏,最后乃及秦氏。秦氏之先,固嫡长也,而从费氏倒叙而入,亦是借宾定主之义。"⑤ 李晚芳《读史管见》中多论人物主宾之关系。她认为《管晏列传》写晏子是用宾形主之法,

---

① 司马迁:《史记》,中华书局 1959 年版,第 334 页。

② 姚苎田:《史记菁华录》,中华书局 2010 年版,第 12 页。

③ 牛运震:《史记评注》卷一,空山堂藏板,乾隆五十六年校刊,第 6 页。

④ 吴见思:《史记论文》第五册,吴兴祚参订,中华书局 1936 年排印本,第 2 页 b 面。

⑤ 郭嵩焘:《史记札记》,商务印书馆 1957 年版,第 32 页。

说："《晏传》亦于越石父口中，反言知己无礼之当绝，亦深知晏子必悔而优待之以成一段患难相知之谊，使人至今重晏子者，越石父也，皆借宾形主之法。"宾主人物之间有主次之分，主次之间自然也就有衬托、烘托之意。对此，吴见思则称之为"绿叶扶花之法"。他在《季布栾布列传》中评点说：

> 季布一传，正写处，只折樊哙对文帝数语。余则借周氏、借鲁朱家、借滕公、借曹丘生，四面衬贴。而季布节概，无不现出此绿叶扶花之法也。①

从这一角度来看，宾主也是人物之间的烘托关系，如对《孟荀列传》郭嵩焘评道："孟子列传列叙诸子，烘托成文，于孟子只轻轻点过，于邹衍之言叙次颇详，韩退之言：'见人心之好怪也。'"②

从这几个例子可以看出，所谓宾主即是衬托的方法，古代也称"衬法"。清人范金门在《结水浒全传》中对此进行了详细的总结，说："作文须知衬法，而衬法不一。有反衬、正衬、旁衬、横衬、远衬、近衬、闲中衬、忙中衬。衬法虽不止乎此，亦可由此而见端。"③由此来看，宾主也就是范金门所归纳的衬法的一种特殊称谓。

虚实是清人阐释《史记》叙事艺术的又一个重要术语。虚实原为哲学概念，后引入诗歌、绘画、书法等艺术形式之中。从《史记》评点中所谈虚实含义来看，大概指这么几个方面：直笔为实，侧笔为虚；详细为实，概括为虚；事为实，理为虚。以《史记菁华录》为例，在对《外戚世家》的评点中，姚苎田眉批曰：

---

① 吴见思：《史记论文》第七册，吴兴祚参订，中华书局1936年排印本，第7页。
② 郭嵩焘：《史记札记》，商务印书馆1957年版，第269页。
③ 俞万春：《古本小说集成》，上海古籍出版社影印本1991年版，第166—168页。

《外戚传》虽为后之昆弟而立，然必以皇后为主，但文字苦无出色处。史公往往用略其大而详其细、实处虚而虚处实之法。《窦太后传》，大节目只是生女嫖及两男，并爱立等事，以数行毕之，却就广国见后处写得浓至动人，则全篇皆极灵警，所谓射雕巧手也。①

这里的虚实有直笔侧笔之意，此传为窦太后之弟窦广田所立，但在叙述却以窦太后为主，实质在行文过程中以窦太后为直笔，窦广田为侧笔。虚实还表现为详略的处理上，详写为实，略写为虚。吴见思、牛运震评点中的虚实基本多指翔实、概括方面，吴见思对《淮阴侯列传》评点说："文章家逐段铺排，绝无剪裁，则数一二而已，何以为文？故韩信一传，前半于追亡登坛，详序之后，大如击楚、击魏、击赵代，奇如木罂渡军，只用略写、虚写，至李左车井陉一说，方始详正，虚实相参，疏密互见之妙也。"②《汲郑列传》："郑庄传，实处虚写，虚处实写，龙跳凤骞，不可以羁靮网罗而致，又秋空黛碧，白云苍狗，舒卷自如，自成一片神理，夫岂易及？"③ 在《游侠列传》的评点中，吴见思总结说："两传俱于空写，即朱家有季布一事，亦作花香月影，在有无之中。而郭解一传，方用全力。此虚实相生，疏密相间之妙也。"④ 由此可见，虚实使文章叙事避免板滞，形成一种"虚实相生，疏密相间之妙"。

如果仅将虚实理解为详略、正侧、事理，也就压制了其内涵。虚实往往由于应用高超，也就成为一种叙事策略。在虚实的运用过程中，叙述者将应该重点、详细写的内容却一笔带过，该虚写、略写的却大谈而谈，这

---

① 姚苎田：《史记菁华录》，中华书局 2010 年版，第 43 页。

② 吴见思：《史记论文》第六册，吴兴祚参订，中华书局 1936 年排印本，第 64 页 b 面。

③ 吴见思：《史记论文》第八册，吴兴祚参订，中华书局 1936 年排印本，第 29 页 a 面。

④ 吴见思：《史记论文》第八册，吴兴祚参订，中华书局 1936 年排印本，第 54 页 a 面。

种颠倒的实质是叙述者价值判断注入的结果，如牛运震对《封禅书》评曰："此记秦之封禅，而略其封禅典仪，不肯实叙，正见封禅为荒忽悠僻之事，本无正礼文可采也，用笔最妙。"① 题为《封禅书》本该重点写封禅的过程，但司马迁却一笔而过，对"荒忽悠僻之事"的详细叙述，实质是解构了封禅的意义，揭示其荒谬。另外，要注意的是，虚实和详略虽然意义上有重合，但虚实的含义和详略比较各有侧重，详略是侧重于材料的运用，而虚实则侧重于由详略而导致文章疏密相间的艺术美感。

以上是清代学者对《史记》叙事技法讨论的几个重要方面，除此之外，还有像反照法、倒提法、关锁法、回护法、穿插顿挫凌驾法等名目繁多的术语，几不能穷尽。从这几个典型方法的阐释中可以看出，清人对《史记》叙事艺术的高度肯定，他们对《史记》叙事技法研究的深入程度超过前代。清人以文章学理论为引导，引入其他文学体裁译点的术语、方法，揭示了《史记》的文学特质，深化了《史记》文学性的研究。杨义在《中国叙事学》中对明清小说评点评价说："驳杂中取其精，评点赋予中国一批叙事经典以特殊的存在方式，也改变了对这些作品的阅读过程和阅读形态，把读书的世界改造成丰富的多渠道信息碰撞和再创造的世界了。"② 以之来评价清人《史记》技法的阐释再也恰当不过。清代《史记》研究大家诸如方苞、王又朴、牛运震、吴见思、姚苎田、郭嵩焘等，他们都好学深思，殚精竭虑，以自己的智慧从《史记》的言语表象中，祛除驳杂，把握了《史记》的精脉所在。他们都相信作者将自己的情感、对世界的认识寄托于文字，那么在言语组织的背后一定隐藏着作者叙事的原意，也就是说，"法"与"义"是融为一体的，通过对"法"的掌握可以求得"义"。由此，清人还原了《史记》的历史叙事空间，重新再造了《史记》的叙事艺术，形成了历代以来对《史记》阐释的高峰。

---

① 牛运震：《史记评注》卷四，空山堂藏板，乾隆五十六年校刊，第28页。

② 杨义：《中国叙事学》，人民出版社2009年版，第371页。

第四节　王又朴对《史记》重点篇目叙事技法的归纳

一、王又朴及其《史记七篇读法》

王又朴，字从先，号介山，扬州人，后居天津，雍正元年进士。王又朴少从方苞习古文，深得望溪先生赏识。和桐城中人一样，王又朴尤爱《史记》，对之用力颇深，曾言："余幼读《史记》，即疑班论未为当，及累年反覆寻味，益得其要领。盖至今乃始确然而有以深悉其故也。"(《项羽本纪读法》)[1] 显然，《史记七篇读法》是其多年悉心揣摩、反复斟酌、不断探索的结晶。

《史记七篇读法》是一部别具一格的《史记》辑选本，也是《史记》唯一的一部以"读法"为名的著作，是清代《史记》文学阐释中极具特色的典籍。一代自有一代的学术之特色。明代学术以"博杂"为特色[2]，清代学术则以精深为特点，如晚清学者朱一新所言："康熙时，儒术最盛，半皆前明遗老。乾、嘉以后，精深或过之，博大则不逮也。"[3]明清两代在学术上"博"与"精"的差异和特点，反映在《史记》研究中，明代的《史记》研究以集评本为胜，出现了凌稚隆的《史记评林》那样的大作。而清代《史记》的集评虽然不如明代，但《史记》评点的专著都较为精细，无一不是精品，尤其是辑选辑评则更具清代学术"精深"的特点，王又朴的《史记七篇读法》则为其代表作品。

王又朴从《史记》中选取了《项羽本纪》《外戚世家》《萧相国世家》《曹相国世家》《淮阴侯列传》《魏其武安侯列传》《李将军列传》七篇名作，

---

① 王又朴：《史记七篇读法》，康熙十九年诗礼堂刻本。

② 吕斌：《明代博学思潮发生论》，《中国文化研究》2008 年夏之卷。

③ 朱一新：《无邪堂答问》，中华书局 2000 年版，第 150 页。

每篇先以《读法》进行理论性分析，涉及篇目在《史记》中的地位、章法结构、写人和叙事技法等方面，分析极为仔细，几乎进行逐句逐段的辨析。然后，再列出原文，对原文的主脑、大关目、立柱抒写处、大结构精彩处、文字用意处、文字小波澜处，用不同圈和点标示出来。这和清代另外一本辑选辑评本《史记菁华录》有着较大的相似性，姚苎田的掇取《史记》中精华 51 篇，并进行删节，使主线更清晰、情节更集中、人物性格更突出，基本保持了《史记》的原貌。相比较而言，王又朴所选《史记》七篇更为精华，而且如他所言："皆世人误读，而不识史公之用心。若他篇之佳，则先儒论之详矣"（《后序》）①。总体看来，《史记七篇读法》更集中、更精要，是最能代表《史记》水平的篇目，也是最能体现司马迁史学思想和美学风格的篇目。

另外，《史记七篇读法》是《史记》唯一一部以读法为名的著述。之所以在这里强调"以读法为名"，是因为古代所谓的读法，在严格意义上应该属于文章评点学的范畴，但也存在一定的差异。一般意义的评点，包括"评"和"点"两个方面，是评点者对文本的义理和文法的阐释与批评，有文前文后总批、段前段后段批、文中夹批等形式，此外，尚有眉批、旁批之谓。各评点或阐释文意内容，或分析结构线索，提点关键，指示精华，给阅读者以启示。与评点的琐碎不同，读法则单独成篇，几乎成为独立的文章。不仅如此，读法更注重于对读者阅读思路和方法的引导，要通过对文章结构的揭示使读者进一步挖掘掌握文章内涵。王又朴认为，《史记七篇读法》并非模仿金圣叹"以其说稗官野乘者而以读正史"（《后序》）②，而是仿朱子在《四书》前标注读法，仿"方望溪先生曾约取《左传》而特注其义法"（《后序》）③。但是王又朴并没有否认金圣叹在读法这一评点方式上的贡献，他指出："千古细心善读书人，固未有如金氏者也。"（《项羽

---

① 王又朴：《史记七篇读法》，康熙十九年诗礼堂刻本。

② 王又朴：《史记七篇读法》，康熙十九年诗礼堂刻本。

③ 王又朴：《史记七篇读法》，康熙十九年诗礼堂刻本。

本纪读法题词》）① 从字里行间可以看出，王又朴对他的《史记七篇读法》自视甚高，认为是取了三者之长，通过读法能引导读者能够深知史公深意，以免"使前贤受诬千载，而无以自明"。

在《史记七篇读法》中，王又朴尤以《项羽本纪》分析得最为详尽，他认为，此篇是司马迁最具代表性的作品，最能代表《史记》的水平，云：

> 是太史公自出手第一篇用心得意文字。盖此以前之事皆有蓝本，史公则有所删、无所增，其不甚雅驯者，润色而已。此以后之事，在上者，既多所讳，而不能畅吾之言，在下者，又一人一事，非有关于天下故，而不能尽吾之意。独此可以放手抒写。（《项羽本纪读法》）②

《项羽本纪》的确为《史记》最为优秀的篇目之一，王又朴的评述尤为精核。他认为，本篇完全为司马迁自创文字，由于《项羽本纪》的写作缺少了羁绊，司马迁可以尽意抒写，是最能代表他写作水平、叙事能力的文章，在《项羽本纪读法》中总结道："段段浓郁，段段变化，无法不备，无美不臻，天下之奇文也，大文也，神文也，至文也。"③ 这些推断使人耳目一新，极有创见性。

从以上可以看出，王又朴的《史记七篇读法》在清代《史记》的评点著述中独树一帜，以"读法"这种特殊的评点方式，对《史记》中最为重要的几个篇目进行了详尽的阐释，揭示出《史记》精华的艺术特点。正因为如此，王又朴的《史记七篇读法》确立了他在《史记》文学阐释史中的重要地位。

---

① 王又朴：《史记七篇读法》，康熙十九年诗礼堂刻本。
② 王又朴：《史记七篇读法》，康熙十九年诗礼堂刻本。
③ 王又朴：《史记七篇读法》，康熙十九年诗礼堂刻本。

二、王又朴对史公笔法和义法的阐释

史公笔法是历代以来对《史记》书法特点的概括。史公笔法涉及对司马迁著写《史记》的动机理解，涉及司马迁的世界观、价值观，涉及司马迁的史学思想与观念，涉及上古至西汉几千年史实与评价，涉及《史记》的文化意义的阐释等。这些问题不仅有关经学、史学中重要的问题，还涉及到文章学的基本原则和文章技法等各个方面，因而，史公笔法一直以来都是《史记》研究的一个重要课题。王又朴在清代《史记》文学阐释中的重要贡献就在于，他以义法对史公笔法深入地阐释。

论及史公笔法必然会联系到春秋笔法，两者之间有着天然的联系。春秋笔法是后学对《春秋》书法特点的归纳。后儒认为，孔子撰《春秋》的目的是要贬天子、退诸侯、讨大夫，故而将褒贬寄寓在笔削之间，表现为词语的运用、书与不书等书法的运用，以达成"微而显，志而晦，婉而成章，尽而不污，惩恶而劝善"的效果①。这种包含价值判断和道德判断的历史撰述方式，被称之为"春秋笔法"。司马迁撰写《史记》是要绍继《春秋》，"稽其成败兴坏之理"，"通古今之变"②，除了古代史，《史记》记述的重点是"当代史"，如何在专制皇权的压力和"不虚美，不隐恶"实录之间达成统一，这成为撰述《史记》首要解决的问题。因而，史公笔法是司马迁在《史记》中所采用的一种叙事策略，在写人叙事中，用曲笔、隐笔将无法直接、正面表达的历史真相与判断以"微言"的形式表现出来。宋代学者吕祖谦对之概括得极为准确，云："其义指之深远，寄兴之悠长，微而显，绝而续，正而变，文见于此而义起于彼，有若鱼龙之变化，不可得而纵迹者矣。"③也正是史公笔法的运用，《史记》在写人叙事中通过微言侧笔、旁溢曲致、虚实明暗等方法，将史观劝惩寄寓其中，表现在文中

① 杨伯峻：《春秋左传注》，中华书局1990年版，第870页。
② 班固：《汉书》，中华书局1962年版，第2753页。
③ 马端临：《文献通考》，中华书局1986年版，第1621页。

就出现了"文见于此而义起于彼，有若鱼龙之变化"的特点。

如何通过对史公笔法的把握，准确地揭示《史记》所叙写的历史真相，理解司马迁的思想与观点，这是历代以来《史记》研究的核心问题。清人对这一问题提出最有力的解决方法是"义法"。方苞在《又书货殖传后》中论述道：

> 《春秋》之制义法，自太史公发之，而后之深于文者亦具焉。义即《易》之所谓"言有物"也，法即《易》之所谓"言有序"也。义以为经而法纬之，然后为成体之文。①

方苞以"言有物""言有序"来解释义法，这种方法是清人对《史记》微言大义的解决原则，在清代有着很大的影响，"义法"说也成为桐城古文理论的大纲。但是方苞的"义法"之说还是很笼统，而真正对史公笔法进行具体阐述的任务还是由王又朴来完成的。

王又朴第一次将义法与史公笔法连接起来，以义法解释史公笔法，并将之视为解开史公笔法的钥匙。在《曹相国世家读法》中王又朴云：

> 昔余在都初见望溪先生时，先生为言萧、曹二世家史公笔法。今萧相论已见文集，余亦推其意而广之。其说曹相国世家，云："曹与萧不相能，且武夫也。世人好争，尤莫如武夫。而前后相代之际，务求人短以显己，长贤者不免，况武夫之人？非大有学问者不能，而乃得之于一武夫，此真有大过人者矣。"故通篇皆叙其攻城掠地之功，而末以继为一事。史公之义法盖如此。(《曹相国世家读法》) ②

---

① 方苞：《方苞集》，刘季高校点，上海古籍出版社1983年版，第58页。

② 王又朴：《史记七篇读法》，康熙十九年诗礼堂刻本。

从文中论述来看，王又朴显然认为方苞所谈的史公笔法即为史公义法，两者之间意义相同。史公笔法与史公义法在概念的内涵上意义完全相同，如果非要找出两者的差异，则是在概念的外延上有差异。前者强调《史记》所形成的独特的叙事方法，后者则强调《史记》义与法之间的关系。从《史记七篇读法》的具体论述中，可以窥知王又朴对史公笔法的理解。他在《项羽本纪读法题词》中说：

> 史公盖多恢宏谲诡之词，不肯显言正论，又时以他事闲文自掩笔墨之迹，且文辞浩瀚，读之者目眩神骇，往往一篇不能尽，故能得其旨者绝少。（《项羽本纪读法题词》)①

这里王又朴归纳、分析了司马迁深文曲笔的特点和原委。可以看出，他把《史记》的用词恢宏谲诡、文辞浩瀚归结为史公笔法的形式特点。之所以如此，是因为史公"不肯显言正论"，而且"以他事闲文自掩笔墨之迹"，在表述效果上，达到了让读者目眩神骇的结果。也正是这种以侧笔、隐笔、闲笔等方法构成的叙事策略，让《史记》在叙事上形成了自己独特的笔法。在王又朴看来，《史记》是无法不备的奇文、大文、神文，故而"能得其旨者绝少"，那么只有通过义法才能了解历史事实，才能把握司马迁的史学思想与价值取向。概言之，《史记七篇读法》是王又朴以义法对史公笔法阐释的实践，他详细地分析了每篇所用的叙事方法，并阐释了司马迁的叙事策略与深意。王又朴的最大贡献在于以义法阐释史公笔法首创之功。方苞认为王又朴"颇识高笔健，义法直追古人"，而且"尤发前人未发，贤之用心勤矣"。显然，方苞的评价是极为中肯的。

---

① 王又朴：《史记七篇读法》，康熙十九年诗礼堂刻本。

三、王又朴对《史记》叙事技法的阐释

王又朴在清代《史记》文学研究中独具特色，他对"义法"含义的理解及其运用深得方苞的嘉许，代表了桐城后学《史记》研究的最新水平。这些成就的取得是和他对《史记》叙事技法的探索与把握分不开的。王又朴借鉴金圣叹小说评点的方法，以自己的文心，逆取太史公的妙法，详细分析了《项羽本纪》《外戚世家》等七个篇目的叙事技法，探索对史公叙事策略和深笔微言。他认为，这七篇是世人误读而不识史公用心的关键篇目，七篇之中他又以《项羽本纪》为核心进行了深入探索。王又朴以义法解史公用心，他依法求义，对《史记》叙事方法的把握成为他研究的契入点。

在《项羽本纪读法》中，王又朴探讨了项羽该不该入本纪的体例问题、项羽失败的原因和性格等问题，探讨了史公对天人关系的思考，而这些结论的得出是建立在详尽的叙事方法的辨析上。

王又朴认为要读《项羽本纪》首先要有正确的态度，要做到："不可预知己见，亦不可执前人之见以为见"。他认为，要把握史公的深笔曲文，必须先排除成见，不能先入为主，不能被自己、他人的意见遮蔽文本意义，要做到这些必须"但息心静气，聚精会神，细细寻其调理脉络"（《项羽本纪读法题词》）①。可见，在他对文本的解读中，叙事方法的把握成为目标达成的途径，也就成为研究的重点。

如何才能探查到文章的脉络，把握文章的条理，王又朴从读法方面给出了分析。他将《项羽本纪》分为"一气读"和"分段细读"两种研读方法。他认为"一气读"能够"悉其本末意义，脉络通贯"，于是，将内容划分为两部分，"先当分作两大段读，于各就国画住，上是写羽之得，下是写羽之失"。这两部分又被分作六段。在"分段细读"上，王又朴希望"能

---

① 王又朴：《史记七篇读法》，康熙十九年诗礼堂刻本。

得其顺逆、反正、隐显、断续、开合、呼应诸法"（《项羽本纪读法》）①。他逐段分析各个情节要写什么，揭示史公深文隐笔是什么，哪些是难点，怎么解决问题展开叙事，运用了哪些技法，指出哪处是反照、伏笔、虚写、哪处是实写、冷热、叠笔。这一部分是王又朴分析的主体，是运用笔墨最多的地方，体现了桐城"义"与"法"紧密结合的特点。

王又朴以数十年的精力，累年反复琢磨，体悟史公叙述方法与技巧，认为不能以常规文章学顺逆、反正、隐显、断续、开合等方法进行简单概括，他将金圣叹对小说评点中的一些术语和发明用于对《项羽本纪》的叙事技法阐释与归纳，如伏应之法，即伏笔与照应，王又朴称之埋伏法。他分析说：

> 有埋伏法，如写羽破秦称霸，乃遥遥于未起事之前，先写观秦皇帝可代一语，如冬月寒梅之漏泄春光。写羽身亡灭国，乃遥遥于未称霸之前，先写范增言汉王必夺羽天下，若属皆为所虏数语，如五月鸣蜩之预报冷信。（《项羽本纪读法》）②

这些明显属于常规伏笔与照应之法，但对一些变化，似伏应又似开合，都与叙事脉络紧密相关，但又不是具体的哪一种。金圣叹谓之关锁，王又朴依然沿用，如就全文而言，云："此文有大关锁法，首以姓项氏起，末以赐姓刘氏结。"就部分而言，如：

> 有段段关锁法，如起事一段，以令羽召桓楚起，以令桓楚报王结。救赵一段，以名闻诸侯起，以诸侯皆属结。鸿门一段，以范增之言起，仍以范增之言结。（《项羽本纪读法》）③

---

① 王又朴：《史记七篇读法》，康熙十九年诗礼堂刻本。

② 王又朴：《史记七篇读法》，康熙十九年诗礼堂刻本。

③ 王又朴：《史记七篇读法》，康熙十九年诗礼堂刻本。

这里的"关锁"除了关键之意，显然还有起结、伏应、开合之意，也说明史公文字非准绳可测，变化莫测。

急脉缓受法、缓脉急遁（递）法也为金圣叹所发明，王又朴依然移用过来，因其恰当地概括了《史记》叙事节奏的变化，云：

> 有急脉缓受法，如鸿门一段文字，旦即击破汉军，其事甚急，乃写张良入而问谁为大王画计，汉王连日为之奈何。其情甚急，乃问良云君安与项伯有故，又问孰与君少长。一问一答，皆为详写，于匆忙迫促之时，偏作如此从容暇豫之笔。又如垓下一段，事已就尽，文亦将完，乃分骑、会骑，指挥谈笑，偏于弦急柱促之时，故为长声逸响等是也。
>
> 有缓脉急遁（递）法，如叙范增以疑间去楚，笔意甚闲，却急接纪信诳楚。叙项王闻歌起饮，一歌、一和、一泣、众泣，几如哀弦繁怨，再不得了，却陡接于是项王乃上马骑等是也。（《项羽本纪读法》）①

这里所谓的急脉缓受法、缓脉急遁（递）法和叙事节奏相关，放缓或加快叙事节奏相关，使叙事摇曳生姿。它既包含常规的文章学所谓的断续之法，也包含张弛之法，而急脉缓受法、缓脉急遁（递）法则恰当地概括了其特点。此外，如大落墨法是对重要场景的详尽叙述与描写，放缓了叙事节奏，其实质具有虚实、繁复、张弛的综合特点，等等。

概言之，王又朴不仅以顺逆、反正、隐显、断续、开合等文章学的研究视域对其观照，而且将金圣叹对小说评点中的一些术语和发明用于对《项羽本纪》的叙事技法阐释与归纳，如关锁法、大落墨法、零星点次法、埋伏法、急脉缓受法等，并总结全篇共有各种技法达 18 种之多，并进行

---

① 王又朴：《史记七篇读法》，康熙十九年诗礼堂刻本。

了分析。这些新引入的术语和方法比纯文章学的术语含义更丰富，分类更细腻，更适合阐释《史记》叙事方法的色彩斑斓、变化多端。

桐城派在清代文坛最大的理论贡献莫过于义法之论的提出、阐释与实践，它不仅是桐城派古文创作的准绳，而且义法论为文学赏析与批评提供了阐释原则与方法。方苞之后，桐城诸子都对义法做出了阐释与实践，王又朴的《史记七篇读法》深入细致地对《史记》重点篇目进行了探索与研究，其成就甚至超过了方苞，得到了方苞的赞赏。王又朴第一次将义法与史公笔法对等起来，以义法来阐释史公笔法，详细地分析了每篇所用的叙事方法，并阐释了司马迁的叙事策略与深意。不仅如此，王又朴将金圣叹对小说评点中的一些术语和发明引入《史记》的叙事技法阐释与归纳，这些新引入的术语和方法比文章学的原有术语含义更丰富，更细腻，更适合阐释《史记》叙事特点。正因为如此，王又朴这样的创制和努力奠定了他在清代《史记》文学阐释史中的地位。《史记七篇读法》作为《史记》唯一一部以"读法"为名的著作，也是清代《史记》文学阐释中极具特色的典籍。

本章小结

文章学涉及作家修养、文道关系、文体流变、创作动机、文章技法、文章风格等方方面面。明清以降，随着科举内容的固定，对文章技法的探讨成为需求，促进了文章学的进一步发展。明清学人将《史记》视为文章正宗、文章范例，凡文章技法、风格之探讨，莫不以《史记》为例，因此，达成了文章学与《史记》文学阐释的互动。

"发愤著书"说、"文气"说是重要的文章学理论，清人以之作为解读《史记》的理论，全面而深入地探索了《史记》的文学特质，同时丰富发展了这些理论，并进行了历史性总结。清代重视《史记》章法结构的研究，考察了《史记》材料的秩序、变化、联贯和统一性的安排，另外是对《史记》叙事技法的探讨。明清时期，文章技法成为普遍的知识，其研究方法也渗入到戏曲、小说、散文的研究中，成为小说、戏曲、散文评点的工具。对《史记》叙事技法的研究，是清人对《史记》文学阐释最重要的形式和特点。

在具体对《史记》叙事艺术的阐释中，清代学者从《史记》章法结构的秩序、变化、联贯、统一四个方面进行了探讨。清人认为《史记》材料运用精慎、条理清晰、结构严谨，形成了极有秩序感的叙事架构，而且在局部、每个传记之中也条理清晰，叙事分明。不仅如此，清代研究者重点考察了《史记》材料的参差安排，虚与实、主与宾、顺与逆等变化，认为秩序与变化的顺逆交错，是在秩序中追求延续与变化，使《史记》叙事变化多端。在叙事的联贯上，清人高度赞赏《史记》意属文断、笔不到而意到，以及若断若续的史公笔法的高妙之处。对于章法的统一上，清代学者认为，《史记》叙事的统一体现在对于头绪多而纷繁事件处理上，线索是达成统一的关键，而这些线索自然是由史公之意所统领。

叙事技法作为章法的深化、具体化，是叙事过程中具体的安排技巧，叙事技法和文本的艺术性紧密相连。清人重视《史记》的叙事技法，对技法的探讨成为清代《史记》叙事艺术阐释的重点之一。清人姚苎田、吴见思、牛运震、李晚芳、王又朴等研究者都重视《史记》技法的研究，探讨了伏笔、照应、断续、张弛、繁复、宾主、虚实等几种叙事方法在行文中的重要作用。在对这些方法的阐释中，由于评点的私人化，评点者将自己的创作阅读感悟、生命体验融入到评点中，进行创造与发挥，往往在术语上还是有个人差异的。另外，小说评点中一些特殊术语，如"草蛇灰线""急脉缓受"也被引入《史记》评点中。

《史记七篇读法》作为《史记》唯一的一部以"读法"为名的著作，是一部别具特色的《史记》辑选本，也是清代《史记》文学阐释中极具特色的典籍。王又朴深入细致地对《史记》重点篇目进行了探索与研究，其成就甚至超过了方苞，得到了方苞的赞赏。他第一次将义法和史公笔法对等起来，以义法来阐释史公笔法，详细地分析了每篇所用的叙事方法，并阐释了司马迁的叙事策略与深意。不仅如此，王又朴将金圣叹对小说评点中的一些术语和发明引入《史记》的叙事技法阐释与归纳，这些新引入的术语和方法比文章学的原有的术语含义更丰富，分类更细腻，更适合阐释《史记》叙事方法的色彩斑斓、变化多端。正因为这样，王又朴这些创制和努力奠定了他在清代《史记》文学阐释史中的地位。

第六章 清代小说评点学与《史记》文学阐释的互文关系

中国传统的文学评点在明代达到了兴盛，尤其明代末期的小说评点，使文学评点这种传统的批评方式打开了新的局面。明代复古思潮和文人对科举八股制义的需求，促使了《史记》的研究更为广泛和深入。明人将两宋以来诗文评点的方法引入到《史记》的研究中，对《史记》"法式"进行研究，深化了《史记》文学性的探索。明人还开启了《史记》与小说的比较研究。入清以后，金圣叹、张竹坡、冯镇峦、孔广德、刘鹗等小说评点家，对小说与《史记》进行了更为深入的比较研究。他们从"泄愤"的思路出发，在艺术创作的动机上找到了小说与《史记》内在神韵上的共性与幽通。不仅如此，"才子书""以文运事""因文生事"等观念的提出，突出强化了《史记》的文学特征。清人在史传文学与小说的对比中，揭示了《史记》的文学性特点。

第一节 清代小说评点与《史记》史笔、文心的探讨

一、明代中晚期的小说评点与《史记》评点

评点是中国传统的文学批评形式。张伯伟《评点溯源》认为评点始于宋代，他说："考文学评点之成立，实始于南宋。但评点法的形成，却当

溯源至前代。评点之意,包括'评'和'点'两端,又与所评的文本联系在一起,宋人合而为一,遂成为一种文学批评的样式。"(张伯伟《评点溯源》)① 评点作为文学批评样式形成于宋代。评点学的最早源头应是经史的音韵训诂、诗文选注,后来范围逐渐扩大。形式上,通过对原文抹、圈、点等方式,点出句读,圈点文眼,抹出文章精微。批评上,有总评、行批、眉批、夹批等。这种评点模式是读书人的一种渐进式读书方式,先断句,然后勾画重点,再做出阐释和批评,整个过程是一个科学合理的阅读、研究过程。由于名家、大家的广博见识和高超的领悟能力,他们的评点成为众多学人拓广知识、学习文法的引路人。因而,评点学也就成为一种重要的批评方式,经史、名家诗文自然就成了重点的评点对象。《史记》评点最早可从宋代算起;小说评点晚起,主要兴盛于明清。

《史记》的评点虽然可以上溯到宋代,但较早的源头却与《史记》"三家注"相关。唐代《史记》研究的最重要贡献之一是《史记》的训诂和释义。其中司马贞的《史记索隐》、张守节的《史记正义》与刘宋时裴骃的《史记集解》并称"三家注","从文字考证、注音释义,到注人、注事、注天文历法、山川草木、鸟兽虫鱼、典章制度等等,无不具备",②"三家注"成为后代研究的基础。可以说宋明以前,《史记》的训诂与纂释代表了《史记》研究的最重要的文献意义,解决了后代研究的文本解读的基础工作。到了北宋,宋人将三家注割裂,散入、穿插于《史记》正文下面,这样就可以视为《史记》评点最早的雏形。今所见的南宋黄善夫本,可以视为《史记》评点本的发端。

宋代在《史记》研究上,史评、史论比较多,郑樵、苏洵、苏辙、马存、朱熹、叶适、倪思、刘辰翁、黄履翁、王应麟、洪迈等人都对《史记》做出评论,主要涉及司马迁生平、《史记》创作、《史记》人物评价等几方

---

① 章培恒、王靖宇:《中国文学评点研究论集》,上海古籍出版社 2002 年版,第 3 页。

② 张新科:《史记学概论》,商务印书馆 2003 年版,第 113 页。

面的问题。总体看来，这些评论缺乏系统性，同时这一时期关于《史记》研究的专著比较偏少。对此香港中文大学周建渝曾分析说：

> 宋代文人关于《史记》研究的专书寥寥无几。如洪迈著《史记法语》八卷，侧重于《史记》语词之研究，《四库全书总目》称其"备修辞之用"（见永瑢等撰：《四库全书总目》卷65，北京：中华书局1983年版，第578页）；王应麟撰《史记正误》一卷，亦重在史料之考证；倪思著《迁史删改古书异辞》十二卷及《班马异同》三十五卷，旨在比较《史记》与《汉书》两书之文字异同；其后刘辰翁据倪书，作《班、马异同评》，亦主要讨论班固删改《史记》之得失。另有周京撰《史记音辨》，已佚。据其书名，亦应在声韵讨论一类。①

这可以看出，宋人对《史记》的研究除单篇的史评、史论外，专著方面依然是以史学研究为中心的，没有专门的《史记》评点著作。

随着科举与文法的需求，诗文评点更为普及，尤其明清两代形成了评点文学的繁荣，这其中以《史记》的评点和小说的评点最为兴盛。《史记》评点和小说评点的崛起，都可视为《史记》研究与小说研究发展的内在理路的自足。

明代复古思潮的文化语境和文人对科举八股制义的需求，促使了《史记》研究的深入。从《史记》研究史来看，随着对《史记》文本解读、比较的初步完成，《史记》史学意义的初步建构和文学性的初步探讨，《史记》研究的体系化、深入化成为《史记》研究内在理路上的必然要求。明代的《史记》研究除杨慎的《史记题评》、柯维琪《史记考要》、郝敬《史记琐琐》《史记愚按》等考证性著作外，贡献最大的，基本上都是以评点

---

① 周建渝：《从〈史记评林〉看明代文人的叙事观》，《复旦学报》（社会科学版）2010年第3期。

为形式对《史记》"法式"的研究，即《史记》文章学、文学性方向的探索，如杨慎的《史记题评》、唐顺之的《荆川先生精选批点史记》、茅坤的《史记钞》、王慎中的《史记评抄》，归有光的《归震川评点史记》、钟惺的《钟伯敬评史记》等。这些评点，不再以考证文字、史实为主，不再从道统、政治角度对《史记》进行史学品评，而是注重对《史记》叙事、人物刻画、文章风格、语言等文学性进行评点。其中凌稚隆辑校的《史记评林》，"博搜群集，凡发明马《史》者，辄标识于别额"①，辑录了历代大家对《史记》的评论。据日本学者高津孝统计："'史记评林姓氏'中所列举的人名，计晋一人，南北朝三人，唐十二人，宋四十六人，元二人，明八十五人。"（高津孝《明代评点考》）② 高津孝认为《史记评林》仅从所采用的评点这一形式来看，它就具有文学批评书的性质，并说："他们所看重《史记》的，并非汇集既定事实的史书的意义，而是极力发现和阐释其作为文章范本、作为文学的意义。"（高津孝《明代评点考》）③ 明代以评点的方式对《史记》文学性的探索开启了清代的《史记》研究，尤其是明清两代小说评点中以《史记》为标尺的价值判断，也进一步阐释了《史记》的文学性。

小说评点最早可以溯源到南宋的刘辰翁，他对《世说新语》进行了评点，初步涉及了人物的刻画④，但是在宋人眼里，《世说新语》还不算今天

---

① 凌稚隆:《史记评林》（增订）卷首乾·史记评林凡例。[日本] 大乡穆、伊地知贞馨点、明治十四年大阪修道馆刊行，第 30 页。

② 章培恒、王靖宇:《中国文学评点研究论集》，上海古籍出版社 2002 年版，第 90 页。

③ 章培恒、王靖宇:《中国文学评点研究论集》，上海古籍出版社 2002 年版，第 92 页。

④ 在此之前还有梁代萧绮《拾遗记》十卷。《拾遗记》在部分正文之后有"录曰"的内容，谭帆《中国小说评点研究》认为其"内容芜杂，还不能看成是文学批评，然而这是较早一部将评论性文字附丽于'小说'的文本。"见谭帆《中国小说评点研究》（华东师范大学出版社 2001 年版，第 10 页。）

语义上的小说，当为"史余"之类的杂史。因而，小说评点真正的开始是明代。

明代小说评点是中国古代小说发展的必然结果。唐传奇达到了"与诗律可称一代之奇"①的艺术成就，代表着中国古代小说的成熟。宋代小说"平实而乏文彩，其传奇，又多托往事而避近闻，拟古且远不逮，更无独创之可言矣"（鲁迅《中国小说史略》）②。但到元末明初，随着《三国志通俗演义》和《水浒传》的诞生，中国古代小说进入繁荣期。明代前期产生的文言短篇小说有瞿佑的《剪灯新话》、李昌祺的《剪灯余话》，中期以后，除四大名著之一的《西游记》外，还有《列国志传》《北宋志传》《英烈传》等，后期主要有《金瓶梅》《醒世姻缘传》，以及冯梦龙"三言"和凌濛初"二拍"。"四大奇书"的《三国志通俗演义》《水浒传》《西游记》《金瓶梅》，代表了中国古代小说的最高水平。同时，随着明代工商业的发展，市民阶层的扩大，书商从商业运作上对小说评点进行推进，部分文人对小说投入了一定的精力，这使得明代小说评点也发达起来。可以说，明代小说评点的兴盛，是明代社会和文化风气合力作用的结果，也是中国古典小说发展的必然。尤其明末，小说评点成为一种风气，许多文学大家都致力于小说评点，各种评点小说刻本广为流传，如李贽痴爱《水浒传》，并对之进行了评点，现存的万历三十八年（1610）容与堂刻本《李卓吾先生批评忠义水浒传》和万历四十二年（1614）袁无涯刻本《李卓吾评忠义水浒全传》都是此中精品。叶昼对《水浒传》《三国志》《西游记》《红拂记》《明珠记》《玉合记》等进行了评点，今存天启、崇祯年间叶昼托名李卓吾批评的足本《西游记》较为出色。在此之前还有万历二十年（1592）陈元之序的世德堂本《西游记》、蒋大器作序的嘉靖元年刻本《三国志通俗演义》。《金瓶梅》晚出，最早刻本是万历四十五年（1617）的东吴弄珠客作序的《金

---

① 宋洪迈说："唐人小说，不可不熟。小小情事，凄婉欲绝，洵有神遇而不自知者与诗律可称一代之奇。"（《唐人说荟》例言引）

② 鲁迅：《鲁迅全集》第九卷，人民文学出版社 1981 年版，第 110 页。

瓶梅词话》。

　　不难看出，明代《史记》评点与小说评点是中国传统的文学批评形式的具体展开。这两条线作为对不同文本文学同一性的互文关系，体现了明人对《史记》文学性认识的深化和小说艺术性的抉剔。但也应该看到，这两条线虽然相互影响、相互纠结，却也是各自发展的内在理路上的自足。同时，由于《史记》所处的经史地位与小说的世俗地位不可同日而语，这也是明清以来小说评点家以《史记》为价值坐标对小说地位的评估的原因。随着小说的普及、文化地位的提高，小说的评点也就逐渐转换为小说与小说之间的艺术比较了。

二、清代小说评点与《史记》阐释的关系及特点

　　清代《史记》与小说的评点，依然沿着明代学者所开辟的两条路线发展，但是，这种发展是不平衡的。由于社会文化氛围的需求与研究内在自足的要求，《史记》评点几乎兴盛于有清一代，而清代小说评点则由于受到巨大的政治、文化阻力而停滞。清代小说重要的评点家都是由明入清的文人，清代小说批评在某种程度上，可以说是明代小说评点的延续。但由于都是金圣叹、张竹坡、毛纶、毛宗岗般的评点大家，足以托起了清代小说评点的蓝天。随着曹雪芹的《红楼梦》、蒲松龄的《聊斋志异》诞生，清代小说评点在脂砚斋、戚蓼生、冯镇峦的努力下，又达到小说评点的高潮。

　　先看清代的小说评点。入清以后，基于对明亡的反思，遗民耆老把明的灭亡归咎于士风的败坏与民风的堕落。从儒家的教化思想入手，遗民们认为小说有伤风化，顾炎武《日知录》卷十三"重厚"条中注云：

　　　　古有儒、释、道三教，自明以来，又多一教，曰小说。小说，演义之书，士大夫、农工、商贾无不习闻之，以至儿童妇女不识字者，

亦皆闻而如见之，是其教较之儒、释、道而更广也。释、道犹劝人以善，小说专导人以恶。奸邪淫盗之事，儒、释、道书所不忍斥言者，彼必尽相穷形，津津乐道。以杀人为好汉，以渔色为风流，丧心病狂，无所忌惮。子弟之逸居无教者多矣，又有此等书以诱之，曷怪其近于禽兽乎！①

顾亭林引钱氏语，指斥小说"专导人从恶"，误读小说会"以杀人为好汉，以渔色为风流，丧心病狂，无所忌惮"，达到"近于禽兽"的地步。这些议论和顾炎武"君子之为学，以明道也，以救世也。徒以诗文而已，所谓'雕虫篆刻'，亦何益"（《与人书二十五》）②的思想是一致的。顾炎武所说从接受美学的角度来看是有一定的道理。作品的意义生成，不是作者生成，也不是由文本生成，而是由文本与接受主体之间相互作用形成的。但是认为小说"专导人从恶"，显然是将小说的作用偏执化。

顾炎武虽然与清廷采取不合作的态度，但在对小说的认识上却与清廷高度一致。清代统治者从顺治朝到光绪朝数十次严禁私刻各种小说，点明严令禁止《西厢记》《水浒传》等戏剧小说，认为小说是琐语、淫词，有乖风化。綦彦臣的《中国古代言论史》中《围剿小说》一节采摭了满清历朝关于小说的禁令，原文如下：

顺治九年（1652），诏曰：严禁琐语淫词，违者从重究治。

康熙二年（1663），诏曰：私刻琐语、淫词、乖风化者，查实议罪；二十六年、五十三年又重申禁小说政策。

乾隆三年（1738），责令地方政府再禁小说；十八年，下谕禁《西厢记》、《水浒传》满译本；十九年，专禁《水浒传》；四十五年，行剧

---

① 顾炎武：《日知录集释》，黄汝成集释、栾保群等校点，上海古籍出版社 2006 年版，第 777—778 页。

② 顾炎武：《顾亭林诗文集》，华忱之点校，中华书局 1983 年版，第 98 页。

本检查政策。

> 嘉庆七年（1802）颁布禁小说令；十五年、十八年重申禁令；十八年十月又加进了对野史的查禁政策。
>
> 道光十四年（1834），下令禁绝传奇、演义书目，二十年再申此策。
>
> 咸丰元年（1851），号令禁《水浒传》。
>
> 同治七年（1868），严禁邪说传奇；十六年，所有小说全为禁书。
>
> 光绪十一年（1885），重申以前的书禁政策，严惩造刻淫词小说者，十六年、二十二年再次重复。①

从以上可以看出，清代小说禁绝令几乎纵贯满清各朝，最为甚者，同治朝竟然所有小说全为禁书。正是清代正统士人对小说的排斥与朝廷的弹压，使清代小说的创作、评点，以及传播上都受到了阻碍。但应该看到，小说的创作与传播毕竟经过数百年的积累，作为文学史发展的必然，自然会迎来了清代在中国古典小说创作与评点的高峰。出于对文化围剿的突围，小说评点家注重小说与《史记》价值的比较，注重小说文心与《史记》文心的比较，注重小说艺术技巧与《史记》文法的比较，以此来提高小说的文学地位。

对《史记》而言，清代《史记》研究则呈另一种局面。清廷重视《史记》，据《乾隆帝实录》载，乾隆帝很重视对《史记》的研读。他对司马迁、《史记》评价很高，认为"迁史始自黄帝，类皆网罗旧闻，其世职卓才，则备见于汉兴以来诸纪载，所谓千秋良史，信无愧焉"（《四库全书·御制读〈史记〉随笔》）。乾隆帝还写有《读〈史记〉随笔》组诗十二首。除对《史记》及历史人物的评论、考证外，这十二首诗中还有对司马迁"好奇"的思索，如《读平原君传》云：

---

① 綦彦臣：《中国古代言论史》，航空工业出版社 2005 年版，第 213—214 页。

公子称最贤，食客至数千。高楼临民家，躄者行盘跚。美人忽临见，倩兮巧破颜。明日躄者至，谒君抗辞前。愿得笑者头，君哂未许焉。舍人稍引去，怪问始知然。爱色而贱士，谁肯相周旋。爱斩美人头，谢罪自造门。门下乃复来，相倾文歇间。卒得颖脱力，定从自楚还。一笑知何人，其事况经年。美人诚然乎，胡乃致客还。史公每好奇，于斯见一斑。①

这些诗里也有乾隆对《史记》"实录"基础上想象的质疑，如《读史汉书有感》云：

两人促膝语，彼此不泄露。所语竟谁传，而史以为据。甚至惟一人，心迹隐未吐。只恐他或知，炳然乃传后。发潜信赖史，纪讹亦屡屡。尽信不如无，不求甚解悟。此皆非常人，卓识有别具。固遽不逮迁，翻訾有抵捂。后人复不逮，而更妄非固。呜呼圣贤门，却成是非路。②

虽然乾隆帝所谈并不是《史记》研究上的新鲜话题，但是其中也涉及到了《史记》的文学性。乾隆以其特殊的地位对《史记》的研究，必然对清代学术有一定的影响。

概而言之，清廷对《史记》的重视，《明史》的撰写、四库开馆、边疆地理探索，以及八股取士的科举需求，使得清代士人对《史记》格外重视。《史记》研究进入古代研究的总结时期，迎来古代《史记》研究的高潮。也是在这种背景下，清代《史记》的考证与评点分途发展，都取得了很高的成就。清末，林纾作为桐城派最后的传人对清代《史记》有着较深的研

---

① 弘历：《御制诗二集》卷四十七，清乾隆刻本，第6页。
② 弘历：《御制诗二集》卷二十一，清乾隆刻本，第28页。

究，他在《桐城吴先生点勘史记读本序》中总结了清代《史记》研究：

> 厥有二派，甲派如钱竹汀之《考异》、梁玉绳之《志疑》、王怀祖之《杂志》，均精核多所发明，而梁氏成书至三十六卷论黄帝一事几千言，其下历举异同，良足以刊《史记》之误，乙派则归震川、方望溪及先生之读本，专论文章气脉，无尚考据。二者均有益于学子，然而发神枢鬼藏之秘，治丛冗秃肖之病，导后进以轨辙，则文章家较考据为益滋多。顾不有考据，则瞀于误书不讲文章，则昧于古法。①

林纾不仅指出了清代方苞等文章家继承明代以来对《史记》的研究"专论文章气脉，无尚考据"的特点，还指出《史记》的文学性研究"发神枢鬼藏之秘，治丛冗秃肖之病，导后进以轨辙，则文章家较考据为益滋多"。正因为如此，清代出现了许多极具代表性的《史记》文学评点著作，如方苞的《史记评语》、王又朴的《史记七篇读法》、姚苎田的《史记菁华录》、吴见思的《史记论文》、牛运震的《史记评注》、李晚芳的《读史管见》、郭嵩焘的《读史札记》以及王拯的《归方评点史记合笔》、程馀庆《历代名家评注史记集说》等等。这些评点注重《史记》的叙事、人物刻画、章法结构、语言风格等文学性特质，是明代《史记》评点的延伸与深化，代表了清代《史记》文学性再发掘的新水平。

再从《史记》评点和小说评点的关系来看，这两条线相互联系、搅扰，固然是由于用评点这同一种批评方法对史传文学和小说两种文学体裁的阐述，但是它们的关系，绝对不只是简单的表象联系。在中国文学传统"三百篇——骚——赋——乐府——律诗——词曲"的认知中，小说是被排除在文学之外的。小说一直是作为"史之外乘"② 以"史补"的角色附属

---

① 林纾：《畏庐续集》，商务印书馆 1916 年版，第 9 页。

② 姚振宗：《隋书经籍志考证》卷三十二，开明书局铅印师石山房丛书本。

于史籍。修髯子（张尚德）在《三国志通俗演义引》中说：

> 史氏所志，事详而文古，义微而旨深，非通儒夙学，展卷间，鲜
> 不便思困睡。故好事者，以俗近语。櫽栝成编，欲天下之人，入耳而
> 通其事，因事而悟其义，因义而兴乎感，……是可谓羽翼信史而不违
> 者矣。①

"羽翼信史"之说成为明清时期学者对小说的基本认识。随着小说的发展，
明人对小说的认识渐于清晰，如绿天馆主人（冯梦龙）在《古今小说叙》
里"史统散而小说兴"的认识，已把小说当作一种新文体的兴起。袁于令
则在《隋史遗文序》中提出了著名的"传信者贵真"和"传奇者贵幻"的
历史与小说的比较。可以看出，明人已深入地把握了小说虚构的特点。但
是入清以后，由于朝廷的小说禁令、士人的排斥，小说被打压，甚至一些
作家本人对小说也产生怀疑，如纪昀本身就著有《阅微草堂笔记》，而他
认为："小说既述见闻，即属叙事，不比戏场关目，随意装点。……今燕
昵之词、媟狎之态，细微曲折，摩绘如生。使出自言，似无此理；使出作
者代言，则何从而闻见之，又所未解也。"② 这种对小说"所未解"的认识，
显然较之明人是一种退步。同时，小说评点家也受到了各种责难，如清初
著名书画家、文学家归庄就认为金圣叹所极力称赞的《水浒传》是"倡乱
之书"，并认为："乃其惑人心，坏风俗，乱学术，其罪不可胜诛矣！"（归
庄《诛邪鬼》）③ 董含《三冈识略》卷九《才子书》说："吴人金圣叹，著才
子书，列书肆中，凡《左》《孟》《史》《汉》，下及传奇小说，俱有评语。
其言夸诞不经，谐词俚句，连篇累牍，纵其胸臆，以之评经史，恐未必有

---

① 丁锡根：《中国历代小说序跋集》，人民文学出版社 1996 年版，第 888 页。

② 纪昀：《纪晓岚文集》第二册，孙致中等校点，河北教育出版社 1991 年版，第
492 页。

③ 归庄：《归庄集》，上海古籍出版社 1984 年版，第 499—500 页。

当也。"并指责金圣叹的评点是"寻章摘句，琐碎割裂"，最让他不能接受的是金圣叹"以之评经史"，甚至嘲笑金圣叹之死，说："噫！可谓迂而愚矣。其终以笔舌贾祸也，宜哉。"（董含《才子书》）①

由此来看，明清之际小说批评的重要任务，不仅是对小说内在本质的认识，还在于为小说争得文学领域的一席之地。其达成的途径有两条，一方面要打破史学话语对小说评论的笼罩；另一方面又要借助于和拥有经史地位的《史记》相比较来抬高小说的地位。清代小说评点家将《史记》和小说的创作都建立在司马迁"发愤著书"说的基础上，认为小说的产生同《史记》一样都是幽愤之作。金圣叹的"六才子书"里将《水浒传》《史记》和《西厢记》《庄子》《离骚》《杜诗》并列，一方面强化了他们作为文学作品的共同特点，另一方面借助《史记》和历代经典来为小说争得文学地位的意图很明显。同时，他们认为小说的文学技法来源于《史记》，金圣叹说"《水浒传》的方法，都从《史记》而来"，毛宗岗说"《三国》叙事之佳，直与《史记》仿佛"，并认为小说的技法甚至"却有许多胜似《史记》"，"而其叙事之难，则有倍难于《史记》者"。这两条线的纠结几乎持续了整个清代的小说评点，无论是对《聊斋志异》的评点，还是《红楼梦》《儒林外史》的评点，都将《史记》作为其社会价值和艺术价值的原点，一直到晚清刘鹗的"哭泣"说。

总而言之，清代的《史记》文学研究在明人开辟的评点潮流下继续深入，由于《明史》的撰写、四库开馆、边疆地理探索，以及八股取士的科举需求的文化语境，形成了古代《史记》研究的高潮。清代小说以及小说评点受到满清文化禁令的打压和部分正统文人的排斥，但由于小说发展的内在自足、小说功能的再认识，以及市民社会的文化需求，清代小说创作及评点依然发展并达到古代小说的高潮。清人在小说地位的争取、小说功能的探索与小说技法的探索中，将《史记》作为小说美学价值的判断坐标，

---

① 董含：《三冈识略》，致之校点，辽宁教育出版社2000年版，第198—199页。

这不仅突出了小说重要的文学意义，也进一步阐释了《史记》的文学性。

第二节　金圣叹小说评点与《史记》文学经典化

一、金圣叹的"才子书"与《史记》文学经典性的明确

一部经典的形成首先来自于文本的经典性，即文本在思想层面和技术层面的原创性、超越性、垂范性。但同时也是文本与阐释者之间不断地对话、交流的结果。在文本的经典化历程中，阐释者不断地发掘文本的经典性，并赋予了新的意义，文本经受了历史的检验与荡涤，冲破了去经典化的阻碍，成为千古经典。而在这一过程中，一些重要的博学洽闻、思越古今的阐释者，往往为文本经典化起到了重要作用。明清两朝是《史记》文学经典化的高潮期，金圣叹无疑是这一时期《史记》文学经典化最有力的推手。用廖燕《评文选》中"觉作者千百年来，至此始开生面"（廖燕《金圣叹先生传》）[1] 的评价来评述金圣叹《史记》文学经典化中的作用并不为过。

"才子书"观念是金圣叹文学思想的核心范畴[2]。这一极具现代意义的文学观念深刻地反映了金圣叹对文学特质的理解，也正是在对这一观念的阐释中，金圣叹将《史记》从史学经典、文章学典范的窠臼中脱离，明确了其文学经典的意义，成为《史记》文学经典化历程中最有力的推手。

金圣叹继李贽、袁宏道的对文学体悟，在《第五才子书水浒传·序一》中将古今著述者分为圣人和古人，认为"圣人之作书也以德，古人之作书也以才"，他这里的所谓的古人其实就是才人。因而，古今著述也就分为

---

① 廖燕：《二十七松堂文集》，上海远东出版社 1999 年版，第 342 页。
② 吴子林：《"才子说"：金圣叹小说理论的核心范畴》，《学术论坛》2003 年第 2 期。

以政治德性为主的"圣人之书"和以才学为能事的"才子之书"。对于"圣人之德""人之能事"，他说：

> 然圣人之德，实非夫人之能事；非夫人之能事，则非予小子今日之所敢及也。彼古人之才，或犹夫人之能事；犹夫人之能事，则庶几予小子不揣之所得及也。(《贯华堂第五才子书水浒传》) ①

他认为，圣人的境界作为一般人是不能企及的，然而才人为文的能力常人通过努力则是可能达到的。显然，金圣叹这里更为强调才子的才学。不难看出，"才子书"观念的提出别具深意，他将圣人与才人并列，将经典与文学并列起来，打破了传统"文以载道"的理路，道、文并峙，这对文学地位的提升不言而喻。

同时，金圣叹对才子的才性、为文能力又进行了具体分析。他认为古之才人才性不同，"世不相延，人不相及"，并说：

> 夫古人之才也者，庄周有庄周之才，屈平有屈平之才，马迁有马迁之才，杜甫有杜甫之才，降而至于施耐庵有施耐庵之才，董解元有董解元之才。(《贯华堂第五才子书水浒传》) ②

这样，由于才子的才性不同，则文学成就各不相同，如陈登原《金圣叹传》所说：

> 若《史记》则史之代表，若杜诗、《离骚》则诗歌之代表，若《庄子》则子之代表，若《水浒》则小说之代表，若西厢则戏剧之代表，兼收

---

① 金圣叹：《金圣叹全集》(一)，江苏古籍出版社 1985 年版，第 5 页。
② 金圣叹：《金圣叹全集》(一)，江苏古籍出版社 1985 年版，第 5 页。

并蓄，不遗巨细。①

庄子的散文、屈原的《离骚》、司马迁的《史记》、杜甫的诗歌、施耐庵的《水浒传》、董解元的《西厢记》分属散文、骚赋、史传、诗歌、小说、戏剧各类。这种分类除散文与史传分类交叉以外，几乎与我们现代的分类没有不同，包含了我们现代文学观念的各个部类。不难看出，金氏的"才子书"观念与现代的文学观念是完全契合的，这也是西方学术分类体系尚未进入中土前较早的、较为准确的现代意义上的文学观念的总结。

"才子书"观念打破了传统经、史、子、集学问分类，这种颠覆性的划分是极具冲击性的，同为明末遗老的归庄云："以小说、传奇跻之于经、史、子、集，固已失伦，乃其惑人心、坏风俗、乱学术，其罪不可胜诛矣！"② 但从《史记》文学经典化的历程来看，金圣叹的"才子书"观念继李贽之后把《史记》从经史中划出，也把它从传统的文章学研究对象中列出，重新置入文学的殿堂顶礼膜拜。这成为《史记》文学经典化的一个关键枢纽。

不仅如此，金圣叹还深入地论述了《史记》的文学经典性，认为《史记》为文学的"化境之作"。金圣叹将文学创作分为三重境界："圣境""神境"与"化境"，他认为"化境"为最高境界，云：

> 心之所不至手亦不至焉者，文章之化境也。夫文章至于心手皆不至，则是其纸上无字、无句、无局、无思者也。而独能令千万世下人之读吾文者，其心头眼底乃宕宕有思，乃摇摇有局，乃铿铿有句，而烨烨有字，则是其提笔临纸之时，才以绕其前，才以绕其后，而非陡然卒然之事也。（《贯华堂第五才子书水浒传》）③

---

① 陈登原：《金圣叹传》，商务印书馆1934年版，第910页。
② 归庄：《归庄集》，上海古籍出版社1984年版，第499—500页。
③ 金圣叹：《金圣叹全集》（一），江苏古籍出版社1985年版，第5页。

不难看出，心手皆不至的"化境"是金圣叹对六部"才子书"共同艺术特
点的概括，也是对《史记》文学经典性的把握。他进一步明确地论述道：

> 依文成于难之说，则必心绝气尽，面犹死人者，才子也。故若庄
> 周、屈平、马迁、杜甫，以及施耐庵、董解元之书，是皆所谓心绝气
> 尽，面犹死人，然后其才前后缭绕，得成一书者也。（《贯华堂第五才
> 子书水浒传》）①

金圣叹认为司马迁等才子因"才以绕其前，才以绕其后"，摒弃了主体"心"
和"手"的制约而至臻化境，超越了语言和主体思维而形成了精妙绝伦的
艺术境界。因而，《史记》作为化境之作，也就具备了文学经典性。

概言之，金圣叹的"才子书"观念，用文学产生的历史必然来抗衡经
史，重新建构了文学殿堂，将《史记》纳入了新的意义体系。这种研究视
觉的转换，将《史记》由史学著述叙事、语言的研究和传统文章学研究方
向，较为明确地转入了文学性研究的征途，成为《史记》文学经典化历程
中最有意义的创举。

二、金圣叹对《史记》作为史传文学经典特质的把握

金圣叹"才子书"观念首次将《史记》更为明确地纳入了具有现代意
义的文学体系之中，并指出因其艺术水平臻于至善，是"化境之作"，而
具经典性的特质，如金圣叹在《第五才子书水浒传·序三》中所说："古
来至圣大贤，无不以其笔墨为身光耀。……彼《庄子》《史记》，各以其
书独步万年。"（《贯华堂第五才子书水浒传》）② 然而，仔细辨析"六才子

---

① 金圣叹：《金圣叹全集》（一），江苏古籍出版社 1985 年版，第 5 页。

② 金圣叹：《金圣叹全集》（一），江苏古籍出版社 1985 年版，第 11 页。

书"，虽然这些作品有其文学共性，但毕竟《史记》与其他五部，由于文学样式的不同，其差异是明显的。《庄子》《离骚》《杜诗》《西厢记》《水浒传》这五部书分属散文、诗歌、戏剧、小说，以丰富的想象虚构、浓烈的抒情、鲜明的人物个性、激烈的矛盾冲突为特点，而《史记》除与小说一直以来纠结不清的传统，以及叙事性特点而联系较为密切外，作为史传文学，究其实是信史与文学的统一，也就是无论如何强调其文学性，但是史学写实记事特点不能忽略。正是基于此，金圣叹厘清了小说与《史记》的差异，对《史记》作为史传文学经典的特质进行了总结，为其文学经典化扫清了障碍。

元明以降，中国古代小说的创作、传播达成了前所未有的胜局，小说的评点也随之兴盛。历史与小说的关系成为理论家争论的重要话题，而对于小说"虚""实"定性、关系之探讨也成为一个关键命题。金圣叹小说"因文生事"与《史记》"以文运事"的辨析，突破了小说"羽翼信史"的旧说，而且回答了小说与史传文学的差异，尤其他对《史记》作为史传文学"以文运事"特质的总结，更改了《史记》研究路径，拓宽了其研究视域。

金圣叹在《读第五才子书法》中为了提高《水浒》的文学价值，以《水浒》胜似《史记》的立论，进行了分析：

> 其实《史记》是以文运事，《水浒》是因文生事。以文运事，是先有事生成如此如此，却要算计出一篇文字来，虽是史公高才，也毕竟是吃苦事。因文生事即不然，只是顺着笔性去，削高补低都由我。

这段文字是金圣叹小说评点中极为重要的观点，他对史传文学与小说的差异进行了辨析，"以文运事"和"因文生事"准确地概括了其特点。金氏认为，小说中的事件是作者根据人物性格、情节发展的需要创造出来的，而史传文学是撰述者对已经存有的历史史料反复解读，于此基础上进行想象、推理，再以文字组织形式形成的历史文本，因其文学性特质而成史传文学。钱钟书在《管锥编》中对史家的撰述过程进行了分析，云："史家追叙真人真事，每须遥体人情，悬想事势，设身局中，潜心腔内，忖之度之，以揣以摩，庶几入情合理。"① 显然，这与金圣叹对历史撰述的理解是一样的。《史记》虽然亦为对史料的运用，但由于主体的才识、性情、驾驭能力、笔力而成为奇绝文字。"《史记》是以文运事"的认识准确地把握了《史记》作为史传文学的艺术特点。

《贯华堂第五才子书水浒传》第二十八回的总评是金圣叹极为重要的一篇文章，论述了历史撰述向史传文学的转化过程，以及"以文运事"的艺术特点形成和务为"绝世奇文"的创作目的。这对深入探索金圣叹对《史记》文学性的理解以及他的文学思想有着重要意义。金圣叹以对宋子京修《新唐书》时燃椽烛、拥姬、垂帘，炜若神人的错怪说起，认为虽然修史是国家之事，要求只要将历史事件记载清楚即可，但修史往往由文人担当，这样国家之事就转换为文人之事。文人之事必"心以为经，手以为纬，踌躇变化，务撰而成绝世奇文焉"。对此，他以《史记》为例，进一步论述道：

> 司马迁之书，其选也。马迁之传伯夷也，其事伯夷也，其志不必伯夷也；其传游侠货殖，其事游侠货殖，其志不必游侠货殖也；进而至于汉武本纪，事诚汉武之事，志不必汉武之志也。恶乎志？文是已。马迁之书，是马迁之文也。(《贯华堂第五才子书水浒传》)②

这里以司马迁著《史记》为例更具典型性，《史记》为私家著史，文人心以为经的特点就更为明显，《史记》中所述的朝会、礼乐、战陈、祭祀、会计、刑狱等历史史料，仅成为司马迁写作的文料。"马迁之书，是马迁

---

① 钱钟书：《管锥编》，中华书局 1986 年版，第 166 页。
② 金圣叹：《金圣叹全集》（一），江苏古籍出版社 1985 年版，第 440 页。

之文也"的结论，无疑是《史记》文学经典化历程中很为重要的论述。

也是由于"国家之事"向"文人之事"的转换，文人就具有了"文人之权"，因为文人务为奇绝文字，奇绝文字能够使君相所为之事百世千世以及万世传颂于世，"歌咏不衰，起敬起爱者"，因为如此，君相之事反而若附骥尾。在这里，金圣叹总结了《史记》以文运事特点和原因：

> 是故马迁之为文也，吾见其有事之巨者而橐栝焉，又见其有事之细者而张皇焉，或见其有事之阙者而附会焉，又见其有事之全者而轶去焉，无非为文计，不为事计也。但使吾之文得成绝世奇文，斯吾之文传而事传矣。如必欲但传其事，又令纤悉不失，是吾之文先已拳曲不通，已不得为绝世奇文，将吾之文既已不传，而事又乌乎传耶？（《贯华堂第五才子书水浒传》）①

史学撰述虽然以客观记述为目的，但"吾之文既已不传，而事又乌乎传耶？"史笔又不得不依赖于文笔，如章学诚《文史通义》所言："史之赖于文也，犹衣之需乎采，食之需乎味。"②文笔使文本更长久、更广泛，更深入地影响其受众。在论述中，金圣叹将"以文运事"进一步具体化为"为文计，不为事计"，他认为《史记》中，司马迁在材料的处理和行文中，对于事件巨者而橐栝、细者而张皇、阙者而附会、全者而轶去的变化，全是"为文计，不为事计"，就是为了成就绝世奇文的目的。

总结以上，文学经典总是"在路上"，处于经典化的历程之中。作品的经典化与文本的艺术审美有关，但不是绝对关系，而是与社会历史以及文学语境相关。明代的经济发展、"心学"的兴盛为个体自由提供了空间和理论基础，随着小说的兴盛，为小说争得文学地位，成为这一时期特殊

---

① 金圣叹：《金圣叹全集》（一），江苏古籍出版社 1985 年版，第 440 页。

② 章学诚：《文史通义校注》，叶瑛校注，中华书局 1985 年版，第 221 页。

的文化语境。金圣叹正是在此文化语境中，通过对小说与《史记》的比较，把握了其作为史传文学的特质，他"以文运事"的总结准确地概括了《史记》文学经典的生成理路，为《史记》的经典化起到了划时代的作用。

三、金圣叹以《史记》为艺术价值尺度对《水浒传》的品评实践

文学经典的意义不仅在于它的艺术价值、不断扩展的可阐释空间以及对期待视野的满足，也在于其文学史意义上秩序的维护。同时，文学经典还是一种价值尺度，建构了艺术价值判断体系。在此意义上，文学经典就成为文学引导、发现与判断的尺度。事实上，金圣叹以《史记》为艺术价值尺度对《水浒传》的品评实践就是发挥了《史记》文学引导、发现与判断的作用。

早在金圣叹之前，李贽就将《史记》列入"五大部文章"，但由于缺少系统性论证，而且所选的"五大部"也不及金氏"六才子书"的代表性强、体式全。这一具有现代意义上文学分类和观念探索，到金圣叹更加完备，将《史记》置入了完全意义的文学方向研究。不仅如此，金圣叹以《史记》为艺术价值尺度对《水浒传》进行了艺术价值的判断实践，无疑对《史记》文学性的进一步挖掘以及《史记》经典化都有着重要意义。冯镇峦在对金圣叹《水浒传》评点的意义总结道："灵心妙舌，开后人无限眼界，无限文心。"[1] 同样，用这句话来概括金圣叹在《史记》经典化中的贡献也是极为恰切的。在《贯华堂第五才子书水浒传》的评点中，金圣叹始终以《史记》作为一种价值尺度和艺术尺度，构建《水浒传》的意义和艺术判断体系，这不仅有益于《水浒传》文学价值的阐释，而且标举了《史记》的文学意义，是《史记》文学经典化历程中最为重要的环节之一。

金圣叹在《水浒传》的品评中，首先认为《水浒传》与《史记》"发

---

① 朱一玄：《聊斋志异资料汇编》，中州古籍出版社 1985 年版，第 585 页。

愤著书"的创作动机是相同的，或者说是它的发展或延续。《读第五才子书法》虽为读法引导，但其实质为《水浒》艺术之论，云：

> 《史记》须是太史公一肚皮宿怨发挥出来，所以他于《游侠》《货殖传》特地着精神。乃至其余诸记传中，凡遇挥金杀人之事，他便啧啧赏叹不置。(《贯华堂第五才子书水浒传》) ①

显而易见，这是对《史记》"发愤著书"的创作动机的转述，同时也指出了太史公尚气好侠的特点。对于《水浒传》，在第六回夹批中，金圣叹直接就认为："发愤作书之故，其号耐庵不虚也。"对于这认识，在《楔子总批》中金圣叹做了具体的论述，他说："为此书者，吾则不知其胸中有何等冤苦而为如此设言。然以贤如孟子，犹未免于大醇小疵之讥，其何责于稗官。"金氏将"发愤著书"改易为"怨毒著书"说，名异而实同。在以后各个章节的品评中，金圣叹也多次强化此观点，如在十八回总批中，他认为这一回前半段写阮氏对官吏的痛骂，后半回写林冲痛骂秀才，他们的语言愤轩激昂，但并不伤雅道，对此金圣叹评论道："然怨毒著书，史迁不免，于稗官又奚责焉。"这种比较固然有其故意强加比较的意味，但作为文学作品许多方面都有其精神幽通的地方，也是可以讲得通的。从另一方面来考虑，这种比较突出了《水浒传》的文学地位，强调了《史记》文学经典的尺度作用。

在《水浒传》的评点中，金圣叹尤其重视与《史记》艺术水平和写人叙事技法的比较，而且贯穿始终。关于艺术水平的比较随处可见，他认为《水浒传》的方法，都是继承《史记》而来，两者平分秋色，如第二回夹批中他分析道："看他一个人便有一样出色处，真与史公并驱矣。"第八回总评中说："盖如是手笔，实惟史迁有之，而《水浒传》乃独与之并驱也。"

---

① 金圣叹：《金圣叹全集》（一），江苏古籍出版社 1985 年版，第 17 页。

第二十三回夹批中说："零星拉杂，叙事真与史公无二。"不仅如此，金圣叹认为《水浒传》在艺术水平上超过了《史记》，在《水浒传》第五回总评、《读第五才子书法》等处多次进行论述，他说："凡三句不完，却又是三样文情，而总之只为描写智深性急，此虽史迁，未有此妙矣。"又云："某尝道《水浒》胜似《史记》，人都不肯信，殊不知某却不是乱说。"这些比较不仅揭示和阐释了《水浒传》的艺术水平，而且是金圣叹以《史记》为价值坐标对小说文化地位的争取，同时也是对《史记》文宗地位的强调。

在写人叙事技法上，金圣叹认为《水浒传》技艺高超，深得"史公笔法"的精髓。他以宋江人物形象的塑造为例，认为《水浒传》一百单八将中，一百零七人好写，因为是直笔，而对于宋江，由于其人物性格复杂，则"骤读之而全好，再读之而好劣相半；又再读之而好不胜劣，又卒读之而全劣无好矣"（《贯华堂第五才子书水浒传》）[1]。金圣叹认为施耐庵对于宋江的塑造精妙绝伦，可谓龙门真传，他具体论述道："《史》不然乎？记汉武初未尝有一字累汉武也，然而后之读者莫不洞然明汉武之非，是则是褒贬固在笔墨之外也。"（《贯华堂第五才子书水浒传》）[2] 这里金圣叹以《五帝本纪》以及太史公"寓论断于叙事"的"龙门笔法"，作为分析解读宋江形象与性格的解读过程，这不仅展示了施耐庵的艺术匠心，提高了《水浒传》艺术水平，而且使读者深层次地把握文本含义。

对于《史记》作为文学经典的艺术特色，在《贯华堂第五才子书水浒传·序三》中，金圣叹用"精严"做了概括。他说：

> 若诚以吾读《水浒》之法读之，正可谓庄生之文精严，《史记》之文亦精严，不宁惟是而已，盖天下之书，诚欲藏之名山，传之后人，即无有不精严者。何谓之精严？字有字法，句有句法，章有章

---

① 金圣叹：《金圣叹全集》（二），江苏古籍出版社 1985 年版，第 16 页。

② 金圣叹：《金圣叹全集》（二），江苏古籍出版社 1985 年版，第 16 页。

法，部有部法是也。(《贯华堂第五才子书水浒传》)①

显然，这里的精严是精细严密的意思，意为《史记》在艺术上每一点都达到了完美的境界。"字有字法，句有句法，章有章法，部有部法"的概括将《史记》的艺术水平推崇到了完美的境界，这显然是他"化境之作"认识的具体化。金圣叹认为《水浒传》也是这样的精严之作，可以通过对它的研读寻得研读传统经典的门径，可以获得其他经典的经典之处。

从以上不难看出，在《史记》《水浒传》两个经典的对话中，文本的互文性相互阐释、相互印证，《史记》的经典性重新归置了文学秩序，作为坐标尺度标出了《水浒传》在文学史的地位。金圣叹以《史记》为艺术价值尺度对《水浒传》的品评实践，将两者的艺术匠心都深刻地揭示出来。

文学的经典化历程是一个复杂的过程，涉及历史的、政治的、文化的以及文学自身诸多要素，而且这些要素相互关联、相互纠结，共同建构了文学经典。对此，童庆炳的《文学经典建构的内部要素》做了具体论述：

> 文学经典建构的因素是多种多样的，起码要有如下几个要素：(1) 文学作品的艺术价值；(2) 文学作品的可阐释的空间；(3) 特定时期读者的期待视野；(4) 发现人（又可称为"赞助人"）；(5) 意识形态和文化权力的变动；(6) 文学理论和批评的观念。就这六个要素来看，前二项属于文学作品内部要素，这里蕴含"自律"；后二项属于影响文学作品的外部因素，这里蕴含"他律"。其中，第三项"读者"和第四项"发现人"处于"自律"和"他律"之间，是内部和外部的

---

① 金圣叹：《金圣叹全集》(一)，江苏古籍出版社 1985 年版，第 10—11 页。

连接者，没有这两项，任何文学经典的建构都是不可能的。①

　　他认为，任何文学经典的建构取决于文学作品内部的"自律"问题和影响文学作品的外部因素"他律"问题。前者即文本所具备的经典性，包括文本自身的艺术价值以及可阐释的空间；后者即意识形态和文化权力变动、文学理论和批评的价值取向。不仅如此，特定时期读者的期待视野和发现人（又可称为"赞助人"），还成为内部与外部的连接者，成为中介因素。这六个方面共同建构了文本的经典化。以此来看，《史记》的经典化要素中，前两项自不待言。明代中后期经济的发展、政治腐败而导致管束的疏松、心学的兴盛，以及"文必汉唐"的文学复古，为《史记》的经典化构建了外部条件。随着俗文学的兴起，小说创作与评点的风气尤为炽烈，为小说争得文化地位成为一时之急。这时文学经典建构的"发现人"（"赞助人"）呼之欲出。金圣叹完成了这一使命，成为《史记》经典化历程中重要的推手，他将已经完成史学经典化的《史记》又重新置入文学经典化的殿堂之中。

　　金圣叹在对《水浒传》的评点中，几乎无处不将其与《史记》的艺术技巧作比较。他的"才子书"的观念，建构了现代意义的文学殿堂，将《史记》纳入了新的意义体系。他对《史记》作为史传文学特征的把握以及以《史记》为艺术尺度的小说品读的实践，不仅揭示了《水浒传》的艺术特色，为小说争得了文化地位，而且成为《史记》经典化历程中的关键点。金圣叹的研究深化了清人对《史记》思想意义的理解和艺术特点的认知，是明清时期《史记》文学经典化最为关键的贡献者，开启了清代《史记》文学经典化的帷幕。清代《史记》文学研究者吴见思、牛运震、王又朴等学者，无论在研究思路、方法上无不受其影响，由此也构建了清代《史记》文学经典化的高潮。

----

①　童庆炳：《文学经典建构的内部要素》，《天津社会科学》2005 年第 3 期。

第三节　张竹坡《金瓶梅》评点中的《史记》
　　　　　文学性阐释

一、以《史记》为经典坐标的价值判断

明季以后，随着古典小说创作、传播的兴盛，小说评点也达到了前所未有的高度。这一时期，小说评点名家辈出，名作如林，许多著述历久弥新，无论对小说的文学意义还是文化意义的阐释都极为重要，成为评点史上关键点。同时，小说评点家以《史记》为艺术、文化价值判断的比较研究，对《史记》文学性的深入阐释以及小说评点话语的确立都有着重要意义。

《金瓶梅》大约成书于隆庆至万历年间，自其诞生后一直都存在着巨大争议。董其昌、谢肇淛、袁宏道、冯梦龙等为了为其争得文学地位，洗却"诲淫"之作的恶名，作出了不懈的努力。尤其是张竹坡的《金瓶梅》评点，对其艺术价值和文学地位的揭示都有着重要意义。张竹坡重视《金瓶梅》与《史记》的比较研究，这不仅提升了《金瓶梅》的文学地位，突出了其高超的艺术成就，而且强化了《史记》的文学性，为清代《史记》文学经典化做出了贡献。

文学经典的意义不仅在于文本因其卓越的艺术水平而成为百代无法企及的文学典范，还在于它作为艺术尺度和价值尺度的判断体系的建构。张竹坡将《金瓶梅》与《史记》的比较研究则是《史记》作为经典文本价值判断的实践。

清代学术界主流多将小说视为洪水猛兽。对于《金瓶梅》，批评之声更为激烈，申涵光在《荆园小语》更多了诅咒式的批评，云："世传作《水浒传》者三世哑。近时淫秽之书如《金瓶梅》等，丧心败德，果报当不止

此。"① 更有林昌彝的《砚挂绪录》认为《金瓶梅》会使人"昏迷失性，疾病伤生，窃玉偷香，由此而起，身心瓦裂"②，就和禽兽一样了。在这种情形下，明代以来所形成的为小说求得地位的"羽翼信史"的说法，显然再也无法求得正解，无法再通过对正史的攀附，来达成其文学意义。如何冲破对《金瓶梅》的文化与道德伦理围剿，这是摆在评点家面前的首要问题。

与金圣叹一样，张竹坡以《史记》为经典坐标的比较研究，重新赋予了《金瓶梅》的文学与文化意义。他在《第一奇书金瓶梅趣谈》《第一奇书非淫书论》《竹坡闲话》《金瓶梅寓意说》《批评第一奇书金瓶梅读法》、《杂录》等《金瓶梅》批评的文章中，始终以《史记》作为艺术判断的尺度，将《金瓶梅》与《史记》的比较贯穿其中。他强调《金瓶梅》就是一部《史记》，并说："凡人谓《金瓶》是淫书者，想必伊止知看其淫处也。若我看此书，纯是一部史公文字。"（张竹坡《批评第一奇书金瓶梅读法》)③ 张竹坡的这种论述不仅是对以淫书之名对《金瓶梅》文化围剿的突围，也是对其以《史记》为标尺的艺术价值判断。在《读法》第八十一条，张竹坡还说：

> 《金瓶》必不可使不会做文的人读。夫不会做文字人读，则真有如俗云"读了《金瓶梅》也"。会做文字的人读《金瓶》，纯是读《史记》。（张竹坡《批评第一奇书金瓶梅读法》)④

他以会做文字的人和不会做文字的人来强调内行和外行之间的阅读接受中的巨大差异，认为《金瓶梅》具备《史记》一样的艺术价值。当然，张竹坡的《金瓶梅》纯是《史记》之说，绝不止于文字技巧的比较，

---

① 申涵光：《荆园小语》，清光绪王灏辑刊本。

② 黄霖：《金瓶梅资料汇编》，中华书局 1987 年版，第 274 页。

③ 秦修荣：《金瓶梅汇校汇评本》，中华书局 1998 年版。

④ 秦修荣：《金瓶梅汇校汇评本》，中华书局 1998 年版。

更深层地是建立在专制主义早期的《史记》和专制主义末期的《金瓶梅》两部巨著作为美学双峰的风格比较上。显然，张竹坡认为，执着于文字表层的情色，只能造成对文本的误读，要清除这种误读，也只有会做文字的内行以读《史记》的方法去读《金瓶梅》才能与文本视域融合。这明显是与金圣叹将《史记》作为经典文本对艺术价值判断的思路一致的。正是基于这样的认识，《金瓶梅》与《史记》有了比较的前提，两者创作动机和艺术水平的比较才有了基础。

不难看出，"羽翼信史"的观点无法为小说求得文学地位的时候，以《史记》为艺术尺度的判断，为小说的文学地位提供了新的契机。张竹坡将《金瓶梅》与《史记》的比较，是在小说和史传文学找到文学性的共性比较，不仅提高了《金瓶梅》的文学地位和艺术价值，也强化了《史记》的文学特性。

二、《金瓶梅》与《史记》创作动机的比较

文学创作的动机作为主体力量，贯穿于创作的全过程，而且作为创作主体的思想内驱力和对外张力直接决定了作品的思想意向和文学特色。明清时期的小说评点尤为重视小说创作动机的探讨，其中对《史记》"发愤著书"说的引申和再阐释是一个重要的内容。张竹坡则将"发愤著书"说发展为《金瓶梅》的"奇酸苦孝"说和"泄愤"说。这种《史记》与《金瓶梅》创作动机的比较和阐释，无疑为《金瓶梅》的文化地位提升找到了突破口。

对于《金瓶梅》的创作动机，明末以来多有阐释。欣欣子所持惩戒说为其主流，云："无非明人伦，戒淫奔，分淑慝，化善恶，知盛衰消长之机，取报应轮回之事。"但在清代对《金瓶梅》的法律与文化的围剿之下，显然惩戒说无法对其过多的情色描写、对人性丑恶的揭示找到合适的解释路径，无法消解其"诲淫"的标签。《金瓶梅》的作者为王世贞之说，为

张竹坡对《金瓶梅》的创作动机阐释找到了关键点。

《金瓶梅》的作者问题一直为谜团，多有争论。王世贞说仅为其一。相传王世贞的父亲为人所害，王氏兄弟为报父仇，投其所好，创作《金瓶梅》以毒药淬之。张竹坡对之进行了发挥：

> 不幸其亲为仇所算，则此时此际，以至千百万年，不忍一注目，不敢一存想，一息有知，一息之痛为无已，呜呼痛哉！痛之不已，酿成奇酸，海枯石烂，其味深长。是故含此酸者，不敢独立默坐，苟独立默坐，则不知吾之身、吾之心、吾之骨肉、何以累累焉如刀斯割，如虫斯噬也。

张竹坡反复强调作者由于复仇之心，而酝酿着"奇酸"之志，由此推导出"苦孝"说，云：

> 故作《金瓶梅》者，一日含酸，再日抱既，结日幻化，且必日幻化孝哥儿，作者之心其有余痛乎！则《金瓶梅》当名之曰奇酸志、苦孝说。呜呼，孝子孝子，有苦如是。（张竹坡《苦孝说》）①

虽然为报杀父之仇的"苦孝"说一直被质疑，也被鲁迅斥之为牵强之说，但依据仇者之嗜好，进行情色描写的无奈之举，也似为《金瓶梅》找到了似为妥帖的解说，为其创作动机找到了最有力的两个着力点"奇酸志"和"苦孝"。志向与孝道一直是传统主流社会所倡导的儒家价值观的核心，张竹坡对于《金瓶梅》的创作动机的阐释明显比惩戒说更为严密，而且更有说服力。

不仅如此，张竹坡深切地感受到《金瓶梅》所描绘的西门庆及其妻妾

---

① 秦修荣：《金瓶梅汇校汇评本》，中华书局 1998 年版，第 1488 页。

家庭的罪恶，批判了将人性丑恶发挥到极致的社会，作者是以此来宣泄愤懑之情的。基于此，张竹坡认为《金瓶梅》的作者必有如史公下蚕室，孙子之刖足般不得已之事，"必遭史公之厄而著书也"①，作者"乃一腔愤懑而作此书，言身已辱矣，惟存此牢骚不平之言于世，以为后有知心，当悲我之辱身屈志，而负才沦落于污泥也。"② 正是在这样的思想基础上，张竹坡进一步将"苦孝说"又演化为"泄愤"说，认为《金瓶梅》的作者与司马迁一样必然遭遇过不幸，如他在《竹坡闲话》中所说："此仁人志士、孝子悌弟，不得于时，上不能问诸天，下不能告诸人，悲愤呜唈，而作秽言以泄其愤也。"③ 显然，张竹坡认为《金瓶梅》的作者在经历压抑和人生不幸后，不能问天语人，只能将《金瓶梅》作为其"大哭地"而"泄其愤"。因此，《金瓶梅》"乃是作者满肚皮猖狂之泪没处洒落，故以《金瓶梅》为也。"（张竹坡《批评第一奇书金瓶梅读法》）④"泄愤"说为《金瓶梅》创作的现实动机和思想动机找到了最贴切的阐释途径。不难看出，张竹坡以"发愤著书"说来阐释《金瓶梅》的创作动机，消解了因情色描写而引起的道德压力，阻挡了四面而来的文化围剿，对《金瓶梅》提出了正面的解读途径，实现了"劝惩"目标。同样，这种比较也深化了对司马迁《史记》创作动机的理解，对《史记》的思想性和艺术性理解提供了思想基础。

"发愤著书"说是司马迁在历史总结基础上，对文化撰写者内在精神动力的规律性总结。古今名著"大抵贤圣发愤之作"这一命题，深广地影响了中国古代文学的创作与阐释。"发愤著书"说将主体受到客体的压抑而愤懑作为文学解读的枢纽，为文学创作和阐释提供了最有力的门径。同时，将"发愤著书"说作为创作动机容易更为准确地把握文本的文学意义

---

① 秦修荣：《金瓶梅汇校汇评本》，中华书局 1998 年版，第 406 页。
② 秦修荣：《金瓶梅汇校汇评本》，中华书局 1998 年版，第 105 页。
③ 秦修荣：《金瓶梅汇校汇评本》，中华书局 1998 年版，第 1480 页。
④ 秦修荣：《金瓶梅汇校汇评本》，中华书局 1998 年版，第 1513 页。

和艺术特色。"发愤著书"说作为极为有力的理论话语，对明清以来的小说评点有着重要的影响。小说评点家为了冲破小说"史余""史补"的话语体系，在以《史记》为经典判断的架构中，常注重从创作动机上将小说与《史记》进行比较。张竹坡在《金瓶梅》评点中通过比较，将"发愤著书"说转化为"苦孝"说，这种比较对《史记》和《金瓶梅》的文学特色和意义的解读都是极为重要的。

三、《金瓶梅》与《史记》的艺术比较

经典的意义在于文本的原创性、开放性和超越性，并因此确立了其文化、文学丰碑的地位。这不仅表现在经典文本思想上的卓越与高蹈，也在于其艺术上的示范性和规范性，成为艺术判断的尺度。张竹坡在《金瓶梅》的解读中，始终以《史记》作为艺术判断的标准，重视《金瓶梅》与《史记》的艺术比较。这些比较突出了史传文学与小说文学体裁的差异，强化了《金瓶梅》与《史记》作为叙事文学技艺的高超，以《金瓶梅》阐述了太史公笔法。

"羽翼信史"的传统观念取消了小说作为文学体裁的独立性，只将小说作为史学的附翼。明清以来的《史记》与小说的比较，显然是找到了其文学性的共性来比较，即史传文学与小说的比较。张竹坡对《金瓶梅》与《史记》的艺术比较首先区别了史传文学与小说的差异，他在《金瓶梅》读法第三十四条论述道：

> 《金瓶梅》是一部《史记》。然而《史记》有独传，有合传，却是分开做的。《金瓶梅》却是一百回共成一传，而千百人总合一传，内却又断断续续，各人自有一传。固知作《金瓶》者，必能作《史记》也。何则？既已为其难，又何难为其易。（张竹坡《批评第一奇书金瓶梅

读法》)①

　　史传文学中的传主是作者整体安排中的独立的组成部分，是独立观察的一个个体，因而，一人一传，或者数人合传，这是由史传文学的体裁特点所决定的。小说虽然也是以塑造人物形象为核心，但将人物置入一定的社会文化环境之中，置入故事情节中，"一百回共成一传，而千百人总合一传"固然是牵强的比较，但在形式上概括了小说的特点，对史传文学与小说的差异进行了辨析，突出了小说作为另外一种文学体裁的特点。从另一个侧面来看，张竹坡对《金瓶梅》与《史记》的这种比较，可以启发人们更为深入地思考《史记》的总体结构意义；探索独传、合传、类传人物安排的意图与结构；研究互见法在对人物表现中的作用等。这些问题无疑对研究作为史传文学的《史记》提供了有力的促进。

　　在艺术水平上，张竹坡认为《金瓶梅》尽得《史记》之妙，达到了《史记》的水平，甚至超过《史记》。他在《读法》第三十五条说：

　　　　即使龙门复生，亦必不谓予左袒《金瓶》，而予亦并非谓《史记》反不妙于《金瓶》。然而《金瓶》却全得《史记》之妙也。（张竹坡《批评第一奇书金瓶梅读法》)②

所以，在《金瓶梅》评点中，每遇精妙之处，张竹坡总称"龙门能事""龙门再世""又一龙门""逼真龙门"，如在对《金瓶梅》第六十二回的分析中，张竹坡批曰：

　　　　此回文字，最是难写。题虽两句，却是一串的事，故此回乃是一

---

① 秦修荣：《金瓶梅汇校汇评本》，中华书局 1998 年版，第 1501 页。
② 秦修荣：《金瓶梅汇校汇评本》，中华书局 1998 年版，第 1501 页。

笔写去。内却前前后后，穿针递线，一丝不苟。真是龙门一手出来，不敢曰又一龙门也。①

如此类以《史记》对《金瓶梅》叙事艺术的判断评点中很多，这些比较都是建立在具体的文本分析之上得出的笃论。

如何解决立体多维的事件发生与线性叙述的矛盾，一直是叙事文学要解决的核心问题。《史记》叙述上古以来三千年的历史，包括典章制度、天文兵律、河渠地理、社会经济，以及古今圣贤、英雄豪杰等方面。其叙事安排格局高越，波澜壮阔，条理清晰，达到了沟连天人、贯通古今的效果，展示了高超的叙事技巧，百代不能改易其法。小说虽然与史传文学有着文体差异，但如何将诸多人物在线性叙述中立体地展示出来，叙事方法依然是重要问题。张竹坡与其他评点家一样，深刻地认识到《金瓶梅》与《史记》叙事的差异，在第一回总批，他进行了深入的分析：

> 今看作者，惟西门庆一人是直说；他如出伯爵等九人，是带出；月娘、三房是直叙；别的如桂姐、玳安、玉箫、子虚、瓶儿、吴道官、天福、应宝、吴银儿、武松、武植、金莲、迎儿、敬济、来兴、来保、王婆诸色人等，一齐皆出，如喷壶倾水。然却是说话做事，一路有意无意，东拉西扯，便皆叙出，并非另起锅灶，重新下米，真是龙门能事。（第一回总评）②

显然，张竹坡认为小说诸多人物的出场、行为、关系是顺生活面貌自然展示，不同于传记分割成各个单位、分别安排，但在叙事技巧上都达到了同样高的水平。张竹坡的这种认识是以《史记》为经典坐标对小说作为叙事

---

① 秦修荣：《金瓶梅汇校汇评本》，中华书局 1998 年版，第 834 页。

② 秦修荣：《金瓶梅汇校汇评本》，中华书局 1998 年版，第 2 页。

文地位的判断。同时，对《金瓶梅》艺术水平的探析也进一步挖掘了《史记》艺术手法的精妙，是对其经典地位的确认。

不仅如此，张竹坡认为《金瓶梅》不像其他小说一样，"一件件叙去，另起头绪于中"。他将之与《史记》的叙事艺术进行了比较，认为"《金瓶梅》纯是太史公笔法"，《读法》第四十八条他对史公笔法做了阐释，他说：

> 夫龙门文字中，岂有于一篇特特着意写之人，且十分有八分写此人之人，而于开卷第一回中，不总出枢纽，如衣之领，如花之蕾，而谓之太史公之文哉。（张竹坡《批评第一奇书金瓶梅读法》）①

他认为《金瓶梅》叙事人物安排如《史记》一样严谨而有秩序，虽然人物众多，事件繁复，时间长、头绪多，而章法不乱，与《史记》一样精于安排。他还从读者角度对史公笔法进行了解释："每于此等文字，使我悉心其中，曲曲折折，为之难入其起尽，何异人五岳三岛，尽览奇胜。我心乐此，不为疲也。"（张竹坡《批评第一奇书金瓶梅读法》）②认为史公笔法具有"曲曲折折""尽览奇胜""我心乐此"的特点，是神工鬼斧之笔，能使行文曲折，摇曳多姿，如奇境，尽览神异风光，美不胜收。不难看出，这里的"奇""趣""乐"较为准确地概括了张竹坡对《史记》文学性的认知。

清代小说与《史记》的比较研究是小说评点中运用的重要方法，对提升小说的文化地位、阐释小说的艺术水平有着重要意义。《金瓶梅》作为文人独创的第一部小说、一部奇书，其文化与文学意义是不言而喻的。在清代文禁炽烈之时，在文化与道德围剿下，张竹坡对《金瓶梅》的评点以

---

① 秦修荣：《金瓶梅汇校汇评本》，中华书局 1998 年版，第 1505 页。

② 秦修荣：《金瓶梅汇校汇评本》，中华书局 1998 年版，第 1505 页。

及对其艺术肯定，就显得尤为重要。张竹坡将《史记》的比较贯穿于《金瓶梅》评点始终，这种比较是以《史记》为经典坐标的价值判断，赋予了《金瓶梅》文学与文化意义，而且强化了《史记》的文学性，为清代《史记》文学经典化做出了贡献。同时，在以《史记》为经典判断的架构中，张竹坡注重从创作动机上进行比较，将"发愤著书"说转化为"苦孝"说、"泄愤"说，这种比较突出了《史记》和《金瓶梅》的文学特色和意义。在艺术水平比较上，张竹坡突出了史传文学和小说文学题材的差异，强化了《金瓶梅》与《史记》作为叙事文学技艺的高超，并以《金瓶梅》中的叙事技法阐述了太史公笔法。张竹坡的《金瓶梅》与《史记》的比较，强化了《史记》的文学经典地位，发挥了艺术价值尺度的功能，同时，也进一步拓展和深化了对《史记》的艺术认知。

第四节　清代《聊斋志异》《红楼梦》与《史记》的比较阐释

一、清代小说评点家《聊斋志异》与《史记》的比较阐释

《聊斋志异》和《红楼梦》分别代表了中国古典文言小说、白话小说成就的最高峰。清代评点家深入地探索了它们的文本意义，对主题、人物、情节、结构、语言等方面进行了评点。不仅如此，与金圣叹、张竹坡等评点家一样，对于《聊斋志异》和《红楼梦》，清人重视小说创作理论方面的探索，尤其是注重与《史记》比较。"发愤著书"的创作动机与"史家直笔""曲笔"成为《聊斋志异》和《红楼梦》评点中重要的方面。

接受美学认为文学文本的意义存在于读者的解读过程之中，姚斯说："一部作品的历史意义就是在这过程中得以确定，它的审美价值也是在这

过程中得以证实。"① 伽达默尔进一步指出阅读者的历史视野和个人视野所形成的期待视野决定着对文本的认知与解读。同时，他认为作者与读者的"视界融合"是认识文本真理性的关键。明清小说评点家对于小说的评点正是在历史性的经史主导话语里，注重"知人""论世"，寻求与作者的"视界融合"，而"发愤著书"的创作动机与史家"直笔""曲笔"则是作者、读者的历史视野与个人视野达成"融合"的基点。对于《聊斋志异》和《红楼梦》的评点，清人的确也是从此入手的。

自明代李贽将司马迁的"发愤著书"理论引入到小说的评点中以来，经金圣叹、张竹坡等人的发挥，"发愤著书"说成为清代小说创作理论的一把无敌之剑，贯穿了清代文学创作与批评的始终，如刘鹗所总结：

> 灵性生感情，感情生哭泣。哭泣计有两类：一为有力类，一为无力类。痴儿骏女，失果即啼，遗簪亦泣，此为无力类之哭泣；城崩杞妇之哭，竹染湘妃之泪，此为有力类之哭泣也。而有力类哭泣又分两种：以哭泣为哭泣者，其力尚弱；不以哭泣为哭泣者，其力甚劲，其行乃弥远矣。

> 《离骚》为屈大夫之哭泣，《庄子》为蒙叟之哭泣，《史记》为太史公之哭泣，《草堂诗集》为杜工部之哭泣；李后主以词哭，八大山人以画哭；王实甫寄哭于《西厢》，曹雪芹寄哭泣于《红楼梦》。王之言曰："别恨离愁，满肺腑难陶泄。除纸笔代喉舌，我千种想思向谁说？"曹之言曰："满纸荒唐言，一把辛酸泪；都云作者痴，谁解其中意？"名其茶曰"千芳一窟"，名其酒曰"万艳同杯"者：千芳一哭，万艳同悲也。②

---

① H. R. 姚斯、R. C. 霍拉勃：《接受美学与接受理论》，周宁、金元浦译，辽宁人民出版社 1987 年版，第 25 页。

② 刘鹗：《老残游记》，陈翔鹤校，戴洪森注，人民文学出版社 1998 年版，第 1 页。

以刘氏所言，人的灵性自然使人有了感情，自然也就会愤怒、哭泣。"情动于中而形于言"（《诗大序》），言而不能言，只能曲笔托愤。无疑，这种对艺术创作动机的探索是符合人的心理机制的。从小说而言，虽然清人以小说攀比《史记》有借助经史来提高小说地位的意图，但同时又感触到文学与经史本质上的差异。故而，金圣叹提出的"才子书"概念解决了这一矛盾，为《史记》与小说找到了文学的共性。李渔《闲情偶寄·词曲》对此认识较为深刻，云：

> 能于浅处见才，方是文章高手。施耐庵之《水浒》、王实甫之《西厢》，世人尽作戏文小说看，金圣叹特标其名曰"五才子书""六才子书"者，其意何居？盖愤天下之小视其道，不知为古今来绝大文章，故作此等惊人之语以标其目。①

到了对《聊斋志异》《红楼梦》的批评，清人更认识到《聊斋志异》《红楼梦》与《史记》内在精神上的统一，重视对其曲笔托愤精神的探索。而这种接受，质而言之，也是对司马迁与《史记》文本意义的继承与阐释。

《聊斋志异》作为文言小说，按传统"史补""史余"的认识似更与经史的距离近些，但由于蒲松龄以传奇法写志怪，由于"一书兼二体""才人之笔，非著书人之笔"②的诟病，而《四库》不收③。这从另一个侧面也可以视为《聊斋志异》作为小说突出的特点。王士禛（康熙朝）、冯镇峦（嘉庆朝）、但明伦（道光朝）等人从历史与个体的视野、从作者与读者的视域融合都认为《聊斋志异》为托愤之作。

---

① 李渔：《闲情偶寄》，江巨荣、卢寿荣校注，上海古籍出版社 2000 年版，第40 页。

② 纪昀：《纪晓岚文集》第二册，孙致中等校点，河北教育出版社 1991 年版，第492 页。

③ 贺根民：《〈四库全书〉不收〈聊斋志异〉考析》，《蒲松龄研究》2011 年第 2 期。

蒲松龄少负才名，然仕途不济，孤独愤懑常郁于心，他在《聊斋自志》道出了他如司马迁一样的心境：

> 独是子夜荧荧，灯昏欲蕊；萧斋瑟瑟，案冷疑冰。集腋为裘，妄续幽冥之录；浮白载笔，仅成孤愤之书：寄托如此，亦足悲矣！①

因仕途的黯淡、经济的拮据而感受到的人生困窘，使蒲松龄常有郁郁之气，他对人生有着深刻的感悟。在作于康熙十年的《十九日得家书感赋，即呈孙树百、刘孔集》中，他说：

> 浸向风尘试壮游，天涯浪迹一孤舟。新闻总入狐鬼史，斗酒难消块磊愁。尚有孙阳怜瘦骨，欲从玄石葬荒邱。北邙芳草年年绿，碧血青磷恨不休。②

十七年之后（康熙二十七年），蒲松龄回王士禛的《偶感》依然云：

> 潦倒年年愧不才，春风披拂冻云开。穷途已尽行焉往？青眼忽逢涕欲来。一字褒疑华衮踢，千秋业付后人猜。此生所恨无知己，纵不成名未足哀。③

和千万科场失利的士子一样，数十年来的人生失意与落寞，使蒲松龄深刻地感受到了生命的孤独和无奈，遂以鬼狐为"孤愤之书"来消"块磊愁"。《叶生》篇末"古今痛哭之人，卞和惟尔；颠倒逸群之物，伯乐伊谁"④的

---

① 蒲松龄：《蒲松龄全集》，盛伟编校，学林出版社1998年版，第34页。
② 蒲松龄：《蒲松龄全集》，盛伟编校，学林出版社1998年版，第1605页。
③ 蒲松龄：《蒲松龄全集》，盛伟编校，学林出版社1998年版，第1723页。
④ 蒲松龄：《蒲松龄全集》，盛伟编校，学林出版社1998年版，第89页。

感叹，是来自于蒲松龄切身的感受，也成为他对生活感悟的基点。不难看出，蒲松龄虽"出入幻域"确是为"顿入人间。"（鲁迅《中国小说史略》）①他在《题吴木欣班马论》中的"夫作者之愤作者之遇也，司马、孟坚，易地皆然耳"②所论，孰不是蒲松龄为自己找到的历史合理性？"蒲松龄创作《聊斋志异》，是从一个被社会遇之不公的'士'的视角来观察人生和抒写人生的，他所怀的感情的基调是悲，从自身的不遇之悲，扩展到对黑暗不平的社会人生的悲，再扩展到对人情万态中无处不隐藏着的悲的意蕴，于是强烈的悲剧意识就笼罩着《聊斋》全书。"③

　　清人通过司马迁的发愤著书与蒲松龄的"孤愤"之感，融通了历史与时代，从文学坐标给《聊斋志异》找到了经典意义。也正是从此入手，作者与读者、历史和个体达成了视域的融合，从而，"孤愤"说成为解读《聊斋志异》的重要门径之一。所以，有人将《聊斋志异》解读为不为时用之孤愤，如蔡培《聊斋志异序》云："士君子穷而在下，怀抱利器，能不得展，往往托于文章，以自舒其抑郁无聊之气。"也有人认为是感于时势之孤愤，如易宗夔《新世说》云："蒲留仙研精训典，究心古学，目击清初乱离时事，思欲假借狐鬼，纂成一书，以抒孤愤而谂识者。"④从此意义来看，这些阐释显然是合理的，说理是充分的。

　　另一方面，清人更重于《聊斋志异》与《史记》文学意义的比较。蒲松龄的孙子蒲立德在《书聊斋志异朱刻卷后》中记载朱缃对《聊斋志异》的认识：

　　　　而橡村先生相赏之义则不然，谓夫屈平无所诉其忠，而托之《离骚》《天问》；蒙庄无所话其道，而托之《逍遥游》；史迁无所抒其愤，

---

① 鲁迅：《鲁迅全集》第九卷，人民文学出版社 1981 年版，第 209 页。
② 蒲松龄：《蒲松龄全集》，盛伟编校，学林出版社 1998 年版，第 1119 页。
③ 陈炳熙：《论〈聊斋志异〉是孤愤之书》，《蒲松龄研究》2002 年第 3 期。
④ 易宗夔：《新世说》卷二，上海古籍书店 1982 年版，第 18 页。

而托之《货殖》《游侠》；昌黎无所摅其隐，而托之《毛颖》《石鼎联句》，是其为文，皆涉于荒怪，僻而不典，或诙诡绝特而不经，甚切不免于流俗琐细，嘲笑姗侮而非其正，而不知其所托者如是，而其所以托者，则固别有在也。①

朱缃以《离骚》《天问》《逍遥游》《毛颖》《石鼎联句》与《史记》的《货殖》《游侠》并列来论证《聊斋志异》的文学意义，其实质也反映了清人对《史记》文学性的认识与强化。余集《聊斋志异序》则是从蒲松龄"平生奇气，无所宣渫，悉寄之于书"②出发，论道：

> 然则，是书之恍惚幻妄，光怪陆离，皆其微旨所存，殆以三闾侘傺之思，寓化人解脱之意欤？使第以媲美《齐谐》，希踪《述异》相诧嬲，此井蠡之见，固大戾于作者；亦岂太史公传刻之深心哉！③

余集认为《聊斋志异》的"恍惚幻妄，光怪陆离，皆其微旨所存"是"亦岂太史公传刻之深心哉！"潘德舆则认为"其抱才抑郁、感慨淋漓、豪宕自恣者，于《左》《史》殆庶几焉"（潘德舆《读聊斋志异书后》）④，并对蒲松龄笔下的鬼狐做了宽容的理解。方浚颐《梦园丛说》说："独怪留仙有如许笔墨，乃不以诗古文辞传于世，仅托诸稗官小说家言，为鬼狐作南董，掩其沉博绝丽之才，而入于支离怪诞，此固大丈夫不得于时者之所为也。"⑤这些解读深刻地反映了清人对《史记》与《聊斋志异》关系的认识，而且这些比较对强化各自的文学特点有着重要意义。

---

① 袁世硕、徐仲伟：《蒲松龄评传》，南京大学出版社2000年版，第174页。
② 蒲松龄：《蒲松龄全集》，盛伟编校，学林出版社1998年版，第951页。
③ 蒲松龄：《蒲松龄全集》，盛伟编校，学林出版社1998年版，第952页。
④ 朱一玄：《聊斋志异资料汇编》，中州古籍出版社1985年版，第610页。
⑤ 朱一玄：《聊斋志异资料汇编》，中州古籍出版社1985年版，第365页。

二、清代小说评点家《红楼梦》与《史记》的比较阐释

至于中国古典小说的高峰《红楼梦》，清人的小说观念更加明晰，更重于小说批评话语的形成。其评点虽不像金圣叹、张竹坡那样通篇以《史记》为翘楚，时时比较，而重于与同类小说的比较，但依然重视《史记》内在意蕴对其深刻的影响。

与其他古典小说相比，《红楼梦》可以说是体大精思、意蕴丰富。由于成书过程的复杂，文本中所反映的曹雪芹内在思想的迷茫，手法上曲笔的运用，使读者与作者的视域交叉、曲折、反复，这也使得在《红楼梦》理解上出现了前所未有的丰富性、复杂性，如鲁迅所言："《红楼梦》是中国许多人所知道，至少，是知道这名目的书。谁是作者和续者姑且无论，单是命意，就因读者的眼光而有种种：经学家看见《易》，道学家看见淫，才子看见缠绵，革命家看见排满，流言家看见宫闱秘事……"[①] 就清代的研究而言，"泄愤"说依然是重要的一枝。清人试图从传统的历史叙事中找到一条解读《红楼梦》之路。他们普遍认为，《红楼梦》是曹雪芹自叙传，"实录"了他从锦衣玉食到家族罹难，大厦"唿喇喇"倒下的人生过程与感悟。脂砚斋强调《红楼梦》"句句都是耳闻目睹者，并非杜撰而有。作者与余实实经过"（甲戌本第二十五回夹批）。王府本第二回总评认为"世态人情尽盘旋于其间"（王府本第二回回前总评），并认为"作者非身履其境过，不能如此细密完足"（王府本第三回夹批）。也正是这些认识，有些读者完全将之当史来读，如洪秋蕃于第四十五回评点云：

　　有友人初登仕版，问道于余。教之曰："存心立品。"曰："某心地不恶，敢问立品如何？"曰："今之为官者，竞尚夤缘奔竞。不知骨气

---

①　鲁迅：《鲁迅全集》第八卷，人民文学出版社 1981 年版，第 145 页。

一隳，本源即坏，不能律己，焉能治人？”揖而去。需次三年，无问名者，郁郁不得志。泊阅《红楼》，善宝钗所为，乃幡然曰：“今之诸侯，皆贾母也。不学宝钗，潦倒将终身焉。”于是悉改其操，事事皈依蘅芜君，声誉遂隆隆起，迭权繁要，无闲岁。一日来谒，余望见曰：“宝姐姐来耶？”曰：“微宝钗，索我于枯鱼之肆矣。”余为欷歔者竟日。①

可见，清人不仅是以小说，也以史籍的视域来对《红楼梦》进行解读，探索“实录”下的“史笔”与“曲笔”。这成为清人解读《红楼梦》的重要途径。

也正是在脂砚斋等人通过对曹雪芹经历的考察，强调《红楼梦》“实录”精神，在此基础上，清人认为《红楼梦》与《史记》一样是发愤之作。“泄愤”之说最早的萌芽可见于曹雪芹挚友敦诚、敦敏的诗中，敦诚的《寄怀曹雪芹》诗曰：

> 劝君莫弹食客铗，劝君莫叩富儿门。
> 残杯冷炙有德色，不如著书黄叶村。②

敦敏的《题芹圃画石》云：

> 傲骨如君世已奇，嶙峋更见此支离。
> 醉余奋扫如椽笔，写出胸中块垒时。③

这两首诗反映了曹雪芹在“锦衣纨绔”“饫甘厌肥”之后的困窘，以及其

---

① 洪秋蕃：《红楼梦考证》卷七，上海印书馆 1935 年版，第 75 页。
② 朱一玄：《红楼梦资料汇编》，南开大学出版社 1985 年版，第 24 页。
③ 朱一玄：《红楼梦资料汇编》，南开大学出版社 1985 年版，第 28 页。

著述《红楼梦》的状况，指出曹雪芹在逆境中撰述《红楼梦》来抒自己"块垒"。这实和曹雪芹"满纸荒唐言，一把辛酸泪"的感叹，和《红楼梦》第一回作者的自述是一致的，曰："今风尘碌碌，一事无成，……我堂堂须眉，诚不若彼裙钗；我实愧则有余，悔又无益，大无可如何之日也！当此日，欲将已往所赖天恩祖德，锦衣纨裤之时，饫甘厌肥之日，背父兄教育之恩，负师友规训之德，以致今日一技无成、半生潦倒之罪，编述一集，以告天下：知我之负罪固多……"①正是在此基础上，清人认为曹雪芹著《红楼梦》与司马迁著《史记》有着同样的动机。清代蒙古族批评家哈斯宝认为，《红楼梦》"是因忠臣义士身受仁主恩泽，唯遇奸逆挡道，谗佞夺位，上不能事主尽忠，下不能济民行义，无奈之余写下这部书来泄恨书愤的"。②哈斯宝只道出了"泄恨书愤"，陈其泰在《红楼梦》第一零四回总评云：

> 　　屈子作离骚，太史公作史记，皆有所大不得已于中者，故发愤而著书也。夫得一知己，死可不恨。黛玉而得宝玉，诚可知己矣。虽死又何恨焉。独宝玉遇知己之人，而不能大白其知己之心，又不幸而竟为不知己之事，卒欲向知己者一诉之，而不可得。呜呼，恨何如也。仅有一人知己，而间其知己者不一人。人人不知己，而蛊惑之，束缚之，必使之贰于不知己之人而后已。而我之知己，则已死矣。我之所以报知己者，非惟不能大白于知己之前，并无以白之人，人白之天下后世也。于是不得不作书以白之。吾不知作者有何感愤抑郁之苦心，乃有此悲痛淋漓之一书也。夫岂可以寻常儿女子之情视之也哉。（第一〇四回总评）③

————————

　　①　曹雪芹、高鹗：《红楼梦》，人民文学出版社1959年版，第1页。

　　②　哈斯宝：《新译红楼梦回批》，亦邻真译，内蒙古人民出版社1979年版，第22页。

　　③　朱一玄：《红楼梦资料汇编》，南开大学出版社1985年版，第756—757页。

陈其泰则完全以传统的"发愤著书"理论来解读《红楼梦》，他以屈子的《离骚》、司马迁的《史记》作比较，从宝玉的孤独与愤懑感叹"作者有何感愤抑郁之苦心，乃有此悲痛淋漓之一书"。

由以上分析可以看出，清人对《聊斋志异》和《红楼梦》的解读是从传统历史文化视野中找到读者与作者视野的融合点，力图以司马迁著《史记》打开这两部古典名著的钥匙。不仅如此，他们还从"泄愤"的思路出发，推开小说的人物、故事情节，从艺术与精神的高度找到它们与《史记》内在神韵的共性与幽通。

在艺术与内在神韵上，清人肯定《聊斋志异》和《红楼梦》都达到了与《史记》一样的艺术高度。冯镇峦《读聊斋杂说》认为："柳泉《志异》一书，风行天下，万口传诵，……先生此书，议论纯正，笔端变化，一生精力所聚，有意作文，非徒纪事。"并且高度评价说："《左》《史》之文，无所不有，《聊斋》仿佛遇之。"[1] 对于《红楼梦》，永忠《因墨香得观红楼梦小说吊雪芹》诗中赞叹道："传神文笔足千秋，不是情人不泪流。可恨同时不相识，几回掩卷哭曹侯。"[2] 认为《红楼梦》为千秋文章。清人洪秋蕃论述更加详尽：

> 《红楼梦》是天下古今有一无二之书，立意新，布局巧，词藻美，头绪清，起结奇，穿插妙，描摹肖，铺序工，见事真，言情挚，命名切，用笔周，妙处殆不可枚举，而且讥讽得诗人之厚，褒贬有史笔之严，言鬼不觉荒唐，赋物不见堆砌，无一语自相矛盾，无一事不中人情。他如拜年贺节，庆寿理丧，问卜延医，斗酒聚赌，失物见妖，遭火被盗，以及家常琐碎，儿女私情，靡不极人事之常而备纪之。至若琴棋书画，医卜星命，抉理甚精，观举悉当，叱又龙门所谓于学无所

---

[1] 朱一玄：《聊斋志异资料汇编》，中州古籍出版社 1985 年版，第 582、587 页。

[2] 朱一玄：《红楼梦资料汇编》，南开大学出版社 1985 年版，第 37 页。

不窥者也，然特余事耳。莫妙于诗词联额，酒令灯谜，以及带叙旁文，点演戏曲，无不暗合正意，一笔双关。①

冯镇峦以《聊斋志异》"议论纯正，笔端变化"而达到了《左传》《史记》一样的水平。洪秋蕃则认为《红楼梦》对"龙门所谓于学无所不窥"，不仅有"史笔之严"，还和《史记》一样深含曲笔。

正是清人对司马迁《史记》运用"曲笔"以"发愤"的"曲笔托愤"精神的理解，所以认为《聊斋志异》与《红楼梦》继承了《史记》的"龙门家法"，与《史记》一样有着深刻内在意蕴。这对两部名著深刻的文化意蕴的解读有着重要意义。所以冯镇峦强调："是书当以读《史记》之法读之。《史记》气盛，《聊斋》气幽。从夜火篝灯入，从白日青天出。排山倒海，一笔数行；福地洞天，别开世界。亦幽亦盛。"②并且在《读聊斋杂说》说："读《聊斋》，不作文章看，但作故事看，便是呆汉。惟读过《左》《国》《史》《汉》，深明体裁作者，方知其妙。或曰：何不径读《左》《国》《史》《汉》？不知举《左》《国》《史》《汉》而以小说体出之，使人易晓也。"③又于《小翠》篇中冯镇峦批曰："有于后始见者，有于中露出者，此却预提于前，作文不一例也，熟《左》《史》者知之。"④赵起杲在《青本刻聊斋志异例言》中亦云：

先生是书，盖仿干宝《搜神》、任昉《述异》之例而作。其事则鬼狐仙怪，其文则庄、列、马、班，而其义则窃取《春秋》微显志晦之旨，笔削予夺之权。可谓有功名教，无忝著述。以意逆志，乃不谬

---

① 洪秋蕃：《红楼梦考证》卷一，上海印书馆1935年版，第2—3页。
② 朱一玄：《聊斋志异资料汇编》，中州古籍出版社1985年版，第590页。
③ 朱一玄：《聊斋志异资料汇编》，中州古籍出版社1985年版，第586页。
④ 蒲松龄：《聊斋志异会校会注会评本》，张友鹤辑校，中华书局1962年版，第1000页。

于作者，是所望于知人论世之君子。①

冯、赵都强调《史记》解读方法对解读《聊斋志异》的重要性，只有掌握了《史记》微显志晦的手法，才能"不谬于作者"。冯镇峦在《聊斋志异》的评点中注重挖掘史公笔法，如在《辛十四娘》中，对冯生在冥府与薛尚书之鬼妻与仆妇"青衣人"的对话，冯镇峦评点说："每于极琐事随口诌出，随笔点缀，是史家颊上添毫法。"②《宫梦弼》中，对柳生重金感谢刘媪的情节，冯镇峦以《史记》韩信千金酬漂母发挥道："英雄第一开心事，撒手千金报德时，如王孙之于漂母矣。"③这些批评不仅有助于读者理解人物形象等艺术手法的达成，更在于引导读者从文化意义上对作者写作主旨进行解读。

《红楼梦》的艺术水平卓荦不群，是古典白话小说的高峰，清人辨析了《史记》与《红楼梦》的异同，并给予准确的评价。二知道人《红楼梦说梦》中说：

> 盲左、班、马之书，实事传神也；雪芹之书，虚事传神也。然其意中，自有实事，罪花业果，欲言难言，不得已而托诸空中楼阁耳。"并且进一步比较说："太史公纪三十世家，曹雪芹只纪一世家。太史公之书高文典册，曹雪芹之书假语村言，不逮古人远矣。然雪芹纪一世家，能包括百千世家，假语村言不啻晨钟暮鼓，虽稗官者流，宁无裨于名教乎？况马、曹同一穷愁著书，雪芹未受宫刑，此又差胜牛马走者。"（二知道人《红楼梦说梦》）④

---

① 朱一玄：《聊斋志异资料汇编》，中州古籍出版社 1985 年版，第 381 页。

② 蒲松龄：《聊斋志异会校会注会评本》，张友鹤辑校，中华书局 1962 年版，第 538 页。

③ 蒲松龄：《聊斋志异会校会注会评本》，张友鹤辑校，中华书局 1962 年版，第 392 页。

④ 一粟：《红楼梦资料汇编》，中华书局 1964 年版，第 84、102 页。

显然，二知道人所论是金圣叹"《史记》是以文运事，《水浒》是因文生事"的延伸，虽然他认为《红楼梦》与《史记》有"实事""虚事"之别，但都有着共同的特点——传神，而且三十世家与一世家的比较还是很独到的。他把"马、曹"的并列本身就是对《史记》艺术性的进一步认识。

《红楼梦》更是一部意蕴丰富的著作，潘德舆认为，"作是书者，殆实有奇苦极郁在于文字之外者，而假是书以明之，故吾读其书之所以言情者，必泪涔涔下，而心怦怦三日不定也"（潘德舆《读红楼梦题后》）①。读《红楼梦》之所以能三日不定，是由于"于文字之外者，而假是书以明之"。戚蓼生对文字之外的曲笔分析得最为详尽，其《石头记序》云：

> 吾闻绛树两歌，一声在喉，一声在鼻，黄华二牍，左腕能楷，右腕能草。神乎技矣！吾未之见也。今则两歌而不分喉鼻，二牍而无区乎左右；一声也而两歌，一手也而二牍；此万万不能有之事，不可得之奇，而竟得之《石头记》一书。嘻！异矣。夫敷华掞藻、立意遣词，无一落前人窠臼，此固有目共赏，姑不具论。第观其蕴于心而抒于手也，注彼而写此，目送而手挥，似谲而正，似则而淫，如《春秋》之有微词、史家之多曲笔。试一一读而绎之：写闺房则极其雍肃也，而艳冶已满纸矣；状阀阅则极其丰盛也，而式微已盈睫矣；写宝玉之淫而痴也，而多情善悟不减历下琅玡；写黛玉之妒而尖也，而笃爱深怜不啻桑娥石女。他如摹绘玉钗金屋，刻画芗泽罗襦，靡靡焉几令读者心荡神怡矣；而欲求其一字一句之粗鄙猥亵，不可得也。盖声止一声，手止一手，而淫佚贞静，悲戚欢愉，不啻双管之齐下也。嘻！异矣。其殆稗官野史中之盲左、腐迁乎！……庶得此书弦外音乎？②

---

① 一粟：《红楼梦资料汇编》，中华书局 1964 年版，第 81 页。
② 朱一玄：《红楼梦资料汇编》，南开大学出版社 1985 年版，第 515—516 页。

戚蓼生对《红楼梦》给予了所有的赞叹，他不仅揭示《红楼梦》和《史记》一样多"春秋之有微词、史家之多曲笔"，满藏弦外音，而且曹雪芹就是稗官野史中的盲左、腐迁。从另一个侧面来认识，这实质上也廓清了清人对《史记》艺术性的认知。

从以上可以看出，清人把《史记》作为《聊斋志异》与《红楼梦》解读的历史文化视野，达成了与时代、作者、读者的融合，揭示出了对这两部代表着中国古典文言小说、白话小说最高峰的认知，也体现着清人对《史记》文学艺术地位的认识。

本章小结

明代《史记》评点与小说评点对各自文学特征的探索有着重要意义。这两条线虽然各自发展，但却相互影响、相互纠结，小说创作与评点一方面要冲破文化禁锢与"史余""史补"等史学话语对小说评论的笼罩；另一方面又要借助于《史记》的经史地位来提高其文化地位。明代就出现了《史记》与小说简单的比较。

入清以后，学术发展的内在自足、《明史》的撰写、四库开馆、边疆地理探索，以及八股取士的科举需求的文化语境，形成了古代《史记》研究的高潮。《史记》文学性研究也在明人开辟的评点潮流下继续深入，而清代小说创作以及小说评点却一再受到满清文化禁令的打压和部分正统文人的排斥。清代学者为小说的文学地位争取做了不懈的努力。金圣叹将《史记》与《庄子》《离骚》《杜诗》《水浒传》《西厢记》并列为"六才子书"，这来自于他对史传文学、散文、诗歌、戏剧、小说等艺术作品的共同特质的深刻体悟。金圣叹已不再是简单地攀附《史记》等经史著作来提升小说的社会意义与文学意义，而是提出"才子书"的观念，从文学产生的历史必然来抗衡经史。这种研究视觉的转换对于一直作为史学意义研究为主体的《史记》转入文学性研究有着深刻的影响。他在小说评点中直接、间接的《史记》文学性的开掘对清代《史记》文学性阐释有着巨大的贡献。金圣叹《史记》与戏剧、小说的比较，揭橥了小说创作构思、艺术手法等方面的特点，也强化了《史记》文学性的特点。其中，他对《史记》"以文运事"与《水浒》的"因文生事"的比较准确地概括了史传文学与小说的差异，揭示了《史记》文学性的特点。

　　清人还对《史记》与《金瓶梅》《聊斋志异》和《红楼梦》等小说进行了比较。清代文禁炽烈，在《金瓶梅》屡屡遭禁的文化禁锢下，张竹坡对《金瓶梅》的评点以及对其艺术水平的肯定，成为解读《金瓶梅》的重要门径。同时，张竹坡以《史记》为经典坐标，对《金瓶梅》与《史记》文学地位的比较、创作动机的比较、艺术手法的比较，不仅揭示了《金瓶梅》的艺术特征，辨析了史传文学与小说的差别，也深入挖掘出《史记》"奇""趣""乐"的文学特性。清人认为，《聊斋志异》和《红楼梦》继承了《史记》的"龙门家法"，与《史记》一样是作者运用"曲笔"以"托愤"。清人从传统历史文化视野中找到读者与作者视野的融合点，力图以司马迁著《史记》为打开这两部古典名著的钥匙。不仅如此，他们还从"泄愤"的思路出发，推开小说的人物、故事情节遮蔽，从艺术与精神的高度找到它们与《史记》的内在神韵的共性与幽通。

　　清代金圣叹、张竹坡、冯镇峦、孔广德、刘鹗等小说评点家为了要打破史学话语对小说评论的笼罩，提高小说的文化地位，将《史记》作为小说美学价值的判断坐标，这突出小说重要的文学意义，也进一步阐释了《史记》的文学性。

结　语

　　《史记》是中国古代史学与文学的丰碑。对《史记》的研究从汉代就已经开始，至清代达到了研究高峰。两千年来《史记》阐释的过程，是成千上万学人自我确证、理想达成和价值认同的过程，也是《史记》经典化的过程。从清代学术思想、学术方法及其所形成的审美观念的视域，关注清代《史记》的文学阐释，有助于从文学视域厘清清代特殊政治文化氛围下学术、文化发展的趋势，有助于全面而深刻地把握清代《史记》的文学研究的思想渊源、特点与方法，也有助于深入地揭示和理解《史记》的文学特质、艺术特色。

　　清代是《史记》文学经典化的高峰期。清人深入地把握了司马迁高越的人格架构、深广渊博的才识和高度的人性洞察力，准确地揭示了《史记》精湛、高超的写人叙事艺术、生动形象的语言风格，展现了《史记》生动、形象的文学特质和深邃、广博的美学思想。这不仅来源于《史记》本身艺术价值及其可阐释空间，还在于清代经学、史学作为意识形态、文化权力的变动为其提供的阐释语境，同时以复古崇雅、师心尚情为指归的价值取向与以古文为时文的期待视野成为其内驱力，而文章学、评点学则成为清代《史记》文学经典化达成的重要方法。

　　清代《史记》文学阐释是在满族鼎革、河山陵夷的社会背景下展开的。面对薙发易服与"道统"的争夺，清初遗民学者从"汲古返经"出发，要求重建笃实学风。在"通经汲古""复古守正"的文化倡导和对古代文化的总结清理中，形成了清代古雅、崇实重质、圆而神的审美趣味，这对清代《史记》文学阐释的方法、深度与广度有着重要影响。"古雅"的审美趣味，使清人重视《史记》的文学地位，他们以崇实黜虚的态度，综合历代对《史记》的认识，紧扣文本，不拘形式，重视逻辑推演，引证材料繁富、精审，抛却了主观臆断和无根游谈。清人以考据、义理、文章结合的方法准确地把握了《史记》文学与文化价值。同时，在"圆而神"的审美趣味和理想下，清人认识了《史记》迷离变幻而又处处映合，虚实相融、往复变化而无人工之迹的高超艺术手法，深化了对《史记》文学性的认识。清人对《史记》的文学阐释，重视整体宏观的把握，并从微观研究入手，精读、细读文本，精慎思考，反复推敲，辨析字法句法，分析章法结构，探讨写人叙事艺术，并以钩稽史公之微言大义。清代《史记》文学阐释取得了丰硕的成果，这是《史记》研究的内部自足，也与清代的文化与学术语境有着密切的联系。

清代经学历史是清代《史记》文学阐释最重要的学术语境。而清代经学的发展与变化必然与清代社会史、思想史相关。清初，清廷立理学为国家意识，同时，黄宗羲、王夫之、李二曲等著名学者对王学末流空疏的学风的批判，为程朱理学在民间的发展拓展了空间。理学官方学术地位的确立既是大的政治形势的选择，也是学术内在发展的结果。理学的讲学著述、阐幽释微、"六经注我"的特点与古文紧密地连接在一起，以及科举对文辞的需求，促使形成了清代《史记》文学方向研究的高潮。可以说，理学学术主导地位的确立为文章学的发展搭建了文化平台。正是基于这种原因，此期成为清代《史记》文学阐释最繁盛的时期，产生了众多的著述，如方苞的《史记评语》、吴见思的《史记论文》、姚苎田的《史记菁华录》，李晚芳的《读史管见》等。清代《史记》文学研究的大书大都出于这一时期，是清代《史记》文学研究著述数量最多、成就最高时期。

乾嘉时期，汉学家形成了由字到词，再由词到道，以经证经，以先秦两汉书证经，最后达到融会贯通的研究方法。这对此期的《史记》研究有着很大的影响。这一时期，《史记》的史学研究重在地理名物、典章制度、人物事实的考证，著述丰厚，史学成就远远高于文学性研究。此期的《史记》偏文学研究著作已经比较少了，不像清初只重于文章学层面的文法、词法、字法的研究，而是形成了考证与文法探讨相结合的方法，即《史记》文学阐释带有浓厚的乾嘉学术的痕迹。《史记评注》《史记辑评》为此期的代表之作。清代汉宋之争在相当程度上是由个人恩怨引发的桐城文派对汉学攻击，进一步而言，桐城派虽然接受了戴东原所提出的义理、制数、文章的分类，将之发展为义理、考据和辞章的三分法，但对将自己最擅长的技艺视为末等表述强烈地不满，就化身宋学家进行攻击。从另一层面来理解，汉宋学术的转换实质是士人自身学术发展的过程。自明清以来，士子读书的起始都是先向着科举目标努力，在文章上下功夫，学会代圣人立言的模式，而其中的核心则是理学，每个士子都是从理学起步的，有了功名以后，或游幕、或讲学，或致力于致力于经史经史校注刊刻。四库开馆促进了这一风气，学养深厚者转而经史大业；学识浅者虽不断努力也难得精进，只得守于文章一业。

从整个清代经学的总体发展来看，它是随国运的衰微而衰微的，所谓今文经学的复兴，只是经学最后的哀叹。表现在《史记》文学研究上，亦复如此。道咸以后，《史记》文学研究的成就显然不及乾嘉时期，更不及清初研究者那么多、著述那么丰厚。但此期的研究，都形成了音韵、训诂、意义、论事、文章的模式，使《史记》文学方向的探析更为笃实。曾国藩、吴敏树、刘熙载等都对《史记》从文学角度做了评述，而以程馀庆的《史记集说》和郭嵩焘的《史记札记》为代表。

清代学术是建立在明清易祚的特殊背景之上，遗民学者通过对明代灭亡的思索，反对空疏学风，号召"汲古返经"，认为学术要"有益于天下，有益于将来"。在亡国之痛中，遗民学者将史学视为文化相继的标志，认为"国可灭，史不可灭"，为亡明著史成为遗民学者毕生的心愿。民间学术与官方开四库馆、开明史馆的文化笼络合流，使清人开始了传统文化典籍的清理与总结。也正是在这样的基础上，清代形成了"经世之务，莫备于史"的思想，清初《明史》撰述、乾嘉时期的历史考据学、清后期边疆志、西方史都说明了清代史学兴盛。而《史记》作为第一部通史，是最具汉族文化意义的历史抒写，是汉族历史上的辉煌记忆，《史记》研究被空前的重视，形成了清代《史记》经典化的社会与文化语境。

清人在对历代以来《史记》研究的基础上进行了总结，肯定了《史记》体例上的创制之功，他们以先秦典籍《尚书》《左传》《国语》《战国策》等文献互证，并参以金石学、音韵学、训诂学为佐证，考证司马迁生平、《史记》书名与断限、考订文字文本、考征名物制度、考证版本异同与三家注正谬，考证和补充史实。同时《史记》广阔开放的史学思想在清代各个时期的史学中都能找到影迹。

清代《史记》史学经典化为《史记》文学经典化阐释奠定了基础。清人在对历代以来《史记》文学阐释的基础上，继承了以《史记》为价值坐标，对文学品质、地位与价值的判断体系，并对《史记》的文学性进行了深入的研究。他们细读文本，深入地把握了《史记》高超的写人艺术、精湛的叙事艺术以及语言特色，通过与小说等文学体裁的比较深化了《史记》的文学特性。清人的《史记》文学性研究与史学研究共同构成了清代《史记》的经典化。

在此过程中，极具史学意义的名词与命题，如实录、选材、"于序事中寓论断""义法"等达成了由史学的文学意义的转换。清人发挥了历代对《史记》"其文直，其事核，不虚美，不隐恶"的"实录"史学认知，将之引入到文学研究中，把《史记》人物摹写生动传神、栩栩如生，每个人物都跃然纸上、呼之欲出，称之为"实录"，丰富发展了"实录"的内涵，准确深入地把握了《史记》写人的艺术特色。在材料选择中，清人认识到司马迁能够选取反映人物内在精神的材料，写奇人、奇事以及奇遇，并通过轶事为人物注入灵魂与性格，明显地将史学选材的概念转化为文学选材。

顾炎武对《史记》"于序事中寓论断"最为准确地揭橥了《史记》著史的实录精神与叙事特点。他认为司马迁在《史记》撰述上摒弃了主观批评，能够"善善恶恶"，让人物在历史语境里的言行自然地彰显。这体现为布局安排的技巧和叙事艺术的高超。另一个是"义法"理论，方苞认为叙事文必有义法，将"义"解释为"言有物"，"法"解释为"言有序"，认为《左传》《史记》是其代表，"义"贯通全文表现为"法"的照应、隐显、变化，反对"离有物以求有章"。方苞的"义法"论是清人对《史记》叙事原则探寻的结果，同时也是解读《史记》叙事文本背后作者寓意的重要方法。"于序事中寓论断"和"义法"论明显地具有史学和文学意义。

文章学涉及作家修养、文道关系、文体流变、创作动机、文章技法、文章风格等方方面面。明清以降，随着科举内容的固定，对文章技法的探讨成为需求，促进了文章学进一步发展。明清学人将《史记》视为文章正宗、文章范例，凡文章技法、风格之探讨，莫不以《史记》为例，因此，达成了文章学与《史记》文学阐释的互动。

"发愤著书"说、"文气"说是重要的文章学理论，清人以之作为解读《史记》的门径，全面而深入地探索了《史记》的文学特质，同时丰富发展这些理论，并进行了历史性总结。清代一方面重视《史记》章法结构的研究，考察了《史记》材料的秩序、变化、联贯和统一性的安排，另一个重要方面是对《史记》叙事技法的探讨。明清时期，文章技法成为普遍的知识，其研究方法也渗入戏曲、小说、散文的研究中，成为小说、戏曲、散文评点的工具，对《史记》叙事技法的研究是清人对《史记》文学阐释最重要的形式和特点。

在具体对《史记》叙事艺术的阐释中，清代学者从《史记》章法结构的秩序、变化、联贯、统一四个方面进行了探讨。清人认为《史记》材料运用精慎、条理清晰、结构严谨，形成了极有秩序感的叙事架构，而且每一局部也条理清晰，叙事分明。不仅如此，清代研究者重点考察了《史记》材料的参差安排，虚与实、主与宾、顺与逆等变化，认为秩序与变化的顺逆交错，是在秩序中追求延续与变化，使《史记》叙事变化多端。在联贯上，清人高度赞赏《史记》意属文断、意到而笔不到，若断若续的史公笔法的高妙。对于章法的统一上，清人认为《史记》叙事的统一体现在对于头绪多而纷繁事件处理上，线索是达成统一的关键，而这些线索自然是由史公之意所统领。

　　叙事技法作为章法的深化、具体化，是叙事过程中具体的安排技巧，叙事技法和文本的艺术性紧密相连。重视《史记》叙事技法的探讨，是清代《史记》叙事艺术阐释的重点之一，清人通过深入精慎的文本细读，比明代的研究更为精深。清人姚苎田、吴见思、牛运震、李晚芳、王又朴等研究者都重视《史记》技法的研究，探讨了伏笔、照应、断续、张弛、繁复、宾主、虚实等叙事技法在行文中的重要作用。在对这些方法的阐释中，由于评点的私人化，评点者将自己创作阅读感悟、生命体验融入到评点中，进行创造与发挥，往往在术语上还有个性化特点。另外，小说评点中一些特殊术语，如"草蛇灰线""急脉缓受"也被引入。

　　《史记七篇读法》作为《史记》唯一的一部以"读法"为名的著作，是一部别具特色的《史记》辑选本，也是清代《史记》文学阐释中极具特色的典籍。王又朴深入细致地对《史记》重点篇目进行了探索与研究，其成就甚至超过了方苞，得到了方苞的赞赏。他第一次将义法和史公笔法对等起来，以义法来阐释史公笔法，详细地分析了每篇所用的叙事方法，并阐释了司马迁的叙事策略与深意。不仅如此，王又朴将金圣叹对小说评点中的一些术语和发明引入《史记》的叙事技法阐释与归纳中，这些新引入的术语和方法比文章学的原有的术语含义更丰富，分类更细腻，更适合阐释《史记》叙事方法的色彩斑斓、变化多端。正因为如此，王又朴这些的创制和努力奠定了他在清代《史记》文学阐释史中的地位。

　　《史记》与小说的比较是清代《史记》文学阐释的重要方面。明代出现的《史记》与小说的比较在清代全面展开。金圣叹、张竹坡、冯镇峦、孔广德、刘鹗等小说评点家对小说与《史记》的比较强化了《史记》的文学特性。他们从"泄愤"的思路出发，在艺术的内在动机上找到小说与《史记》内在神韵上的共性与幽通。小说创作与评点一方面要冲破文化禁锢与"史余""史补"等史学话语对小说评论的笼罩，另一方面又要借助于《史记》的经史地位来提高其文化地位，这种悖论使金圣叹不再简单地攀附《史记》等经史著作来提升小说的社会意义与文学意义，而是提出"才子书"的观念，从文学产生的历史必然来抗衡经史。这种研究视觉的转换对于一直作为史学意义研究为主体的《史记》转入到文学性研究有着深刻的影响。他在小说评点中直接、间接的《史记》文学性的开掘，对清代《史记》文学性阐释有着巨大的贡献。金圣叹《史记》与戏剧、小说的比较，揭橥了小说创作构思、艺术手法等方面的特点，也强化了《史记》文学性的特点。其中，他对《史记》"以文运事"与《水浒》的"因文生事"的比较准确地概括了史传文学与小说的差异，揭示了《史记》文学性的特点。金圣叹也成为《史记》经典化历程中最有力的推手。

清人还对《史记》与《金瓶梅》《聊斋志异》和《红楼梦》等小说进行了比较。清代文禁炽烈，在《金瓶梅》屡屡遭禁的文化禁锢下，张竹坡对《金瓶梅》的评点以及对其艺术水平的肯定，成为解读《金瓶梅》的重要门径。同时，张竹坡以《史记》为经典坐标，对《金瓶梅》和《史记》文学地位的比较、创作动机的比较、艺术手法的比较，不仅揭示了《金瓶梅》的艺术特征，辨析了史传文学与小说的差别，也深入挖掘出《史记》"奇""趣""乐"的文学特性。清人认为《聊斋志异》和《红楼梦》继承了《史记》的"龙门家法"，与《史记》一样是作者运用"曲笔"以"托愤"。清人从传统历史文化视野中找到读者与作者视野的融合点，力图以司马迁著《史记》为打开这两部古典名著的钥匙。不仅如此，他们还从"泄愤"的思路出发，推开小说的人物、故事情节遮蔽，从艺术与精神的高度找到它们与《史记》的内在神韵的共性与幽通。

总之，清代经学、史学、文章学、小说评点作为清代《史记》文学阐释的学术语境，深刻地影响着《史记》文学阐释的方向、方法，以及阐释深度和广度。清代《史记》文学阐释是在清代审美观念的烛照下，以经学发展为学术背景，以文章学理论为方法，以朴学为基垫，以小说研究为外援，在文本细读的基础上对《史记》的文学性进行了深入而丰富的探索，从而达成了《史记》文学经典化的高潮。

参考文献

1.（汉）司马迁：《史记》，中华书局 1959 年版。

2.（汉）扬雄：《法言义疏》，汪荣宝疏，中国书店 1987 年版。

3.（汉）王充：《论衡校释》，黄晖校释，中华书局 1990 年版。

4.（汉）班固：《汉书》，中华书局 1962 年版。

5.（魏）曹丕：《魏文帝集》，岳麓书社 1992 年版。

6.（晋）葛洪：《西京杂记》，周天游校注，三秦出版社 2006 年版。

7.（晋）葛洪：《抱朴子内篇校释》，王明注，中华书局 1985 年版。

8.（南朝宋）范晔：《后汉书》，中华书局 1973 年版。

9.（南朝梁）刘勰：《文心雕龙注》，范文澜注，人民文学出版社 1958 年版。

10.（唐）孔颖达：《毛诗正义》，北京大学出版社 1999 年版。

11.（唐）孔颖达：《周易正义》，中华书局 1980 年版。

12.（唐）孔颖达：《春秋左传正义》，北京大学出版社 1999 年版。

13.（唐）房玄龄等：《晋书》，中华书局 1974 年版。

14.（唐）姚思廉：《梁书》，中华书局 1973 年版。

15.（唐）刘知几：《史通》，（清）浦起龙通释，上海古籍出版社 1978 年版。

16.（唐）韩愈：《韩昌黎文集校注》，马其昶校注，上海古籍出版社 1986 年版。

17.（唐）柳宗元：《柳宗元集》，中华书局 1979 年版。

18.（唐）皇甫湜：《皇甫持正文集》，涵芬楼影印本。

19.（宋）欧阳修、宋祁：《新唐书》，中华书局 1975 年版。

20.（宋）苏洵：《嘉祐集笺注》，曾枣庄、金成礼笺注，上海古籍出版社 1993 年版。

21.（宋）苏辙：《苏辙集》，陈宏天、高秀芳点校，中华书局 1990 年版。

22.（宋）秦观：《淮海集笺注》，徐培均笺注，上海古籍出版社 1994 年版。

23.（宋）郑樵：《通志》，中华书局1987年版。

24.（宋）胡仔：《苕溪渔隐丛话》，陆德明校点，人民文学出版社1962年版。

25.（宋）洪迈：《容斋随笔》，上海古籍出版社1996年版。

26.（宋）陆游：《老学庵笔记》，李剑雄、刘德权点校，中华书局1979年版。

27.（宋）李涂：《文章精义》，人民文学出版社1960年版。

28.（宋）黄震：《黄氏日钞》，文渊阁四库全书本。

29.（宋）王霆震：《古文集成》，文渊阁四库全书本。

30.（宋）陈骙：《文则》，人民文学出版社1960年版。

31.（宋）黄履翁：《古今源流至论别集》，文渊阁四库全书本。

32.（元）郝经：《郝文忠公陵川文集》，山西人民出版社2006年版。

33.（元）孔齐：《至正直记》，粤雅堂丛书本，清咸丰伍崇曜校刊本。

34.（明）罗贯中：《三国志通俗演义》，嘉靖元年刻本。

35.（明）李梦阳：《空同子集》，明万历三十年邓云霄刻本复印本。

36.（明）王守仁：《王阳明全集》，吴光等编校，上海古籍出版社1992年版。

37.（明）杨慎：《总纂升庵合集》，郑宝琛辑，清光绪八年刻本。

38.（明）归有光：《归震川评点本史记》，光绪二年正月武昌张氏校刊。

39.（明）归有光：《震川先生集》，周本淳校点，上海古籍出版社1981年版。

40.（明）何良俊：《四友斋丛说》，中华书局1997年版。

41.（明）王慎中：《遵岩集》，文渊阁四库全书本。

42.（明）茅坤：《史记钞》，明万历三年自刻。

43.（明）茅坤：《茅鹿门集》，明万历刻本。

44.（明）李攀龙：《沧溟先生集》，上海古籍出版社1992年版。

45.（明）陈文烛：《二酉园文集》，明天启三年陈之蘧重刻本续集明万历刻本。

46.（明）王世贞：《艺苑卮言校注》，罗仲鼎校注，齐鲁书社1992年版。

47.（明）于慎行：《读史漫录》，存素堂藏板，清道光二十六年木刻本。

48.（明）李贽：《焚书》，明刻本。

49.（明）李贽：《李贽文集》，社会科学文献出版社2000年版。

50.（明）李贽：《李卓吾先生批评忠义水浒传》，容与堂刊本。

51.（明）焦竑：《焦氏笔乘》，李剑雄点校，上海古籍出版社1986年版。

52.（明）凌稚隆：《史记评林》，李光缙增补，[日本]大乡穆、伊地知贞馨点，明治十四年刊行大阪修道馆。

53.（明）谢肇淛：《五杂俎》，上海书店出版社2009年版。

54.（明）袁宏道：《袁宏道集笺校》，钱伯城笺校，上海古籍出版社2008年版。

55.（明）冯梦龙：《情史类略》，岳麓书社1984年版。

56.（明）沈德符：《万历野获编》，中华书局1959年版。

57.（明）黄淳耀：《陶庵集》，知服斋丛书，清光绪十八年顺德龙氏刻本。

58.（明）陈子龙：《陈子龙全集》，王志英编撰校点，人民文学出版社2011年版。

59.（明）王夫之：《船山全书》，岳麓书社1996年版。

60.（清）钱谦益：《牧斋初学集》，上海古籍出版社1985年版。

61.（清）钱谦益：《牧斋有学集》，上海古籍出版社1996年版。

62.（清）冯班：《钝吟杂录》，（清）何焯评，清嘉庆张海鹏辑刊本。

63.（清）傅山：《霜红龛集》，丁宝铨辑，清宣统三年丁氏刻本。

64.（清）金圣叹：《杜诗解》，钟来因整理，上海古籍出版社1984年版。

65.（清）金圣叹：《金圣叹全集》，江苏古籍出版社1985年版。

66.（清）吴伟业：《吴梅村全集》，上海古籍出版社1990年版。

67.（清）黄宗羲：《明儒学案》，沈芝盈点校，中华书局2008年版。

68.（清）黄宗羲：《南雷诗文集》，浙江古籍出版社1993年版。

69.（清）李渔：《闲情偶寄》，江巨荣、卢寿荣校注，上海古籍出版社2000年版。

70.（清）吴乔：《围炉诗话》，清嘉庆十三年虞山张氏刻借月山房汇钞本。

71.（清）张履祥：《杨园先生全集》，陈祖武点校，中华书局2002年版。

72.（清）张尔岐：《蒿庵集》，齐鲁书社1991年版。

73.（清）周亮工：《周亮工全集》，朱天曙编校整理，凤凰出版社2008年版。

74.（清）顾炎武：《日知录集释》，黄汝成集释，栾保群等校点，上海古籍出版社2006年版。

75.（清）顾炎武：《顾亭林诗文集》，中华书局1959年版。

76.（清）归庄：《归庄集》，上海古籍出版杜1984年版。

77.（清）侯方域：《壮悔堂文集》，中华书局1981年版。

78.（清）申涵光：《荆园小语》，清光绪王灏辑刊本。

79.（清）魏际瑞：《伯子论文》，世楷堂藏板。

80.（清）计六奇：《明季南略》，任道斌、魏得良点校，中华书局1984年版。

81.（清）笪重光：《书筏》，清光绪间吴江沈氏世楷堂补刊本。

82.（清）魏禧：《魏叔子文集》，胡守仁等校点，中华书局2003年版。

83.（清）吴见思：《史记论文》，吴兴祚参订，中华书局排印本1936年版。

84.（清）董含：《三冈识略》，致之校点，辽宁教育出版社2000年版。

85.（清）王士禛：《香祖笔记》，湛之点校，上海古籍出版社1982年版。

86.（清）张英：《聪训斋语》，商务印书馆1939年版。

87.（清）蒲松龄：《蒲松龄全集》，盛伟编校，学林出版社1998年版。

88.（清）蒲松龄：《聊斋志异会校会注会评本》，张友鹤辑校，中华书局1962年版。

89.（清）石涛：《画谱》，清康熙大涤堂刻本。

90.（清）廖燕：《二十七松堂文集》，屠友祥校注，上海远东出版社1999年版。

91.（清）戴名世：《戴名世集》，王树民编校，中华书局1986年版。

92.（清）戴名世：《南山全集》，秀野轩1914年重刻本。

93.（清）王概：《芥子园画传》，上海共和书局1914年版。

94.（清）方苞：《方苞集》，刘季高校点，上海古籍出版社1983年版。

95.（清）张竹坡：《第一奇书金瓶梅》，康熙三十四年序刊本玩花书屋藏板。

96.（清）张廷玉等：《明史》，中华书局1974年版。

97.（清）李绂：《穆堂别稿》，清道光十一年奉国堂刻本。

98.（清）沈德潜：《归愚文续》，教忠堂本，乾隆二十九年刻本。

99.（清）沈德潜：《说诗晬语》，霍松林校注，人民文学出版社1979年版。

100.（清）王又朴：《史记七篇读法》，康熙十九年诗礼堂刻本。

101.（清）王应奎：《柳南随笔》，王彬等点校，中华书局1983年版。

102.（清）李晚芳：《读史管见》，[日]陶所池内校订，浪华书林群玉堂制本，安政三年丙辰四月翻刻。

103.（清）汤谐：《史记半解》，康熙慎余堂刻本。

104.（清）惠栋：《九经古义》，潮阳县署録版。

105.（清）惠栋：《九曜斋笔记》，聚学轩丛书。

106.（清）惠栋：《松崖文钞》，聚学轩丛书。

107.（清）刘大櫆：《刘大櫆集》，上海古籍出版社1990年版。

108.（清）刘大櫆：《论文偶记》，人民文学出版社1998年版。

109.（清）牛运震：《史记评注》，空山堂藏板，乾隆五十六年校刊。

110.（清）弘历：《御制诗》，清刻本。

111.（清）袁枚：《袁枚全集》，江苏古籍出版社1993年版。

112.（清）曹雪芹、高鹗：《红楼梦》，人民文学出版社1959年版。

113.（清）卢文弨：《钟山札记》，杨晓春点校，中华书局2010年版。

114.（清）王鸣盛：《十七史商榷》，黄曙辉点校，上海书店出版社2005年版。

115.（清）张云璈：《简松草堂文集》，燕京大学图书馆据张孟劬家藏刻本。

116.（清）戴震：《戴震文集》，赵玉新点校，中华书局1980年版。

117.（清）戴震：《戴震全书》，黄山书社1994—1997年版。

118.（清）纪昀：《纪晓岚文集》，孙致中等校点，河北教育出版社 1991 年版。

119.（清）袁文典：《袁陶村文集》，清光绪间刻本。

120.（清）赵翼：《廿二史札记》，中华书局 2001 年版。

121.（清）赵翼：《瓯北诗话》，霍松林、胡主佑校点，人民文学出版社 1963 年版。

122.（清）钱大昕：《十驾斋养新录》，上海书店 1983 年版。

123.（清）姚鼐：《古文辞类纂》，胡士明、李祚唐标校，上海古籍出版社 1998 年版。

124.（清）姚鼐：《惜抱轩全集》，中国书店 1991 年版。

125.（清）段玉裁：《说文解字注》，清嘉庆二十年经韵楼刻本。

126.（清）沈宗骞：《芥舟学画编》，乾隆四十六年冰壶阁刻本。

127.（清）章学诚：《文史通义校注》，叶瑛校注，中华书局 1985 年版。

128.（清）陈元械：《蛟川先正文存》，光绪八年刻本。

129.（清）邵晋涵：《南江文钞》，清道光十二年胡敬刻本。

130.（清）永瑢：《四库全书总目提要》，商务印书馆 1931 年版。

131.（清）洪亮吉：《洪亮吉集》，刘德权点校，中华书局 2001 年版。

132.（清）黄钺：《二十四画品》，清光绪十年刻翠琅玕馆丛书本。

133.（清）恽敬：《大云山房文稿》，商务印书馆 1929 年重印本。

134.（清）张惠言：《茗柯文编》，黄立新校点，上海古籍出版社 1984 年版。

135.（清）阮元：《十三经注疏》，中华书局 1980 年版。

136.（清）吴德旋：《初月楼古文绪论》，范先渊校点，人民文学出版社 1959 年版。

137.（清）高嵋：《史记钞》，乾隆五十三年刊本。

138.（清）方东树：《汉学商兑》，清光绪二十年传经堂刊本。

139.（清）方东树：《昭昧詹言》，汪绍楹校点，人民文学出版社 1961 年版。

140.（清）包世臣：《艺舟双楫》，清道光二十六年白门倦游阁木活字印安吴四种本。

141.（清）徐谦：《桂宫梯》，道光戊戌陈氏刻本。

142.（清）龚自珍：《龚自珍全集》，上海人民出版社 1975 年版。

143.（清）蒋彤：《丹棱文钞》，道光二十二年刻本。

144.（清）程馀庆：《历代名家评注史记集说》，上海交通图书馆 1918 年版。

145.（清）王聘珍：《大戴礼记解诂》，王文锦点校，中华书局 1983 年版。

146.（清）魏源：《海国图志》，岳麓书社 1998 年版。

147.（清）朱履贞：《书学捷要》，知不足斋丛书清乾隆鲍廷博校刊本。

148.（清·蒙古族）哈斯宝：《新译红楼梦回批》，亦邻真译，内蒙古人民出版社1979年版。

149.（清）姚苎田：《史记菁华录》，中华书局2010年版。

150.（清）何绍基：《东洲草堂文钞》，续修四库全书本。

151.（清）曾国藩：《曾国藩全集》，岳麓书社1985年版。

152.（清）刘熙载：《艺概注稿》，袁津琥注，中华书局2009年版。

153.（清）郭嵩焘：《史记札记》，商务印书馆1957年版。

154.（清）尚镕：《史记辩证》，道光十二年自序刻本。

155.（清）张裕钊：《濂亭文集》，清光绪八年查氏木渐斋苏州刻本。

156.（清）李道平：《周易集解纂疏》，潘雨廷点校，中华书局1994年版。

157.（清）方濬师：《蕉轩随录》，中华书局1995年版。

158.（清）张之洞：《张之洞全集》，河北人民出版社1998年版。

159.（清）黎庶昌：《续古文辞类纂》，中华书局据原刻本校刊1936年版。

160.（清）皮锡瑞：《经学历史》，中华书局1959年版。

161.（清）陈廷焯：《白雨斋词话》，杜维沫校点，人民文学出版社1959年版。

162.（清）刘鹗：《老残游记》，陈翔鹤校，戴洪森注，人民文学出版社1998年版。

163.（清）李景星：《史记评议》，陆永品点校，东北师范大学出版社1985年版。

164.（清）孙静庵：《明遗民录》，周骏富辑，明文书局1912年版。

165.赵尔巽等：《清史稿》，中华书局1977年版。

166.林纾：《春觉斋论文》，人民文学出版社1959年版。

167.《清实录》，中华书局1985—1987年版。

168.姚永朴：《文学研究法》，时代文艺出版社2009年版。

169.洪秋蕃：《红楼梦考证》，上海印书馆1935年版。

170.徐珂：《清稗类钞》，中华书局1984年版。

171.梁启超：《梁启超史学论著四种》，岳麓书社1985年版。

172.梁启超：《清代学术概论》，上海古籍出版社1998年版。

173.梁启超：《梁启超全集》，北京出版社1999年版。

174.梁启超：《中国近三百年学术史》，上海三联书店2005年版。

175.易宗夔：《新世说》，上海古籍书店1982年版。

176.王国维：《观堂集林（外二种）》，河北教育出版社2001年版。

177.刘师培、章太炎：《中国近三百年学术史论》，上海古籍出版社2006年版。

178. 钱穆:《钱宾四先生全集》,联经出版事业公司 1998 年版。

179. 钱穆:《国史大纲(修订本)》,商务印书馆 1994 年版。

180. 鲁迅:《鲁迅全集》,人民文学出版社 1981 年版。

181. 李笠:《史记补订》,瑞安李氏横经室 1924 年木刻本。

182. 钱钟书:《管锥编》,中华书局 1979 年版。

183. 钱钟书:《谈艺录(补订本)》,中华书局 1984 年版。

184. 靳德峻:《史记释例》,商务印书馆 1933 年版。

185. 曹聚仁:《中国史学 ABC》,世界书局 ABC 丛书社 1930 年版。

186. 张舜徽:《清代扬州学记》,上海人民出版社 1962 年版。

187. 侯外庐:《中国思想通史》,人民出版社 1957 年版。

188. 陈文忠:《文学美学与接受史研究》,安徽人民出版社 2007 年版。

189. 李学勤、张岂之:《炎黄汇典》,吉林文史出版社 2002 年版。

190. 萧公权:《中国政治思想史》,辽宁教育出版社 1998 年版。

191. 杨伯峻:《春秋左传注》,中华书局 1990 年版。

192. 郭英德:《明清文学史讲演录》,广西师范大学出版社 2005 年版。

193. 杜维运:《中国史学史》,商务印书馆 2010 年版。

194. 葛兆光:《中国思想史》,复旦大学出版社 2001 年版。

195. 朱光潜:《朱光潜全集》,安徽教育出版社 1987 年版。

196. 朱立元:《美学(修订本)》,高等教育出版社 2006 年版。

197. 朱立元:《现代西方美学史》,上海文艺出版社 1993 年版。

198. 章启群:《意义的本体论:哲学诠释学》,上海译文出版社 2002 年版。

199. 李长之:《司马迁之人格与风格》,生活·读书·新知三联书店 1984 年版。

200. 俞樟华:《史记艺术论》,华文出版社 2002 年版。

201. 章培恒、王靖宇:《中国文学评点研究论集》,上海古籍出版社 2002 年版。

202. 谭帆:《中国小说评点研究》,华东师范大学出版社 2001 年版。

203. 綦彦臣:《中国古代言论史》,航空工业出版社 2005 年版。

204. 丁锡根:《中国历代小说序跋集》,人民文学出版社 1996 年版。

205. 陈登原:《金圣叹传》,商务印书馆 1934 年版。

206. 郭绍虞:《中国文学批评史》,上海古籍出版社 1979 年版。

207. 蔡冠洛:《清代七百名人传》,中国书店 1984 年版。

208. 王运熙,顾易生:《中国文学批评通史》,上海古籍出版社 1996 年版。

209. 黄霖:《金瓶梅资料汇编》,中华书局 1987 年版。

210. 秦修荣:《金瓶梅汇校汇评本》,中华书局 1998 年版。

211. 袁世硕、徐仲伟：《蒲松龄评传》，南京大学出版社 2000 年版。

212. 朱一玄：《聊斋志异资料汇编》，中州古籍出版社 1985 年版。

213. 朱一玄：《明清小说资料汇编》，齐鲁书社 1989 年版。

214. 朱一玄：《红楼梦资料汇编》，南开大学出版社 1985 年版。

215. 一粟：《红楼梦资料汇编》，中华书局 1964 年版。

216. 张新科：《史记学概论》，商务印书馆 2003 年版。

217. 张新科、俞樟华：《史记研究史及史记研究家》，华文出版社 2005 年版。

218. 张新科：《史记与中国文学》，商务印书馆 2010 年版。

219. 韩兆琦：《史记通论》，北京师范大学出版社 1990 年版。

220. 韩兆琦：《中国传记文学史》，河北教育出版社 1992 年版。

221. 张大可：《史记研究》，商务印书馆 2011 年版。

222. 张大可：《〈史记〉研究集成》，华文出版社 2005 年版。

223. 可永雪：《〈史记〉文学成就论说》，内蒙古教育出版社 2001 年版。

224. 可永雪：《史记文学研究》，华文出版社 2005 年版。

225. 杨燕起：《〈史记〉的学术成就》，北京师范大学出版社 1996 年版。

226. 徐浩：《廿五史论纲》，上海书店影印本 1989 年版。

227. 王锦贵：《中国纪传体文献研究》，北京大学出版社 1996 年版。

228. 郭双成：《〈史记〉人物论稿》，中州古籍出版社 1985 年版。

229. 王学珍、郭建荣：《北京大学史料》，北京大学出版社 2000 年版。

230. 杨义：《中国叙事学》，人民出版社 2009 年版。

231. 刘宁：《史记叙事学研究》，中国社会科学出版社 2008 年版。

232. 马建忠：《马氏文通》，商务印书馆 1998 年版。

233. 吕启祥、林东海：《红楼梦研究稀见资料汇编》，人民文学出版社 2001 年版。

234. 朱傅誉：《历代禁毁小说史料》，天一出版社 1982 年版。

235. 陈平原：《中国小说叙事模式的转变》，北京大学出版社 2003 年版。

236. 杨燕起、陈可青、赖长扬：《历代名家评〈史记〉》，北京师范大学出版社 1986 年版。

237.《清代诗文集汇编》编纂委员会：《清代诗文集汇编》，上海古籍出版社 2010 年版。

238. 国家清史编纂委员会：《文献丛刊》，上海古籍出版社 2010 年版。

239. 原北平故宫博物院文献馆编：《清代文字狱档》，上海书店出版社 1986 年版。

240. 中国第一历史档案馆整理：《康熙起居注》，中华书局 1984 年版。

241. [英] 伊格尔顿：《二十世纪西方文学理论》，北京大学出版社 2007 年版。

242.[美] 苏珊·朗格:《艺术问题》,滕守尧译,南京出版社 2006 年版。

243.[日] 内藤湖南:《中国史学史》,上海古籍出版社 2008 年版。

244.[美] 雷·韦勒克、沃伦:《文学理论》,刘象愚等译,生活·读书·新知三联书店 1984 年版。

245.[英] 呤唎:《太平天国革命亲历记》,王维周译,上海古籍出版社 1985 年版。

246.[德] H.R.姚斯、R.C.霍拉勃:《接受美学与接受理论》,周宁、金元浦译,辽宁人民出版社 1987 年版。

247.[古希腊] 亚里士多德:《形而上学》,苗力田译,中国人民大学出版社 2003 年版。

248.[日] 古田敬一:《中国文学的对句艺术》,李淼译,吉林文史出版社 1989 年版。

249.[美] 浦安迪:《明代小说四大奇书》,沈亨寿译,生活·读书·新知三联书店 2006 年版。

250.蒋寅:《清代文学的特征、分期及历史地位——〈清代文学通论〉引言》,《烟台师范学院学报》(哲学社会科学版),2004 年第 4 期。

251.[西德] H.R.尧斯:《文学与阐释学》,周宪译,《文艺理论研究》1986 年第 5 期。

252.吕立群:《审美趣味批评——审美愉悦走向崇高的中介》,《江南大学学报(人文社会科学版)》2008 年第 4 期。

253.胡克森:《论中国古代正统观的演变与中华民族融合之关系》,《史学理论研究》1999 年第 4 期。

254.陈少明:《从古雅到怀古——种价值哲学的分析》,《哲学研究》,2010 年第 4 期。

255.李天道:《"古雅"说的美学解读》,《北京大学学报》(哲学社会科学版),2004 年第 1 期。

256.周建渝:《从〈史记评林〉看明代文人的叙事观》,《复旦学报》(社会科学版),2010 年第 3 期。

257.贺根民:《〈四库全书〉不收〈聊斋志异〉考析》,《蒲松龄研究》2011 年第 2 期。

258.陈炳熙:《论〈聊斋志异〉是孤愤之书》,《蒲松龄研究》2002 年第 3 期。

259.申丹:《叙事学》,《外国文学》2003 年第 3 期。

260.白寿彝:《司马迁寓论断于序事》,《北京师范大学学报》(社会科学版),1961 年第 4 期。

261.陈满铭:《章法结构及其哲学义涵》,《浙江师范大学学报》(社会科学版),2004 年第 2 期。

262. 可永雪:《〈史记〉人物传记的结构方式及其意义》,《内蒙古师范大学学报》(哲学社会科学版),1998 年第 3 期。

263. 可永雪:《说〈史记〉的长句》,《内蒙古师范大学学报》(哲学社会科学版),2002 年第 4 期。

264. 董焱:《清代〈史记〉研究》,北京师范大学,2007 年,博士论文。

265. 张自然:《宋明笔记中〈史记〉考评述论》,河南大学,2008 年,博士论文。

266. 周录祥:《凌稚隆〈史记评林〉》研究》,南京师范大学,2008 年,博士论文。

267. 王齐:《〈史记〉在明代的传播与接受》,北京师范大学,2005 年,博士论文。

268. 许元南:《论清代的〈史记〉研究》,北京大学,2002 年,博士论文。

269. 葛传彬:《明清〈史记〉文学批评述论——兼论古文、小说叙事原则的对立》,复旦大学,2001 年,博士论文。

后　记

年轻时尚喜欢读三毛的书，后来随着年龄的增长，感受了生活更多的悲情，又走了学术的路，就希望自己能理性、知性，便埋头圣哲之理了。然而，圣哲之理常探迹于幽冥之赜，其奥义非学而能，常感迷失。这时就又想起三毛的话，她说："眼睛的可贵，在于看山是山，看水是水，不要山水颠倒，或是将它们混成一团稀泥，那样上苍给我们眼睛的好意，就被辜负了。"事实上，看山是山，看水是水，那是圣哲的境界，凡人常为诸相所惑，眼睛一直就被辜负着，因为眼之所见，未必事实。不难发现，学问之途多为踽踽而行者，是为孤独之旅，遂悟昔人所谓"道之所存，师之所存"之意，师友即为此途的举烛者、抱薪者。在此，感谢贾二强教授、张新科教授对我殷殷的期望、谆谆的教导；感谢施建雄教授、刘生良教授、贾三强教授、王雪玲教授给稿件建设性的建议；感谢兰拉成教授、桑晓靖教授对我的关怀与支持；感谢杜文丽老师出版过程中的辛劳。

本书得到中国博士后科学基金第 7 批特别资助、中国博士后科学基金第 54 批面上资助和宝鸡文理学院出版基金资助，在此特别标明并感谢。

责任编辑：杜文丽
封面设计：汪　莹

图书在版编目（CIP）数据

清代学术与《史记》文学阐释研究 / 王晓玲 著 . — 北京：人民出版社，2020.10
ISBN 978 - 7 - 01 - 022262 - 2

I. ①清…　II. ①王…　III. ①中国历史 - 古代史 - 纪传体②《史记》- 研究
　IV. ① K204.2　②I209.2

中国版本图书馆 CIP 数据核字（2020）第 112931 号

清代学术与《史记》文学阐释研究

QINGDAI XUESHU YU SHIJI WENXUE CHANSHI YANJIU

王晓玲　著

人民出版社 出版发行

（100706　北京市东城区隆福寺街 99 号）

中煤（北京）印务有限公司印刷　新华书店经销

2020 年 10 月第 1 版　2020 年 10 月北京第 1 次印刷
开本：710 毫米 ×1000 毫米 1/16　印张：20
字数：290 千字

ISBN 978 - 7 - 01 - 022262 - 2　定价：69.00 元

邮购地址 100706　北京市东城区隆福寺街 99 号
人民东方图书销售中心　电话（010）65250042　65289539